作者简介

　　蒋大国　女，1948年12月底生，汉族，湖北省随州人。1973年毕业于华中师范大学，硕士。1970年4月加入中国共产党。1983年6月任共青团湖北省委副书记；1988年1月至1989年1月在日本东京研修一年；1993年7月任湖北省妇女联合会主席、党组书记；1998年11月任鄂州市政府市长、市委副书记；2000年2月任湖北省劳动和社会保障厅厅长、党组书记；2003年1月当选为湖北省副省长；2008年1月当选湖北省第十一届人大常委会副主任。

人民日报学术文库

蒋大国◎主编

"以旅游为引擎，推动长江经济带绿色发展"研究

人民日报出版社

图书在版编目（CIP）数据

"以旅游为引擎，推动长江经济带绿色发展"研究 / 蒋大国主编 .
-- 北京：人民日报出版社，2019.5
ISBN 978 - 7 - 5115 - 6029 - 2

Ⅰ.①以… Ⅱ.①蒋… Ⅲ.①长江经济带—区域旅游—旅游业发展
—研究 Ⅳ.① F592.75

中国版本图书馆 CIP 数据核字（2019）第 092852 号

书　　名："以旅游为引擎，推动长江经济带绿色发展"研究
主　　编：蒋大国

出 版 人：董　伟
责任编辑：林　薇　梁雪云
装帧设计：中联学林

出版发行　人民日报出版社
社　　址：北京金台西路 2 号
邮政编码：100733
发行热线：（010）65369509　65369527　65369846　65363528
邮购热线：（010）65369530　65363527
编辑热线：（010）65369526
网　　址：www. peopledailypress.com
经　　销：新华书店
印　　刷：三河市华东印刷有限公司

开　　本：710mm × 1000mm　　　1/16
字　　数：275 千字
印　　张：18.5
印　　次：2019 年 6 月第 1 版　　2019 年 6 月第 1 次印刷

书　　号：ISBN 978 - 7 - 5115 - 6029 - 2
定　　价：89 .00 元

编委会

以旅游为引擎，推动长江经济带绿色发展

（代序）

当前正值全国上下全面贯彻落实党中央推动长江经济带发展重大决策的热潮中，湖北经济与社会发展研究院及中国旅游研究院武汉分院在美丽的桂子山上，隆重举行"以旅游为引擎，推动长江经济带绿色发展"论坛，其目的是发挥旅游界专家学者、企业家、新闻界和热心人士的智力和优势，群策群力，集思广益，共同探索旅游业与长江经济带绿色发展良性互动之路，为长江经济带绿色发展献计献策，多做贡献！

推动长江经济带发展，是党中央、国务院高瞻远瞩，引领经济社会发展，科学谋划我国经济发展全局，做出既惠及于当前又着眼于长远，实现两个一百年奋斗目标和中华民族伟大复兴梦的重大决策；也是落实新发展理念，促进东中西互动合作的区域协调发展、引领全国创新驱动、高质量发展的有效途径；还是推动文化传承弘扬、建设生态文明先行示范带和特色旅游经济带的必然选择、更是促进新型城镇化、城乡一体化建设与融合发展的内在要求。既有利于走出一条生态优先、绿色发展之路，增强黄金水道黄金效益，让中华民族母亲河永葆生机活力，又有利于挖掘中上游广阔腹地蕴藏的巨大内需潜力，促进经济增长空间从沿海向沿江内陆拓展，形成上中下游优势互补、协作互动的格局；既有利于打破行政分割和市场壁垒，推动经济要素有序自由流动、资源高效配置、市场统一融合，促进区域经济协同发展，又有利于优化沿江产业结构和城镇化布局，建设

1

陆海双向对外开放新走廊，培育国际经济合作竞争新优势，促进经济提质增效升级，作用重大、意义深远。而长江经济带旅游资源富集，自然风光秀丽，大山、大河、大市集聚；历史文化悠久，名人遗址、名楼名苑众多，民族风情浓厚，名歌名舞、名乐名曲荟萃；建设成就巨大，名企名品、名城名牌世界闻名等。旅游业逐渐成为长江经济带绿色发展的重要支柱产业、新型的战略产业、最富有潜力的现代服务业和扩大对外开放合作的持续产业、永恒的产业，具有较强的带动力、吸引力、创新力、融合力与活力，正在逐步成为推动长江经济带绿色发展的重要"引擎"。据统计，2016年长江经济带旅游总收入占长江经济带 GDP 45.12%、财政收入32.11%。

一是旅游业体现了绿色、生态的价值取向，具有较强的牵引力与生命力。绿色发展，是我国经济社会发展的基本理念，也是我国持续发展的必要条件，还是实现中华民族伟大复兴的内在要求，更是全面建设小康社会的必然选择。正如习近平总书记所说："生态环境优势转化为生态农业、生态工业、生态旅游等生态经济优势，那么绿水青山也就变成了金山银山"。这是因为绿色发展理念，是以人与自然和谐为价值取向，以绿色、低碳、循环发展为主要原则，以生态文明建设为基本途径，既是可持续发展的基本前提，也是可持续发展的根本保证；既坚持了马克思主义人与自然关系理论的基本立场，尊重了自然发展规律，实现人与自然和睦相处、和谐发展、共生共存，又充分汲取了中华文明自古以来积淀的丰富生态智慧及发达国家工业化进程中处理生态环境的经验教训，更是探索解决人口持续增长与人均资源逐渐减少的客观矛盾、生活水平提高与资源环境约束的发展困境、中高速发展与中高端水平双重目标兼容互洽的正确途径，是对马克思主义生态文明观的运用和发展，是对人类可持续发展的探索与贡献；既彰显了中国特色社会主义制度优势，提出了建设社会主义生态文明，打造人类命运共同体的中国行动，具有宽广胸怀和长远的视野，又顺应满足了中国人民乃至世界人民幸福发展的需求，保障人民享有生态公平的基本权利，更具有生命力与活力。而旅游业是世界公认的消耗低、污染少、可循环产业，是以满足人民需求为核心的最有代表性的绿色产业。大力发展旅游业，可以引导人们坚持绿色价值取向、构建绿色思维、倡导绿色发展，靠山吃山，靠水吃水；坚持保护优先，绿色先行，自觉地保护生态环境，注重可持续发展，绝不会涸泽而渔，开山挖木，破坏生态环境；就能大力倡导绿色惠民理念、绿色富国措施，绿色低碳、文明健康的生活方式，在保护中发展，在发展中保护，不断优化结构，提升质量，走循环、绿色、环保、生态发展之路，实现旅游与文化、经济与社会、人与自然融合发展，让天更蓝、水更清、山更绿、生态环境更优美。

二是旅游业融合性、惠民性强，具有极大的带动力与凝聚力。旅游业是新型、绿色、环保、生态产业，已成为我国重要支柱产业，覆盖面广，关联度强，需求性久，惠民性多，拉动力大，横连一、二、三产业，纵贯农、工、商、学、兵，涉及110多个产业，尤其是与一产融合，催生了乡村旅游、观光农业、绿色生态农业、体验养生旅游；与二产融合，带动旅游用品、商品、工具、设施、装备开发；与三产融合，拉动了文化科技、信息金融、电子商务、物流运输等服务业发展，尤其是智能化服务兴起，对于调整结构、扩大就业、脱贫致富、提质增效、扩大消费、投资、出口、增强活力具有极大的催生、带动作用。特别是近几年来，党中央、国务院高度重视，各级党委、政府始终把旅游业作为重中之重来抓，已跨入了大企业推动、大产业融合、大资本投入、大项目带动发展的新阶段，旅游业呈现出产业多元化、经营集团化、市场国际化、服务智能化、管理集约化的趋势日渐明显，效益显著提升。2016年，全年接待国内外旅游人数超过41亿人次，旅游总收入达4.13万亿元，其中国内旅游人数达40亿人次，国内旅游收入达3.42万亿元，同比分别增长10.5%、13.1%；入境旅游人数1.33亿人次，实现国际旅游收入1136.5亿美元，同比分别增长4%、7.8%；全年旅游对全国GDP直接贡献为3.32万亿元，占GDP总量的4.88%；综合贡献为7.34万亿元，占GDP总量的10.8%，旅游直接与间接就业7911万人，占全国就业总人数的10.2%。尤其是对餐饮、住宿、民航、铁路客运业的贡献率超过80%，真可谓是一业之兴、百业兴旺。对旅游投资的资金越来越多、规模也越来越大，领域越来越广、潜力越来越大。2016年旅游业直接投资首次突破万亿元，达到10072亿元，同比增长42%，增幅扩大10个百分点，高于全国固定资产投资和第三产业投资30个百分点；民营企业投资达5700亿元，占全部投资的57%，同比增长39%，成为扩大消费供给、优化产业产品结构、促进经济发展与增长的重要动力。

三是旅游业蕴藏着巨大的消费需求，具有强劲的吸引力与创造力。旅游是全国六大消费领域之一，已从传统观光接待物质型消费向现代体验质量型、服务智能型升华，不仅要满足每个旅游者吃、住、行、游、购、娱等需求，还要满足城乡居民多元、多样、多层、个性、特色化需求及其休闲、度假、养生、养心、养神、养老、健身、强体、康复、探险、陶冶情操、丰富生活等多样需求，并为了满足人们对旅游的多样需求，不断优化旅游产业结构，提升其技术含量和服务质量，改善旅游发展环境，拓展景区、园区空间，打造景色、景区特色与品牌，发掘新业态、新产品、新景点，提升优化服务水平，加强信息化、智能化建设，促进旅游业全面发展壮大，带动一、二、三产业融合发展，提质增效，成为推动经济社会发展的动力。2016年，我国居民国内旅游突破40亿人次，支出额占居民消费支出的10%；出境旅游业达到1.21亿人次，旅游花费达1045亿美元，人均一次旅费达870.83美元。如果按照联合国对世界各国生活水平衡量恩格尔系数的大小来计算，2016年人均GDP为5.2万元，约合8016美元，我国已步入成熟度假、大众旅游新时代，休闲需求和消费能力显著增强，并呈现出多元化趋势，但人均出游2.98次，离发达国家居民每年出游8次差距很大，旅游消费需求将呈现爆发式增长趋势，为旅游与经济社会发展提供了巨大的动力和潜力。同时，旅游本身就是人类对美好生活的向往与追求，又是认识新鲜事物和未知世界的重要途径。我国许多先贤们，率先示范，"读万卷书、行万里路"，留下了许许多多感人肺腑、催人奋进的名篇佳作。既领略了祖国的自然风光，又认识了层出不穷的新鲜事物，还探索了新的未知世界，增强了认识、改造客观世界的动力与活力。当前，随着生活的改善、提升和经济社会发展水平提高，人们对旅游的需求不断变化与深化，更需要不断地发现打造新业态，开发新产品，构建新景点、新景区、新线路，推动旅游全面协调发展，带动城乡居民消费、增收、脱贫、和谐、全面发展及国内外投资和出口，在稳增长、调结构、惠民生中的综合优势极大。既是消费产业，又是惠民产业，还是小康产业，更是千秋大业，具有极大的吸引力与创造力。

四是旅游业是对外交流合作的桥梁和纽带，具有极大的动力与活力。旅游，是人与人最直接、最自然的交流方式，通过旅游不仅促进相互了解、传播文明、汲取有益文化营养，也能求同存异、增进友谊与共识，还能增强互信与包容、促进合作共赢；既是开放合作的桥梁、增进交流的纽带，也是促进和平友好的使者，还是拉动出口、投资，驱动创新的引领者。因此，世界各国都高度重视，大力发展旅游业，把旅游业作为推动经济发展的重要举措、各国元首外交的重要内容、促进交流合作的重要手段，纷纷加大对世界旅游业市场份额的争夺，相继出台相应的优惠政策，简化手续，拓展航线，优化服务，促进旅游蓬勃发展。我国更是高度重视旅游在促进交流合作的桥梁与纽带作用，确定了150多个国家作为中国公民旅游的目的地，先后与俄罗斯、韩国、印度、美国等国家开展"国家旅游年"活动，实施沿边开放、自贸区建设、召开首届世界旅游发展大会等发展举措，大力促进人文交流、项目合作及旅游业迅猛发展。特别是实施"一带一路"倡议以来，开创了旅游业发展的新纪元，赢来了大众旅游新时代兴起。我国自2012年起，已连续多年成为世界第一出境旅游消费大国，出境人数、境外旅游消费名列世界第一，成为全球规模最大、带来利润最多的旅游大军，对全球旅游收入贡献年均超过13%。2016年，我国赴美旅游超300万人次，同比增长16%，人均消费6000~7000美元，远远超过其他国家；赴韩客人均消费2200美元，给韩国带来综合达220亿美元，占韩国GDP的1.6%；赴澳游客100万人次，总消费金额达350亿元，仅5年时间实现了原定10年的计划目标，成为推动世界旅游及经济社会发展的最大动力与活力。据统计，全球旅游业对全球GDP贡献约10%，带动30%服务出口；未来15年，国际旅游数量将由12亿人次增长至18亿人次，成为世界重要战略支柱产业。

综上所述，不难看出，旅游业具有融合性广、效益性高、带动性大、惠民性多、持续性强等优势，是推动长江经济带绿色发展的重要引擎，是经济发展的"加速器"、社会和谐的"润滑油"、生态文明建设的"催化剂"、对外交流合作的"高架桥"。因此，我们要按照中央、国务院的总体部署和长江经济带规划纲要要求，坚持"生态优先、绿色发展"理念和"生态优先、流域互动、集约发展"的思路，以建设长江国际化著名休闲旅游目的地和国际化特色旅游经济带为目标，以改革创新、开放合作为动力，以健全协调统一、科学联动的管理体制机制为途径，以优化提升产品、服务质量和综合效益为目的，以建立绿色低碳性、生态体验性、创新集约性、电子信息性产业和产业集群、企业集团与企业联盟为支撑，以健全特色鲜明、功能健全、设施配套、服务优质、环境优美、风格独特的景区、景点、线路和统一开放、规范公平、安全便捷、衔接高效、绿色低碳的综合立体交通走廊、沿江绿色发展轴为依托，为合力推进长江经济带旅游业与经济社会全面、科学、协调、绿色发展献计出力、多做贡献！

一、统筹规划，优化布局，彰显特色

发展旅游业，统一规划应先行。一是坚持新的理念，统筹高端设计。应立足长江经济带发展实际及旅游资源、区位、生态优势，牢固树立"生态优先、绿色发展"理念和"全域旅游"观念，坚持优势互补、资源整合；区域互促、要素互动，交通互通、市场一体；信息共享、政策统一，价格统筹、票证互认，互融共治、合作共赢等原则，按照需求多样化、选址科学化、资源节约化、经营集约化、产业绿色化、产品品牌化、景观特色化、服务优质化、管理科学化、运行智能化、环境生态化的总体要求，遵循生态系统的完整性和内在规律性，依据长江经济带生态保护和绿色发展总体规划及地方城乡建设全域规划，从"五位一体"全面协调科学发展总布局的高度；新型城镇化"四化同步"发展的前瞻角度；一、二、三产业融合配套，"三生"（生活、生产、生态）和谐优化，东中西全面协调科学发展力度与深度；精心构思，高端设计，科学论证，深入评估，统筹规划，并与总体规划、地域规划及各专项规划统筹衔接。二是立足发展需求，合理科学布局。应按照长江经济带"一轴"（沿江绿色发展轴）、"两翼"（南翼以沪瑞运输为依托，北翼以沪运输为依托）、"三极"（长江三角洲城市群、长江中游城市群、成渝城市群为主体）、"多点"（与三大城市群联系互动、带动地区经济发展的其它地级城市）的总体布局，适应绿色发展和生态保护、旅游需求、需要，科学分工，合理布局，准确划分界定各功能区，如：自然生态保护修复区、湖泊湿地保护区、旅游度假区、森林公园区、水利风景区、居民宜居区、生产建设区等，健全完善旅游线路与景区、景点，严格规范区域规划制订与实施，注重生态保护修复，完善提升各区域基础设施与功能，优化旅游资源和服务质量，营造良好旅游环境。三是传承弘扬文化，打造鲜明特色。应尊重历史，留下记忆，培植彰显文化特色，构建长江绿色经济带综合立架交通走廊，彰显沿江绿色发展轴"多点"的自然风光、人文景观、历史文化、民族风情、山水生态、产业优势、景区景点特色及城镇、乡村、房屋精湛建筑工艺和独特民族风格，特别是"三极"城市群旅游集聚区、目的地的文化生态特色，如：东部城市群以国际大都会、大港口景观、海派吴越文化、林园、古镇、名苑为特色；中部城市群以荆楚文化、三国文化、宗教文化、名山名楼、名人名景、人文景观、秀丽风光为特色；西部以古蜀文化、民族风情、奇山秀水、名山小镇为特色，形成东、中、西，上、中、下，遥相辉映、科学布局、设施健全、功能完善、服务优质、特色鲜明、环境精美、风光独特的旅游景区、景点和目的地，以充分发挥旅游业在推动长江经济带绿色发展的巨大率引力与辐射力。

二、拓展途径，优化结构，打造品牌

随着旅游业发展和国际旅游竞争日趋激烈，以及人民生活改善，国际国内旅游从传统吃、住、行、购、娱向休闲、体验、健身、养生、保健、探险等方面拓展，呈现出多元化、多样化、多层化、集群化、家庭化、个性化的趋势。因此，必须坚持以人民为中心的发展思想，以改革生态环境、推进绿色发展为目标，适应旅游者需求，不断优化产业结构，创新产品、技术、服务与经营模式，打造旅游产业、产品与服务品牌，以满足旅游者不断变化的多样化和个性化的需求。一是整合资源，优化结构。长江经济带旅游区位、交通、人才等资源集聚，产业产品、景区景点互补性较强，应通过健全机制、政策，强化措施，积极引导推动旅游资源合理流动、优化组合、科学配置、优势集聚，改善服务与质量，不断优化提升旅游景区、景点布局、科技含量及产业、产品质量和服务水平，打造绿色环保、低碳优质、生态健身、养生提神旅游名牌产品及精品景点、景区、线路。二是适应需要，培植新业态。应适应发展需要和旅游者需求，发掘新源，拓展途径，培植壮大新业态、新产品、新技术、新景点、新园区，如：休闲健身、保健养生、体验养心、习艺竞技、登山探险、自驾旅游、乡村旅游等。三是创新技术，完善服务。应创新管理机制和经营模式，联手联营、联盟联治、共建共享、协同发展；完善设施、改进服务，提升整体素质及智能化、信息化、优质化、高效化、诚信化水平，壮大提升精品线路、特色景点、景区。

三、创新机制，协作联动，提升质量

国际化旅游，必须科学化管理、集约化经营、智能化服务。把长江经济带建设成国际化特色旅游经济带和著名休闲旅游目的地，必须彻底破除陈旧的旅游观念，打破行政区划禁锢、行业垄断、企业恶性竞争及城乡二元结构影响制约形成的体制机制障碍与壁垒，树立长江经济带"生态优先、绿色发展"，"同带同享、统一公平"的理念，建立健全科学管理、营运、治理、监督、推广机制和统一政策、法规、市场、价格、保障体系，联手合力推进。

一是建立健全科学统一管理机制，形成强大的工作合力。长江经济带横跨我国11个省市，拥有全国42.7%人口、45.6%GDP、32.11%财政收入、37.99%发展潜力、39.91%竞争力，具有资源富集，优势集聚，人才众多，综合实力、核心竞争力强劲等优势。但也面临着产业分布不均、发展水平差距大、防洪、修复、保护、治污压力重，政策不协调、市场不统一、机制不健全、功能不完善、协调难度大等新的挑战。因此，建立科学统一的管理机制、形成强大工作合力是关键、是保证。根据长江经济带发展战略地位、重大作用和长江国际化特色旅游经济带建设发展需要，应坚持政府主导与市场引领相统一、共建与共享相结合、互动与互融相统筹、"三极"与"多点"相融合的原则，建立健全国家指导、省级协调、"三级"互动、两翼多点互融、社会参与的合作模式及政府主导、市场引领，区域合作、行业推动，部门联手、上下联动，企业主体、社会参与的合作管理机制，明确各自职责与任务，健全工作协调、信息互通、情况交流、难题共商等

交流协调办公室和规范制度，做到职责清晰、任务明确、权责统一、考评严格、奖惩兑现等，以调动发挥各方的积极性、创造性，形成强大的工作合力和推动力，合力推进长江国际化特色旅游经济带建设与绿色发展。

二是建立健全合作共享机制，全力推动长江国际化特色旅游经济带建设与发展。合作共享是整合资源、集聚优势的有效途径。应坚持平等互信、分工协作、互融互动、互联互通、联手开发、联动共治、合作共享、协同共赢等原则，建立健全以水运、陆运为龙头，以长江经济带为枢纽，以"三极"城市群为中心，以"两翼""多点"为依托，构建"水、铁、公、空、管"五位一体的布局合理、互联互通、边境联通、水陆畅通、运输发达、航空直达世界的立体化、广覆盖、放射状的交通运输网络体系；建立健全以"三极城市群"为依托，加强"三大航运中心"合作联运长江黄金水运通道、河海港口联运通道和港口建设及"多点"城市间与国际间航空航线与港口集群建设，力争打造以长江航运为主轴，以汉江、湘江、赣江、嘉陵江、岷江、乌江运河与洞庭湖水系、鄱阳湖水系等为补充的长江干支流内河航运体系，实现水运港口集群化、经营股份化、管理集约化、运量最大化、营运专业化，促进长江国际化特色旅游经济带全面协调可持续发展；建立健全以长江干流为轴带，以东部上海为龙头，以"三极"城市群为核心，以"两翼""多点"为依托，以湖泊为绿心，以横断山脉为屏障，以文化传承弘扬为引领，着力打造旅游文化、生态环保、绿色低碳、科技信息、智能服务及度假休闲、体验养心、探险健身等新型产业体系；以"三极城市群"为核心的高铁旅游圈，以沿江人文生态、名胜古迹、民风民俗、建设成就、乡村风貌旅游为特色的长江国际化旅游经济带与精品线路，构建生态安全、水质优良、交通便捷、文明和谐、绿色可持续发展体系，以增强长江旅游经济带绿色发展的动力与活力。

三是建立健全市场一体化协作机制，努力营造良好的绿色发展环境。坚持以"三极城市群"为龙头，以"两翼""多点"省、市、县、乡镇专业市场为支撑，以各地边界区域为突破口，加强一体化电子商务、信息网络、快递物流网点建设，构建统一开放、公开公正、竞争有序、诚实守信、高效便捷、服务优质的商品市场和要素市场体系；通过建立健全统一法规政策、价格税收、行政规章、收费评估标准和公、检、司法、工商、税务、质检、检疫、海关等司法、行政机关统一执法、年检、共治、评估、多元监督等制度，实行票、证、卡、监测、评估互认、执法互动，形成职责清晰、权责一致、运转高效、服务优质的区域综合市场监管、执法体系，推动长江旅游经济带生产要素、资源有序流动、高效集聚、互融互动，信息执法系统互联互通，营造统一开放、高效便捷、公平公正、诚实守信、奖惩分明的市场体系，为长江国际化特色旅游经济带绿色发展营造良好环境。

四、强化宣传，扩大开放，提高影响力

扩大开放、促进合作、加大宣传、提高声誉，是推进长江国际化特色旅游经济带发展的有效途径及动力。

一是联手联动，扩大对内对外宣传与影响。应在长江旅游经济带发展协调办公室统一领导组织下，精心设计，周密组织，利用新闻媒体、网络微信、报纸杂志及举办博览会、展示会、交流会、招商会等多种途径，每年集中一至两次有组织、有计划地加大对内对外长江国际化旅游经济带进行系列宣传推介，重点宣传推介其自然风光、生态环境、精品线路、综合目的地、示范区、文化精髓、精品佳作、名人名企、特色品牌、民风民俗、新业态、新成就、新经验、新景新貌等，扩大长江旅游经济带对内对外知名度和影响力；并通过每年举办1~2次高端论坛，对长江旅游经济带发展战略、发展态势、发展潜力与举措及其面临的热点、难点进行深入研究，集体恳计，群策群力，共献良策建议，为长江国际化特色旅游经济带绿色发展提供理论、政策、信息等智力支持。

二是拓展途径，加强对内对外交流与合作。应充分发挥友城、民间社团交流合作优势，利用、拓展现有途径，坚持以宣传、推介、博览为手段，以论坛、交流、展销为平台，以友城商会、名校名企为依托，以友人、名人、名家为支撑，通过深入研究、科学论证、精心准备，有针对性地开展学术论坛、艺术交流、产品博览、项目推介、理论探讨、成果评估、技术攻关、名品联创等，不断提高对内对外宣传交流合作水平和效益，并通过名人名家、华人华侨、友城友人、同乡校友等多方联系，为

"一轴""两翼""三极""多点"扩大对外交流合作、引技引资、引才引智牵线搭桥，提供综合服务，并有计划地组织一批批旅游企业、负责人、管理者、专家到国外进行深入考察、交流合作、收购兼并，抢占技术制高点，网络吸收国际高端人才，提升对外开放水平，促进长江经济带旅游大发展、文化大繁荣、经济大振兴、生态大保护。

三是互融互动，提升对内对外开放合作水平。应抢抓国家"三大战略"实施的契机，依托于长江黄金水道，大力推进湖北武汉东湖、湖南衡阳等综合保税区与上海自贸区全面对接，统一加强与世界自贸区联系交流，并通过加强武汉与上海、重庆航运中心的合作，组建长江黄金水运合作联盟，努力实现水运港口集群化、经营股份化、管理集约化、营运专业化、效益高效化，积极推进长江内河航运与远洋航运的衔接，加快长江航道工程建设，把海上丝绸之路延伸到武汉，并利用"一带一路"契机，积极推进沿江口岸建设与合作，促进沿江口岸功能延伸与优势互补，带动长江旅游经济带旅游与物流、运输快速发展。同时，充分发挥武汉长江航运的地位作用与航运集团人才集聚、经营管理经验丰富、合作渠道模式多元等优势，推进长江与密西西比河、莱茵河、伏尔加河等流域合作交流，以带动长江旅游经济带全面走向国际市场，开展广泛交流合作，不断提升对内对外交流合作水平与影响。

我们热切希望与坚信各位专家、学者一定会共同"基于现实、紧跟时代、引领未来"，不断对长江旅游经济带绿色发展进行前瞻性思考和突破性探索，竭力提升学术研究服务于政府决策和行业、企业绿色发展能力与水平，撰写一批批有创新、有远见、有价值、高水平、高视野、高见地的对策措施及文章，主动为推动长江经济带绿色发展提供理论、政策研究和智力支持。我们一定竭诚服务，创造条件，携手共建长江特色旅游经济带和绿色生态走廊，真正实现江水、生态、人文共享绿色之美！

蒋大国

华中师范大学湖北经济与社会发展研究院院长

目　录
CONTENTS

第一篇　旅游发展在长江经济带绿色发展中的战略地位与举措

深化体制机制改革
扎实推进长江中游城市群建设

蒋大国[1]，路洪卫[2]

（1.湖北经济与社会发展研究院，湖北武汉430079；2.湖北省社会科学院，

湖北武汉430077）

《长江中游城市群发展规划》（下称《规划》）的正式批复，为把长江中游城市群建设成为长江经济带重要支撑、全国经济新增长极和具有一定国际影响的城市群提供了科学规划与强有力指导、营造了良好环境。而推进长江中游城市群建设，关键要紧扣协同发展这一主线，着力推进体制机制改革，依托政府合作的"培"、市场机制的"育"，促进城市群合作联动、互利共赢。

一、围绕"一极三区"定位，顶层设计长江中游城市群体制机制改革框架

从区域合作共赢、协同发展这一合作原则出发，按照中央赋予长江中游城市群"一极三区"的定位，围绕城市群各区域共同关注、单一省市又难以自行解决的重大问题，形成城镇集群化、要素互动化、发展两型化、创新万众化、利益均等化、服务优质化的城市群发展新常态。

（一）体制机制改革的总体思路

一是整体谋划与重点突破相统筹。在经济新常态下，长江中游城市群的发展，不再是"单打一"的经济类命题，更多的是经济、社会、生态、文化、行政"五维"协同发展的命题，需要在"五维"融合发展中寻找体制机制的制度性突破，在深化改革中寻求城市群健康发展和协调发展新的动力源和增长极，把基础设施一体化和生态环境建设作为优先领域，把推进市

场、产业和公共服务一体化作为对接难点，争取在关键环节上率先突破。

二是政府推动与市场主导相统一。既要对接国家顶层设计，加强湘鄂赣之间、省市县之间政府协调联动，消除区域合作中的各种行政性保护和市场自身无法克服的障碍，又要遵循市场规律，切实发挥企业在产业、项目、要素转移等方面的主体作用，调动社会各方面的积极性，形成政府联动、企业主动、民间促动的合力，实现中央指导与地方协调的结合、省政府推动与各市推动的融合、领导协商与部门联手推进的互动、政府推动与社会能动的互促，形成长江中游城市群发展合力，最大限度地释放协同发展红利。

三是区域联手与区域共享相结合。在长江中游城市群建设起步阶段，强化区域联手、力量整合，不囿于局部利益，不计较一时得失，做到机遇共同把握、资源共同利用、品牌共同打造、市场共同建设、产业共同发展、改革共同推进，共同打造长江中游城市群发展愿景，合力培育长江中游城市群新优势，在把蛋糕做大、把发展加快的进程中竭力推进区域共享，从增量中分享利益，增强各地推进一体化的可持续动力。

四是"小圈"互动与"大圈"共推相融合。小圈是指武汉城市圈、长株潭城市群、鄱阳湖生态经济区三个城市群，大圈是指长江中游城市群。2007年12月，武汉城市圈和湖南长株潭城市群同时获批全国"两型"社会建设；2009年12月12日，鄱阳湖生态经济区获批，目前，三个城市群各自的"一体化"建设都取得了显著成效，但仍有待进一步深化。2012年长江中游城市群上升为国家战略。湘、鄂、赣三省推进长江中游城市群发展，关键在于将小圈融入大圈建设之中，大小两圈的建设协同推进，"以小促大，以大带小"，构建长江中游地区多元协调发展的新格局。

（二）建立"国家指导、省级协调、城市突破、社会参与"的合作体制

第一，国家协调指导。在长江中游城市群上升为国家战略的背景下，将长江中游城市群工作纳入长江经济带发展部际联席会议制度，国家领导、部委协调、三省参与，根据长江中游城市群规划目标和重点任务，制订城市群行动计划、具体目标，并将相关目标纳入相关部委、省市的绩效考核中，推进长江中游城市群发展规划的贯彻落实。

第二，省级协调推进。三省政府建立省际联席会议和工作协调机制。一是省际联席会议。由湘、鄂、赣三省党政主要领导轮流作为召集人，就行动计划的落实和需要解决的重大问题进行集体磋商。二是工作协调机制。建立政府秘书长协调制度，由三省政府秘书长或副秘书长参加，负责协调统筹推进合作事项的进展，下设日常工作办公室。建立部门衔接落实制度，各方有关主管部门成立重点合作专题组，加强三省各部门相互间的协商与衔接，落实与本部门有关的合作事项。

第三，城市互动突破。落实《武汉共识》《长沙宣言》等，以武汉、长沙、南昌城市为核心，逐步吸引城市群各地级市组织参与，建立长江中游城市群城市经济协调会。合作模式可参照长江三角洲城市经济协调会，由各市市长代表各城市参加协调会工作，研究和商定城市合作发展的重大事项和需要解决的重大问题，引领带动武汉城市圈、环长株潭城市群、环鄱阳湖城市群协调互动发展。

第四，社会多元参与。提高全社会的参与意识，多方参与，共同推进长江中游城市群建设。一是充分发挥行业组织在区域产业一体化中的引领作用，推进三省行业协会建立稳定合作交流的关系，努力在共创商机、市场拓展、经营管理等方面加强协调与合作。二是组建长江中游城市群研究中心，为一体化建设提供理论和智力支持。三是加强新闻媒体的联动、合作与交流，为长江中游城市群发展营造良好舆论氛围与社会环境。

（三）建立政府与市场"各负其责、有机配合"的分层推进的区域合作机制

首先，在跨区域交通、生态文明建设、对外开放、社会事业等公共性产品体制机制改革方面，更需要政府承担主导责任，并积极探索"公私合营"的PPP模式，鼓励社会资本参与提供公共产品和公共服务。

其次，在产业发展、跨区域投资等体制机制改革方面，涉及各级政府的财税收入，既要遵循市场规律的客观要求，深化行政审批制度改革；又要着眼于区域利益和整体利益的共赢，加强各级政府的沟通与协调。

最后，在区域市场一体化发展等机制改革方面，应强调市场的主导作用，培育公正、公平、公开、有序的市场秩序和充分竞争的市场环境。

二、围绕"六大重点任务"，积极推进长江中游城市群体制机制改革

《规划》明确了长江中游城市群六个方面的重点任务，即：城乡统筹发展、基础设施互联互通、产业协调发展、共建生态文明、公共服务共享、深化对外开放，应围绕这六大重点任务来完善体制机制改革，合力推进长江中游城市群区域一体化发展。

（一）建立健全城乡统筹发展协调机制

推进长江中游城市群建设，关键在于优化国土空间的开发格局、跨区域创新城乡统筹发展机制，增强区域内大、中、小城镇对人口吸纳和集聚能力，实现城市群人口与经济社会资源环境协调发展格局。

一是健全规划统筹协调机制。积极贯彻落实长江中游城市群发展规划蓝图，依托沿江、沪昆和京广、京九、二广"两横三纵"重点发展轴线，立足其区位优势和发展实际，科学规划，合理布局，彰显特色，优化结构，力争形成沿线大中城市和小城镇合理分工、协调发展的新格局。跨省层面，应建立健全三省规划协调评估制度，加强三省基础设施、产业优化、城镇布局、环境保护等规划的对接及省际边界区域规划的协商。省内层面，应强化主体功能区的引领带动作用，强化国民经济和社会发展总体规划、区域规划、城市规划、土地利用规划、生态环保规划、交通发展规划等规划及重大项目布局与主体功能区规划的衔接协调。

二是健全区域开发合作机制。一方面，应积极推进沿江城市鄂州—黄州、黄石—散花（黄冈）、九江—小池（黄冈）、岳阳—白螺（荆州）等城镇跨江联动发展，推进交通、供电、供水、通信等基础设施跨江全面对接互通；以托管或共建的模式，发展"飞地经济"。另一方面，应全面推进省际边界区域合作发展，促使"一省边缘、跨省之间"的区域快速崛起。进一步深化咸宁、岳阳、九江"小三角"合作共建，努力打造长江中游城市群建设的先行区、示范区；深化洞庭湖生态经济区合作，努力将其申请打造成国家农业生态重点保护区；深化赣湘边界合作示范区建设，积极探索"协同管理"的区域管理模式。

三是健全城乡资源跨区域优化配置机制。探索建立农业转移人口市民化专项补助资金，建立地区之间、中央与地方之间合理分担的财政转移

支付机制。探索建立湘鄂赣三省农村综合产权交易所跨区域交易市场与机制，逐步扩大到长江流域城市群。探索长江中游城市群城镇建设用地增加与农村建设用地减少相挂钩、城镇建设用地增加规模与吸纳农村人口进入城镇定居规模相挂钩、新增城镇建设用地指标与当地土地开发和整理数量相挂钩的"三挂钩"政策。

（二）建立健全基础设施互联共建机制

按照利益均享、合理分担的原则，共同推进跨区域基础设施网络化建设。

一是建立健全道路互联互通机制。应坚持以长江水运为突破口，以水运、陆运为龙头，以武汉、长沙、南昌为中心，形成融"水、铁、空、公、管"五位一体的布局合理、互联互通、边界联通、覆盖中部、通达世界的立体化、三角形、放射状的交通网络。应建立健全三省基础设施规划协调衔接制度，由国家交通部门加强各省高速公路建设方案的统筹协调，合力推进综合交通枢纽和物流中心逐步实现"无缝对接"；建立和不断完善重大项目的协商推进机制，争取国家从金融、信贷、项目审批、土地等方面，对省际"断头路"项目予以优先安排和资金倾斜，力争打造高效、畅通、便捷、开放的"3小时高铁城市群交通圈""2小时城市群内城际交通圈"和"1小时都市区通勤交通圈"。应以武汉为龙头，以省会城市区域性机场为枢纽，建立健全省级及国际航空航线，努力把武汉建设成为中部国际航空枢纽和国家级航空物流中心。

二是建立健全航道及岸线开发互动共建机制。应深化湘鄂赣三省与长江航道局的战略合作，合力推进长江黄金水道中游段开发利用，联合整治长江航道，加强中游段水运通道与河海港口联运通道及港口建设，积极推进长江中游地区航运干支相通、基本成网，并与远洋航运衔接，努力形成以长江航运为主轴，汉江、湘江、赣江等水系为补充的长江干支流内河航运体系。进一步提高长江中游岸线资源使用效率，加强港口规划管理和岸线使用管理，加快整合、优化、提升沿江城市间长江岸线资源及优势，主动为沿江开发和跨江融合腾出宝贵空间。

三是建立健全信息基础设施共建共享机制。立足国家确定的区域信息基础设施发展战略，加强区域性信息基础设施的规划衔接及建设协调，积

7

极推进信息基础设施互联共建和发展战略研究，尤其是中游地区城市间云计算、数据中心的建设协作共享、超算中心开放共享、城市间数据互备共用，存贮中心、容灾备份系统等信息基础设施的共享共用，不断提高长江中游信息化水平。

（三）建立健全产业分工协作机制

应整合资源，发挥特色，从打造长江旅游文化、航运等优势产业人手，通过跨区域、跨行业企业"集团组建""创新联动""产业联盟""园区共建""市场一体化"等途径，建立长江中游城市群产业分工协作、差异发展对接机制，培育一批国家级、世界级的产业集群。

第一，建立企业对接重组机制。推进长江中游城市群企业并购重组，实行跨地区、跨行业、跨所有制、跨国的并购重组合作，培育具有国际竞争力的大企业集团。并购重组合作所增加的利益，可根据各区域企业资产规模和盈利能力，签订财税利益按资产与盈利的一定比例分成协议，实现企业并购重组成果区域共享。

第二，建立创新联动共享机制。应充分发挥中游科技人才与教育资源集聚优势，联手打造长江中游城市群科技创新研究平台及孵化基地，通过三省或地方政府共同设立科技专项基金和建立创新研究基地，以武汉东湖、长沙、南昌、宜昌、孝感、株洲、湘潭、益阳、衡阳、鹰潭等高新技术产业开发区为重点，以企业、科研单位为创新主体，积极构建若干跨省市的产学研创新联盟，围绕电子信息、生物医药、文化创意、现代金融物流、先进制造业、战略性新兴产业、绿色环保等重点领域，深入开展重大科技联合攻关与创新，为长江中游产业优化升级提供智力支持与人才支撑。

第三，建立产业联盟合作机制。加强武汉与上海、重庆航运中心的合作，组建长江黄金水运联盟，积极推进长江内河航运与远洋航运的衔接，努力实现水运港口集群化、经营股份化、管理集约化、营运专业化、效益高效化。建立旅游合作发展联盟，全力推进长江中游城市群旅游标识、标准、信息、平台、市场、服务、景区、线路、产品发展一体化、"一票通"、无障碍旅游区建设，着力打造以山水生态、民风民俗、乡村风貌、养心健身为重点的乡村旅游精品线路，以人文景观、名胜古迹、特色产业、现代化成就为主的长江旅游经济带。建立健全制造业产业联盟体制及行业协会合作联盟，加快形成以武汉、南昌、长沙、襄阳等为重点的汽车产业集群；以武汉、宜昌、岳阳、黄冈、九江等为重点的船舶产业集群；以株洲、武汉等为重点的轨道交通产业集群；以武汉、荆州、岳阳、咸宁、黄冈、九江等为重点的化工产业集群。建立淡水鱼产业联盟，加强水产品产地认定和产品认证，大力发展名牌产品战略，把长江中游城市群建设成全国最大的优质淡水水产品生产基地和商品基地。

第四，建立园区共建共享机制。应积极推进联合长江中游地区有共建合作基础或意愿的园区，建立长江中游园区共建共享联盟，促进产业梯度转移和产业布局的优化。坚持以重点产业园区为载体，大力支持推进产业对接与合作，鼓励采取"飞地模式"加强园区联手开发建设合作，联合探索打造产业合作示范园，共同培育新型产业链和产业集群。建立长江中游地区园区共建项目、产业、技术、人才信息库，为长江中游地区乃至全国地区的园区和企业搭建一个协同创新、合作共建的及时、准确、真实、有效的信息平台。

第五，建立促进市场一体化的协作机制。坚持以省会城市大市场为龙头，以市、县、乡镇专业市场为支撑，以省、市、县、乡（镇）边界区域为突破口，加强电子商务和信息网络建设，构建统一开放、公开公正、竞争有序、高效便捷的商品市场和要素市场。建立健全统一法规政策、价格税收、行政规章、收费标准，促进生产要素资源合理流动、高效集聚、互融互动。健全公、检、司法、工商、税务、质检、检疫、海关等司法及行政机关统一执法、年检等制度和"多元一体"的全程监督机制，实行票、证、卡、监管互认、执法互动，形成权责一致、运转高效的区域市场综合监管体系，推动长江中游地区流通企业信用信息系统的互联互通，营造"一处守信、处处受益，一处失信、处处受制"的区域社会诚信发展环境。

（四）建立健全生态文明联动共治机制

中游城市群更应该互联互通、共同行动，把生态文明建设放在更高更重要的位置，为全国跨区域环境治理探索新鲜经验，特别是为大江大河流域的整体开发提供示范。

一是建立健全区域环境联动共治机制。应建立长江中游地区污染联防联控联席会议制度，共同协调研究解决区域内大气污染、水环境污染的一些共同问题。完善跨界污染联防联治，以地级以上城市为主，建立"一个区域级平台"+"三个省级平台"的框架模式，打造区域水环境综合治理、大气污染控制、危险化学品与危险废物管理、土壤污染等生态环境监测网络和联防联控联治平台，建立跨区域流域环境执法合作机制、部门联动执法机制和信息（包括重大环境事件）通报机制，跨省、跨市、跨县联动，加快洞庭湖、鄱阳湖、洪湖等湖区综合治理。完善区域大气污染联防联控，编制实施长江中游地区区域大气污染联防联控规划，建立统一的监测信息发布平台。建立健全环境保护的市场化运作机制，加快建立排污权跨区域、跨产业调剂交易制度，研究建立长江中游城市群排污权交易市场。

二是建立健全节能降耗联手共推机制。建立产业准入门槛协调统一机制，共同研究制定长江中游城市群承接产业转移准入标准。健全完善节能、降耗、减排、环评考核评估调控指标体系，把资源消耗、环境损害、生态效益等纳入指标体系之列，上下联动、区域联手，全面进行监控与综合治理。依托湖北碳排放权交易中心，探索建立长江中游地区碳排放权交易平台及可再生能源电力配额与交易制度和新增水电用电权跨省区交易机制，推广实施合同能源管理技术，鼓励节能公司跨省实施合同能源管理项目。探索建立生态文明保护、评估、补偿机制，资源环境产权交易机制、区域环境联防联控、源头综合治理、可持续发展激励与约束机制等，大力发展低碳、循环、绿色经济，以推动长江中游地区绿色生态、循环低碳、可持续发展。

（五）建立健全对内对外开放合作机制

通过深化对内对外开放改革，积极融入国家重大发展战略，推进长江中游城市群在更大范围、更广领域、更高水平上实现资源要素优化配置。

一是深化与城市群间合作机制。深化与长三角、成渝的合作，推进长三角相关产业沿长江向长江中游城市群和成渝经济区有序转移；以长江干线为主轴，以上海、武汉、重庆为中心，建立沿线港口合作机制，促进长江港口联动发展。深化与京津冀、关中城市群的合作，促进东湖国家自主创新示范区与中关村、西安高新区共同探索"政—产—学—研"一体化创新发展模式。深化与珠三角的合作,鼓励联合协作开发机制,兴建"园中园",促进资金和技术向长江中游城市群转移。深化与东北老工业基地的合作,共同探索以深化国有企业改革为重点的体制机制创新。

二是融入"一带一路"建设。依托长江黄金水道,大力推进武汉东湖、湖南衡阳等综合保税区与上海自贸区全面对接及长江干线武汉至安庆6米航道、武汉至宜昌4.5米航道工程建设,加快武汉长江中游航运中心建设进程,把海上丝绸之路延伸到武汉。围绕"汉新欧"大陆桥,加强武汉与新疆口岸合作建设,大力加强两地口岸合作,促进两地口岸功能延伸和优势互补,进一步畅通祖国内地与中亚、西亚的陆地通道,开展对中亚、西亚国家的经贸活动和资源开发活动。

三是拓展国际交流合作机制。依托武汉长江航运中心地位,充分利用长江航运管理的机构——长江航务管理局和长江航道局、长江海事局和长江航运集团等集聚武汉的优势,推进长江与密西西比河、莱茵河、伏尔加河等流域间合作机制,并以此为突破口,推进长江中游城市群走向国际舞台。

(六)建立健全公共服务均等共享机制

重点针对长江中游地区公共教育、医疗卫生、社会保障等基本公共服务,以实现基本公共服务均等化和缩小公共服务的地域差距为目标,创新推进信息共享、政策对接。

一是健全信息互联共享机制。依托网络体系互联互通,推进长江中游城市群省与省之间、市与市之间公共服务资源共享和开放,实现基本公共服务信息、资源、技术、设备等要素共享和充分流动,逐步消除基本公共服务资源共享的行政壁垒与制度障碍,推进跨地区、跨制度社会保险关系转移衔接、异地就医费用结算等工作。

二是健全政策统一衔接机制。加快推进社会保险政策对接,尤其是与低保、救助标准统筹衔接,逐步统一区域内社保、低保、救助标准,健全由政府、企业(单位)和个人合理分担机制,努力实现保基本、全覆盖、可持续。探索设立长江中游城市群"基本公共服务均等化专项统筹资金",统一基本的公共服务标准,由中央和三省公共财政托底保障;按照国务院进一步推进户籍制度改革有关政策，积极探索推进大、中、小城市分类分层逐步享受就业、教育、社保、住房等基本公共服务政策，努力实现区域范围内基本公共服务一体化。按照长江中游城市群一体化发展和城镇化建设的总要求，统筹协作、合理配置基础教育资源，竭力推进城乡、区域间义务教育均衡发展，加快实现基本公共教育服务均等化。

三是健全人才互动合作机制。建立专业技术职务任职资格互认机制，对经三省人事行政部门核准的专业技术资格予以互认，为实现人才自由流动和人才资源的共享奠定基础。促进湘、鄂、赣三省共建高层次人才名录，以重要科研项目、技术攻关、推广和应用项目的合作为主要载体，推进高层次人才智力的交流合作。积极促进职业教育与经济社会发展的联动，探索区域性职业教育与职业技能鉴定的互通互认。建立健全科技创新及科研成果转化运用激励政策，对科技创新取得重大成果和科研成果转化成效显著，并在区域内或国内领先的，应以股份或重大奖项予以奖励，以鼓励支持大众创业、万众创新，培养造就一大批一流人才。

参考文献

路洪卫. 扎实推进长江中游城市群建设 [N]. 中国经济时报，2015-06-24（004）.

让旅游湖北助推长江经济带绿色发展

——在推动长江经济带绿色发展论坛上的致辞

钱远坤

（湖北省旅游发展委员会主任、党组书记）

　　长江，是我们的母亲河，是我国重要的生态宝库。为了让母亲河重焕生机容颜，让生态宝库重启活力脉搏，让美丽长江彰显绿色价值，习近平总书记强调长江经济带要"共抓大保护、不搞大开发"。湖北省委书记蒋超良同志在宜昌、襄阳、荆州调研时再次强调要认真落实习总书记重要指示精神，坚定不移地推进长江经济带绿色发展。我理解，其本质就是要实现在保护与发展这根"平衡木"上跳舞，而旅游作为以生态为支撑、以绿色为底色、以文化为灵魂的美好生活、美丽事业和美工艺术，可以修复长江生态，诠释城市密码，促进产业转型，彰显文化特质，更好地舞动长江、舞活长江、舞美长江，实现生态保护与绿色发展的双赢，让"灵秀湖北"扮靓"绿色长江"，让"知音湖北"彰显"文化长江"，让旅游湖北助推经济长江。

　　为扎实推进长江经济带绿色发展，湖北省旅游委积极响应，率先行动。2016年5月开始，我们开展了"灵秀湖北·绿色长江"——旅游助推长江生态保护与绿色发展系列活动，向全省旅游行业和社会各界发出号召，让旅游业成为助推长江生态保护与绿色发展的先行者，其中包括开展"长江最佳绿色旅游景区、最佳绿色旅游风景道和最佳绿色旅游饭店"系列"绿色"评选活动、"长江生态文明旅游随手拍"、"争做长江生态文明旅游达人"主题活动，以及"灵秀湖北·绿色长江"特色旅游线路推广活动，受到了业内外的一致好评。

就在2016年11月11日，我们在上海中国国际旅游交易博览会上，以长江旅游联盟为名义开展了系列长江旅游品牌促销活动，包括发布由力量之声组合演出的《长江之歌》音乐电视、发布"长江旅游推广联盟"标示与宣传口号、发布具有湖北特质的长江首部漂移式多维体验剧《知音号》等，其目的就是为明年在湖北举办的第二届长江旅游博览会做前期宣传推广，进一步彰显湖北长江旅游"金腰带"的作用，提升湖北旅游在长江旅游中的地位和作用。应该说，长江旅游联盟成立以来，我们通过旅游合作为桥梁纽带，进一步促进了长江沿线经贸和各方面交流合作，让建设绿色长江成为共识。

2016年11月12日，由湖北经济与社会发展研究院、中国旅游研究院主办的"以旅游为引擎推动长江经济带绿色发展论坛"，共同探讨长江绿色发展问题，是一件非常具有历史和现实意义的事情。这也是坚决贯彻落实习近平总书记重要指示精神，自觉践行"共抓大保护、不搞大开发"的一堂生动交流课、实践课。以下是我的几点认识。

一、从"长江令"来深刻认识习近平总书记的系列"生态观"

习近平总书记"共抓大保护、不搞大开发"的重要指示，我把它称为"长江令"。"长江令"不是偶然的，是习近平总书记生态观的重要体现。习近平总书记不管是在基层、在地方，还是在中央，都把生态保护摆在关乎国家兴衰存亡的重要位置，落实习近平总书记长江生态保护的重要精神，必然从战略上来深刻认识习近平总书记的系列生态观。

一是正定的"金不换"。习近平同志在正定期间，县委制定《正定县经济、技术、社会发展总体规划》，他强调规划中要加强生态保护，"宁肯不要钱，也不要污染，严格防止污染搬家、污染下乡"。这就是正定的"金不换"。包括当时在正定旅游发展方面，他强调要有效利用生态文化资源，主张《红楼梦》外景地荣国府不要拍完就拆，而要建成永久性景观，并与隆兴寺一起，形成一个大景区，开创了中国旅游的"正定模式"。

二是宁德的"山海经"。在宁德，习近平同志提出"靠山吃山唱山歌，靠海吃海念海经"的"山海经"，要求山海田一起抓，农、林、牧、副、渔全面发展。他强调，资源光吃不行，"还要唱、还要念"。资源开发不能单纯讲经济效益，而是要达到生态、社会、经济三者效益的协调。

三是浙江的"金银山"。习近平同志关于"绿水青山就是金山银山"的著名论断大家耳熟能详，他2006年在担任浙江省委书记时就说过，并有一段"两座山"关系的精辟论述。我理解，"绿水青山就是金山银山"，就是要把绿水青山作为一种资源来利用、来消费、来体验，发挥它的溢出效益。也就是我们经常讲的"保护就是发展、绿色就是财富、文明就是优势"。

四是十八大以来的"蓝天福"。党的十八大以来，以习近平同志为核心的党中央更加重视生态环境保护，把生态文明作为"五位一体"总体布局的重要组成部分。2013年7月，他在湖北考察时，强调要高度珍惜大自然赋予湖北人民的宝贵财富，在生态文明建设上取得新成效；城乡建设要看得见山、望得见水、记得住乡愁。2015年10月，十八届五中全会提出"绿色发展"，并将其作为"五大发展理念"之一。2016年1月，在重庆提出长江要"共抓大保护、不搞大开发"。2016年全国两会期间，他又强调指出："环境就是民生，青山就是美丽，蓝天也是幸福。要像保护眼睛一样保护生态环境，像对待生命一样对待生态环境"。

从正定的"金不换"，到宁德的"山海经"，再到浙江的"金银山"，从鄂州的"记住乡愁"，到长江"共抓大保护、不搞大开发"，一个清晰的生态治国理政方略呈现在我们面前。我们一定要深入学习、深刻领会习近平总书记系列生态观，牢固树立"保护环境就是保护生产力、改善环境就是改善生产力"的认识，绝不能以一时泡沫政绩的冲动带来短期生态破坏的莽动，从而换来长久环境修复的被动。

二、从"旅游蓝"来正确看待长江经济带的"中国美"

"共抓大保护、不搞大开发"，既是旅游业重大机遇，也是旅游业重大责任。

第一，发展旅游业是长江经济带协调发展的最大共识。只保护不发展，没有活路；只发展不保护，死路一条。发展是要务、绿色是前提。旅游业既是生态产业，更是经济产业、富民产业，是长江经济带农业化现代化的"高端卖场"，新型城镇化的"共享秀场"，新型工业化的"绿色转场"，信息化的"强力磁场"，这是长江经济带在保护与发展中实现双赢的最大共识。

第二，发展旅游业是长江经济带生态保护的最佳选择。长期以来，我们对长江采取了索取式、掠夺式的开发，招商引资的"饥不择食"、产能转移的"藏污纳垢"、城市膨胀的"伤口撒盐"、黑心企业的"污水灌肠"，让长江生态日益恶化、不堪重负。通过发展旅游业可以有效减轻长江生态承载压力，促进生态环境的改善与修复，把长江经济带建设成为绿色生态走廊，这是一种更加积极有效的保护。

第三，发展旅游业是长江经济带绿色繁荣的最美风景。长江经济带不仅是一条有巨大潜力的经济发展带，还是关系子孙祸福的生态屏障带，也是中华民族最美风景带。把长江经济带建设成为国际黄金旅游带，对于培育长江区域影响力、国际竞争力和美丽中国的展现力具有重要意义。可以说旅游业装点着"三个长江"最美的风景。

第四，发展旅游业是长江经济带环境评价的最好监督。旅游业对"山青、水秀、天蓝、地净"的资源识别度和价值取向轴，正是生态保护有力的衡量器和监督员。用旅游的标准来衡量长江经济带建设，可以倒逼长江沿线更加重视生态保护和生态修复。用游客的眼光来评判长江经济带建设，可以让生态环保的理念深入人心，让监督的眼睛无处不在，形成良好的社会监督和群众监督机制，营造强大的社会力量参与长江经济带绿色发展。

三、从"全域游"来努力开辟长江经济带绿色发展的"双赢路"

1978年，长航集团第一艘涉外旅游船"昆仑"号投入营运，揭开了长江旅游的序幕。经过三十多年的发展，长江旅游不断壮大，目前长江游客占湖北省入境游客的三分之一。以长江为纽带，湖北省旅游格局实现了从"三峡游"到"长江游"、从"一江两山"到"两圈两带"、从"极目楚天"到"知音湖北"、从"朝秦慕楚"到"东禅西道"，从"万里长江"到"智慧三国"，以长江为主线，初步形成了以"绿绿葱葱、红红火火、花花世界、浩浩汤汤、荆荆有味、楚楚动人"为内涵的"五颜六色"的产品格局。今后，我们要按照以打造长江国际黄金旅游带的"金腰带"和大众商贸休闲旅游首选地为总体定位，以长江经济带为总揽，构建"一带两极三廊道"开放式旅游空间格局，以全域旅游为总体抓手，通过交通串联、文化融入、产业融合、服务提升、共建共享，努力创建长江旅游名城、旅游名镇、旅游名村、旅游名景、旅游名店"五极联创"，大力开发以长江水运旅游为主的国际黄金水道，以沪渝沪蓉高铁和高速为轴线的国家级风景道，以山水人文资源为基础，串联特色景区、特色城市、特色乡镇、特色乡村的区域旅游廊道，同时，深入挖掘具有长江密码和风味特点的旅游商品和特色美食，形成长江系列"礼道"和"味道"产品，从而构建"五道联通"的长江特色旅游产品，最终支撑湖北"三五成群"目标的实现。具体来讲，就是按照建设"三个长江"的要求，做好三篇旅游的文章，为自然留白、为发展添绿、为子孙谋福。

一是让生态旅游彰显生态长江。深入开展"灵秀湖北·绿色长江"系列活动，主动当好修复长江生态的"旗手"和"骑兵"，树立生态文明的"旗帜"，通过建设绿色黄金水道、绿色风景道、绿色旅游廊道，把荒山野岭变成绿色生态，把绿色生态变成美丽风景，把美丽风景变成绿色经济，使旅游业成为长江最大的"生态银行"，为绿色长江留下更多生态储备，留自然之白、留空间之白、留风景之白。

二是让人文旅游传播文化长江。人文旅游开发的是文化，保护的是遗产，促进的是文明，发展的是经济。要充分发挥长江文化优势，加快发展人文旅游，不断提高旅游在美丽长江中的展现力。要对长江水运文化、三国文化、红色文化、禅宗文化等文化旅游产品进一步进行提炼、包装，串点成线，连线成片，聚片成面，努力形成"五颜六色"的"知音湖北"多个湖北长江文化旅游品牌。深入开展"让灵秀湖北扮靓绿色长江"为主题的长江文明旅游行动，号召和引导广大游客文明出行、关爱生态、保护长江。

三是让全域旅游激活经济长江。树立战略思维，把旅游发展与整个长江经济带的交通建设、产业布局、城市提升、扶贫开发和生态环保等统筹起来，让长江绿色发展从水上向陆地横向拓展，从生态保护向生态产业纵向延伸，积极开展"旅游+"行动，主动将旅游业渗透到长江经济带的整体大格局中去思考和谋划，发挥引擎作用，释放综合功能，实现旅游生态的放大效应，使江水流动、游船流动、游客流动带来经济流动，不断增加长江经济带的"颜值"，改善长江经济带的"三围结构"，提升长江经济带的"内涵气质"。

俗话讲"湖广熟、天下足"，也可以讲"荆江活、长江乐"，荆江之于长江，湖北之于长江经济带，地位特殊、作用巨大。我们一定要按照"不把长江搞窄了、搞臭了、搞丑了"的要求，以生态的理念、科学的规划、严格的保护、有效的管理，从战略决策、规划布局、标准评定、市场监管和文明旅游等具体措施上换脑筋、动真功、出实招，在长江生态保护中发挥应有担当，勇做长江生态保护的促进派、行动队和实干家，充分发挥湖北旅游"金腰带"的作用，在长江生态保护、绿色发展中体现更大的旅游作为，为湖北实现"率先、进位、升级、奠基"目标做出更大的旅游贡献。

把湖北建成长江经济带绿色增长极

秦尊文

（湖北省社会科学院，湖北武汉430077）

推进长江经济带生态环境建设与保护，是湖北"建成支点、走在前列"和"挺起长江经济带的脊梁"使命使然。湖北要勇于担当，努力建成长江经济带的绿色增长极。

一、湖北在长江经济带中的特殊使命

（一）湖北在长江经济带中地位特殊

湖北位于长江经济带中上游，西接川渝，东达赣皖，南及潇湘。长江贯穿湖北8个市州，流程1061公里，占长江干线通航约三分之一。湖北的长江岸线资源全国第一，在长江经济带建设、长江生态保护中处于"龙腰"位置。湖北省委在《关于制定全省国民经济和社会发展第十三个五年规划的建议》中旗帜鲜明地提出，"主动对接，深度融入，加快湖北长江经济带开放开发，努力成为长江经济带的'脊梁'"。

同时，国家管理长江的机构基本上都设在武汉。长江水利委员会是国家专门设立的流域行政管理机构，主要负责编制长江和西南诸河流域规划和部分专业规划，制定中下游干流和汉江的洪水预报及防洪调度方案，丹江口水利枢纽的调度运用，本流域长江干流河道、主要支流河道与湖泊的管理以及水资源管理等；再如长江防汛抗旱总指挥部，根据国务院"三定"方案，其总指挥由湖北省省长担任，常务副总指挥由长江水利委员会主任担任，副总指挥由沿江四川、重庆、湖南、江西、安徽、江苏、上海等省市人民政府的分管领导担任。在武汉，另外还有长江航务管理局、长江航道局、长江海事局、长江流域气象预报中心等管理机构。

更为重要的是，湖北是"长江经济带"的首倡者。1988年7月7日至13日，全省改革开放试验区和沿长江部分地市县负责同志座谈会在沙市市召开。时任省委书记关广富在会上指出："我们必须集中力量，择优发展，把长江经济带的发展作为湖北省在中部崛起的战略突破口，带动全省的发展。"湖北省提出的"长江经济带"是指本省沿江市县，后来又称"湖北长江经济带"。湖北省比"安徽长江经济带"的提出早了七年。而国务院文件正式提出"长江经济带"是2014年，湖北省早了26年。

（二）湖北生态产品地位非常重要

十八届五中全会将生态产品地位提得很高，应当引起我们的充分重视。湖北正是生态产品最丰富的地方，如清洁的水源，我们有中国两口"大水缸"，一口是三峡水库，长江中下游两亿多人的饮水主要就靠三峡水库提供清洁的水源；还有一口"大水缸"是丹江口水库，通过南水北调中线工程把"一库清水"输送到京津冀。湖北对全国具有极其重要的生态价值，从两口"大水缸"可窥一斑。

2016年1月5日，习近平总书记强调，当前和今后相当长一个时期，要把修复长江生态环境摆在压倒性位置，"共抓大保护，不搞大开发"。湖北推进长江经济带生态环境保护，符合保护与改善长江生态环境的要求。

（三）中央要求湖北转型发展走在全国前列

早在2007年国家就在湖北设立"两型"社会建设综合配套改革试验区，就是要求发展方式由外延扩张型和资源依赖型向资源节约型和环境友好型转变。

2013年7月，习近平总书记视察湖北，看到武汉城市圈两型社会试验区取得很多进展，高兴地指出：两型社会建设意义重大，是发展内在要求，我们不能照搬发达国家现代化模式，因为地球没有足够资源支撑，必须走自己的道路，对人类有所贡献。他特别强调：要高度珍惜大自然赋予湖北人民的宝贵财富，着力在生态文明建设上取得新成效。并要求湖北真正建成促进中部地区崛起的战略支点、转变经济发展方式走在全国前列。

2016年3月，中央政治局通过的《长江经济带发展规划纲要》，明确要求将长江经济带建成"引领全国转型发展的创新驱动带"。2016年5月，李克强总理来湖北视察时，指出："希望湖北挺起长江经济带的脊梁，在全国发展大格局当中起战略支撑作用"。"希望湖北在发展和培育新动能，改造和提升传统动能方面，走在全国前列"。

二、打造长江经济带绿色增长极的重点领域

（一）营造绿色山川

以生态重点工程建设为着力点，加快构建以江、湖、山、库为重点的生态安全屏障。深入推进天然林保护、退耕还林、长江防护林及低产林改造、湿地恢复等重点生态工程建设，加快实施"绿满荆楚"行动，加大水污染、大气污染、土壤污染、固体废弃物及危化品污染防治力度，重点加强三峡库区、丹江口库区、神农架林区、大别山区等重点生态功能区保护与管理，建设"美丽湖北"。

（二）建设绿色城乡

把绿色发展理念全面融入城镇化和新农村建设全过程。深入开展国家园林城市、森林城市、卫生城市、文明城市、环保模范城市、绿化模范市县、生态市县、生态乡村、美丽村庄创建活动。在城市，大力发展绿色建筑，积极构建绿色交通运转系统，努力建设绿色社区，倡导建设绿色家庭。在农村，推广谷城县五山镇经验，开展"生态文明村""生态文明户"评比活动，使生态文化更加深入人心，使生态长江建设落实到村、到户、到人，并成为自觉行动。

（三）发展绿色经济

坚持"绿色决定生死"的指导思想，以各类"生态产业园""低碳产业园""循环经济园区"等为依托，大力发展生态工业，培育一批科技含量高、经济效益好、资源消耗低、环境污染少的优势产业、优势企业和优势产品；积极发展生态农业，扩大无公害农产品、绿色食品和有机食品生产基地规模；加快发展生态文化旅游业，提高服务业绿色化程度和在国民经济中的比重。

（四）推行绿色消费

构建文明、节约、绿色、低碳的消费模式和生活方式，大力推进"两

型"社会建设。倡导公众积极购买绿色低碳产品，使用环保可循环利用产品。积极推进绿色交通、绿色政务、绿色采购、绿色金融、绿色保险，树立绿色新风。

全面禁止商场、医院等机构提供免费塑料包装，禁止旅馆、酒店、餐馆主动提供一次性碗筷、牙具、拖鞋和洗涤用品。以"节地、节能、节水、节材"为重点，以最少的能源投入、最低的资源消耗和最小的环境干扰，营造安全、健康、舒适的绿色空间，改善人居环境，推动绿色建筑发展。推广城市公共交通和自行车等绿色出行方式。厉行节约，力戒奢侈消费，推动形成全民勤俭节约、绿色低碳、文明健康的生活方式。

三、打造长江经济带绿色增长极的关键区域

（一）湖北长江经济带

即沿长江48个县市区。国家长江经济带虽然覆盖了湖北省全境，但沿江地区仍然是重中之重，是湖北打造长江经济带绿色增长极最基本的依托。在生态保护方面，三峡库区和荆江河段是沿江地区的重中之重；在绿色发展方面，武汉市是重中之重。绿色增长极摒弃了野蛮增长、肮脏增长，但还是要增长。这就要求武汉市狠抓两型社会建设，促进绿色发展。实施《长江经济带创新驱动产业转型升级方案》，重点发展沿江战略性新兴产业和现代服务业。

（二）湖北汉江生态经济带

即汉江流域39个县市区，其中武汉市（汉江流域6个区）与湖北长江经济带范围重叠。重点是保障丹江口库区"　库清水北送"、汉江"一江清水东流"，维护好秦巴山区生物多样性，保护好武当山、神农架、明显陵三大世界自然文化遗产。充分发挥十堰和神农架国家生态文明先行示范区、襄阳国家可持续发展实验区、荆门和潜江两个国家循环经济试点市的示范作用，大力发展绿色低碳循环经济。

（三）大别山区域

以黄冈市为主。抢抓国家实施《大别山革命老区振兴发展规划》机遇，加强大别山水土保持和水源涵养功能，加大扶贫攻坚力度，积极推动产业结构生态化调整，大力发展生态文化旅游业、生态农业和循环经济，努力

建成国务院要求的"重要的红色旅游目的地和国内外知名生态文化旅游胜地、生态文明示范区"。

（四）武陵山区域

以恩施州为主，是国家确定的生物多样性及水土保持生态功能区。扩大天然林保护范围，巩固退耕还林成果，恢复森林植被和生物多样性，加强清江保护。大力发展生态文化旅游业、民族特色工业和生态农业，加快少数民族地区全面建成小康社会步伐。

（五）幕阜山区域

咸宁南三县，是湖北省原定生态型限制开发区域，现正补列为国家生态功能区。要积极开展林业扶贫、旅游扶贫、金融扶贫、核电产业扶贫、教育扶贫、文化扶贫和社会保障扶贫等工程，积极有序开发能源资源，将幕阜山打造成长江中游城市群"绿心"和全省绿色崛起示范区。

四、打造长江经济带绿色增长极的对策建议

（一）在生态立法方面继续为全国探路

湖北省委、省人大、省政府高度重视生态环保法制建设，在生态立法方面走在全国前列。2014年1月，湖北省出台了史上最严的《湖北省水污染防治条例》，对违法排污破坏水环境者制定了严厉处罚条例。条例的多项规定为全国首创。如实行水污染防治行政首长负责制、目标责任制和水环境损害责任终身追究制，建立企业"环保诚信档案"并向社会公开，档案作为企业信用贷款的重要依据等，开全国先河。2015年2月通过的《关于农作物秸秆露天禁烧和综合利用的决定》，规定从同年5月1日起开始全面禁烧。湖北在全国率先提出在整个行政区域内露天禁烧。2016年2月通过的《湖北省土壤污染防治条例》，是我国首部专门针对土壤污染的立法条例。要根据形势发展的需要，加快生态立法进程，加大生态执法力度。

（二）充分发挥"绿色指挥棒"功能

完善环境责任考核机制，强化对地方政府和领导干部考核环保指标及环保"一票否决"结果运用。编制各市自然资源资产负债表，对领导干部实行自然资源资产离任审计。建立生态环境损害责任终身追究制。对所有环境违法案件实行"一案双查"，既追究企业的主体责任，也追究政府的监督责

任。实施行政问责，坚决查处慢作为、不作为、乱作为的政府责任人。同时，对保护和改善环境有显著成绩的单位和个人，由人民政府给予奖励。

（三）实施主体功能制度，发展"飞地经济"

功能区与重点开发区域的错位对接、联动发展，大力推广宜昌"飞地经济"经验。将生态功能区人口和产业转移到重点开发区域，既是实施主体功能区制度的要求，也是"共抓大保护，不搞大开发"的有效实现形式。

（四）完善生态环境保护市场交易机制

根据环境容量、能源消费总量和污染物排放总量控制的要求，研究制定相应政策和管理办法，逐步开展节能量、排污权、碳排放权、水权等市场交易。通过确立市场交易原则、规则，规范和引导企业积极参与，培育节能量、碳排放、排污量等第三方核证机构，监督和维护市场交易公开、公平、公正、有序进行。充分发挥湖北碳排放权交易量、交易额占据全国"半壁江山"的优势，打造全国碳交易中心和碳金融中心。

（五）构建促进绿色发展的投入机制

强化政府环保投入的主体地位，建立多元化的投融资机制，健全绿色财政、绿色金融等环境经济政策，引导和鼓励社会资本投入生态环保领域。建立健全绿色金融政策。积极探索各种绿色金融工具的运用，包括绿色贷款、绿色债券、绿色保险、绿色基金、绿色证书交易等。开展绿色信贷，与国家节能减排、循环经济专项相结合，优先支持绿色发展项目对绿色技术发展给予一定的资金和政策扶持，促进绿色生产技术开发示范，进一步加快生态友好型技术的产业化进程。

（六）推进环境管理体制机制改革

率先推进省以下环保机构监测监察执法垂直管理。省辖市环保局实行以省环保厅为主的双重管理体制；县级环保局不再单设，由省辖市环保局派出；直管市、林区由省环保厅派出。

（七）打造公众广泛参与生态长江建设的格局

充分调动公民、法人和社会组织构建生态长江的积极性。坚持"政府主导、市场引导、公众参与、社会共治"，形成"共抓大保护"、建设生态长江的合力。

论坛一：旅游发展在长江经济带绿色发展中的地位和作用

主持：熊元斌　武汉大学经济管理学院　教授
嘉宾：张立明　徐铁柱　陈　伟　郑文升　张　祥

熊元斌：生态长江的概念，体现一种旅游产品的概念与其具体的表述，以旅游作为长江经济带发展的引擎的观点究竟是长江经济带发展的客观需要和客观要求，还是我们旅游界自弹自唱的一种要求呢？

张立明：关于旅游发展在长江经济带绿色发展中的地位和作用，我个人认为这不是一个命题，这是不用讨论的问题，从我们国家的旅游发展意识来讲，旅游对一个地区的社会经济、文化发展它所具有的作用和地位，应该来说是经过了世界范围的广泛讨论以及多年的实践证明，其实旅游与我们每个人息息相关，旅游日益成为我们生活的一部分。所以旅游引发的一系列的经济现象涉及国民经济的很多领域，从农业生产到生产制造到工业发展到现代服务可以说旅游在其中起到了重要作用。旅游是区域发展的引擎产业，可以带动很多产业的发展，旅游的地位和作用毋庸置疑。但是我们要考虑的问题是，在整个长江经济带发展的过程中，如何借助和依托长江经济带环境渠道把长江旅游做起来、搞活，并向长江两岸延伸，把长江沿岸的城市、小城镇、乡村和宽领域旅游带动起来，真正形成多种业态相融合的旅游产品体系，我觉得长江旅游大有潜力。特别是城市长江旅游很多工作都没做起来，像武汉市做了多年的长江夜游很不理想。

熊元斌：我觉得旅游的作用是比较明显的，我也认同这个观点，但是此观点是否能成为社会的共识呢？怎样让全社会认识并使旅游在长江经济带中成为主导性的核心作用呢？

张立明：让全社会真正把旅游作为国民经济的支柱性产业、文化发展的引导性产业，当然是要有一个过程。

熊元斌：刚才胡静教授讲了，有关部门的领导对旅游认识能达到这样一个高度，那么旅游发展就没有问题。但是关键是现在很多领导干部认识不到旅游的地位和作用。我们经常对一些这样的领导干部解释得非常痛苦。城市是一个区域里面发展的重要元素，或者说是起一个龙头带动作用。那么武汉作为一个长江特大城市、核心城市，特别是作为国家旅游中心重要城市，它在长江经济带或者说长江旅游带，占据什么样的位置，发挥怎么样的作用，做了什么工作，怎么做工作？

徐铁柱：我们讨论旅游在长江经济带的作用，实际上是我们经济社会发展阶段中无须讨论的一个问题。但是确确实实怎么做是值得思考的问题。我想从武汉的旅游来说，一是武汉发展旅游业，特别是在长江经济带发展中具有天然的优势。区域资源包括治理优势就不说了。有一个形象的比喻，湖北是长江经济带中的"金腰带"。武汉是金腰带的皮带扣，没有这个皮带扣腰带是松的。所以说武汉理所当然地应该承担起长江经济带发展的重任。二是武汉旅游在近几年的发展中已经具备先导优势。一方面是产业支撑方面的优势，另一方面是武汉旅游业在规模品牌影响力上，已经有了长足进步。武汉的旅游接待人数在2015年达到2亿人次，旅游总收入2000多亿元，占了武汉GDP的14%，在副省级城市中名列首位。这些年着力打造大江大湖大武汉的品牌，这个口号在游客中的知晓度也达到了百分之八十以上，同时我们在海外市场主推的一个产品口号"长江旅游从武汉起航"，当然也是依托于长江三峡，换句话来说，实际上武汉这么多年的发展也是在吃长江饭。正是基于这样的基础，我们也在坚持打长江牌，特别是省委市委一直在推动长江中游城市群的建设，武汉市也在积极引领区域城市的发展，推出了长江中游旅游城市群，也组成了旅行社的联盟来推动旅游区域的发展。三是武汉旅游努力在长江经济带发展中发挥引领作用。2016年，国家发布长江中游城市群的一个规划，长江经济带发展的总体规划，把武汉和重庆、上海并列作为特大城市。武汉晚报很敏感，头版头条把武汉被国务院定位为特大城市做宣传报道，第二天长江日报开始三天头版，来解读武汉作为特大城市的意义。这说明一个城市很看重在国家中的地位。从旅游从业者来说，我们也在积极推动旅游业发展。武汉市在2016年获批国家级旅游业改革创新先行区，出台一系列政策，政府也专门出台了方案，其中的一个核心就是加强旅游环境质量改革，包括体制改革，都在顺利推动之中，并列入市政府的改革计划。正在实施打造长江旅游产品品牌提升工程，即两江四岸的提升工程。张教授对于长江夜游发展不满意，我也有同感。但是实际上长江游船六艘，还有三艘在打造，截至10月底，2016年的游客量达41万人次。我们提升两江四岸的功能有三大项：一是亮化。现在已经是亮化升级版，2016年5月1日推出的长江灯光秀，还有平时、假日和节日的亮化模式，全都是智能化控制。二是把两江四岸核心区域打造成一个5A级的旅游区，是以长江为主题的开放式5A景区。三是做好陆水联运，把陆地上的景点和游船线路统筹结合。目前各项工作顺利推进，同时还要在年底打造一个以长江游轮为载体的长江实景秀。如果这几个项目顺利完成，我相信张教授会眼前一亮，广大游客也会更加喜爱武汉长江旅游产品，积极推动武汉长江旅游发展，为长江旅游经济带发展做出武汉贡献。

熊元斌：武汉作为特大城市在旅游发展中做出了突出成绩。那么上海、武汉和重庆形成了三区（势）鼎立，按三国演义的话来说就是分分合合最后一统天下，请郑教授简单地描述一下三个区域如何分，如何合，最后形成流域领域的一体化基本特征。

郑文升：现实来看，类似武汉、重庆这样的城市，在一般人眼里成为世界城市还有一定的距离，但是进一步提升类似武汉城市旅游在世界中的地位及其在支撑长江经济带发展中的重要作用，还需要进一步加强重视。武汉正在准备新一轮的整体规划，明确提出一个思想，怎样通过旅游发展促进武汉从一个点状城市发展成一个国际大都市。

熊元斌：如何把长江经济带打造成国际旅游大都市，是个重大课题，我们需要进一步思考与探索。湖北省的旅游发展很快，并称湖北是长江经济带的"金腰带"。金腰带就跟裤腰带一样，紧了不舒服，放不开，松了就垮了。现在就是怎么把握好这个金腰带在长江旅游带中的实际地位和角色。

陈伟：我们这个对话主题是旅游在推动长江经济带绿色发展的地位和作用。从旅游的天然属性来说，旅游天然具有绿色的生态属性，刚才教授也说了金山银山、绿水青山只有旅游业，唯有旅游产业才能把它们达到有机的统一。刚才提出湖北旅游要成为长江旅游经济带的金腰带，也是基于旅游属性来说的。

熊元斌：把一些政策、方式、方法，尤其是有特色的东西介绍一下。

陈伟：现在旅游业在长江经济带的地位和作用是否达成社会的共识，我认为从各地党委政府、市场主体包括社会公众、全社会，已经越来越成为共识，并正在进入实践。比如说，我们武汉市江汉朝宗景区的打造、两江四岸5A景区的创建，都是党委政府主导的，是市长工程，市长亲自抓在手中的。如果没有江汉朝宗5A景区的打造，没有旅游的引领功能，大家看到的亮化绿化一期工程不可能完成。而之前的很多银行的巨幅影响景观的广告牌也不可能拆除，破烂不堪的趸船、码头也不可能得到整治和清理。所以旅游在武汉市的江汉朝宗景区的打造过程中地位日渐彰显。另外，资深的旅游人都知道在20世纪90年代长江旅游红火的时候，荆州是一个重要的停靠港，那时荆州是湖北非常强劲的腰。后来又沉寂了一段，但现在省委又提出荆州的重要工程，就是长江精湛建设的重要部分。

熊元斌：这几个人的项目非常成功、成绩很明显。现在我最想问的问题是湖北的旅游形象——灵秀湖北，这么多年的推广已是相当有影响的，但是又提出一个知音湖北。旅游形象是第一吸引力，旅游形象的变换对于市场的认知、感知产生一些影响。那么这样的变换是基于什么考虑呢？

陈伟：形象品牌呈一体，目前并不是说"知音湖北 楚楚动人"，以此完全代替灵秀湖北，这两个是共存的，未来可能还有其他的系列品牌。灵秀湖北更多的是体现山水的灵秀，停留在过去观光旅游的层次之上。现在推出的"知音湖北"，希望是在灵秀湖北的基础上进一步强调湖北的文化内涵，进一步用品牌形象引领我们挖掘旅游深层次的文化内涵，进而推动其深入发展。

熊元斌：旅游发展经过了对旅游认知的三个阶段：第一，是审美主义阶段。审美主义是看观光，看漂不漂亮、美不美。第二，是体验主义阶段。体验主义就是去参与、去感受。现在处于消费主义阶段，就是旅游者的所有预期多成为消费品，就是游客选择消费的产品。消费主义的特点就是享受、娱乐、体验等。在这样的状态下开发生态长江经济带的一个流（区）域，会不会影响生态长江的开发在这个过程中，政府和市场处于什么样的位置，究竟是政府主导还是市场选择为主，怎样解决这个矛盾？

张祥：我有一个不成熟的基本认识。关于生态长江建设，我认为目前的政府定位最为关键。因为生态关系整个长江流域的一个命题，应该是处于经济考量之外，对社会和民生的考量重点是生态环境的保护，企业更多的着落点是经济，而政府的眼光更注重长远与宏观。因此，当前政府应该处于一个最为重要的主体地位，但也需要企业的积极参与。比如说在实施具体的旅游项目中，首先应通过政府的引导及法律法规的建立和完善予以保障，企业也要增强自己的社会责任感。力求在经营时尽力满足游客的消费需求，加强产品的创新提升和景区内部的宣传等方面来体现生态长江的理念，落实党中央国务院关于长江经济带"绿色发展，生态优先"的理念。

熊元斌：有关旅游在长江经济带发展的地位和作用是个重大的课题。还有很多问题需要研究，比如长江经济带的旅游文化模式的问题，全域旅游发展的问题，文化与旅游融合互动的问题，居民参与的问题，体制机制创新的问题等，希望大家今后进行深入研讨。

第二篇 长江经济带绿色发展与旅游业深度融合的契机与作为

长江国际黄金旅游带价值解读与区域旅游科学若干研究新命题

席建超

（中国科学院地理科学与资源研究所，北京100101）

我今天谈三个问题，概念解析、长江旅游带的价值解读、科学命题。

第一，概念解读。这个范围我就不说了，其一，这是国家法定的，但是它不是长江流域的全部，包括西藏也没有。其二，我们做这个项目时，有一个基本的判断，旅游长江和经济长江是不一样的，因为经济长江在这里强调是两个词，一个是依托，另一个是沿线的关系，经济长江的核心是依托长江的黄金水道好好地发展经济，把长江的运输功能健全完善提升，因此制定了一个综合性的交通通道的规划，说白了，长江黄金水道是为了经济发展准备的，它给旅游准备了多少空间？所以说我特别强调了旅游长江的概念，旅游长江其实就强调了沿江各地独特的东西，这是一个基本的判断。其三，长江黄金水道并不是长江流域的核心，什么意思呢？就是说，一是长江沿线分布的旅游资源非常少；二是从过去的发展经验来看，没有任何一个国家能够沿着水道形成大规模的旅游产业集聚，最多是开几条游船而已；三是沿水道进行大规模的旅游开发不合现在的规矩，因为我们现在70%以上都是自驾车旅游。

第二，长江旅游带的价值解读。这个里面要强调几点，其一，我们认为，长江是最能够展现我们国家形象的旅游带。它是全球最有影响力的旅游资源的最主要的附属区，地貌丰富，大景观，三级台阶。其二，纬度非常奇特。北纬30°，本来就是全球最奇特的地方，就像百慕大，很多人文和自然的现象基本在这个地方都有出现。在北纬30°有一个我们国家的景观大道，这个很重要，同时这个地方也集聚了我们国内最有影响力的三十几个人文景观和自然景观。其三，长江文化和黄河文化一样，它是我们的发源地。一是我们国家地域文化，比如南北文化、东西文化、汉文化和少数民族文化，全部在长江有很好的交流，通过长江可以透视中国的发展，我们有最发达的上海，也有最贫困的贵州，这种反差本身就是一种很强大的吸引力。从长江上游到下游，我们能感受到中国现在是什么样的。二是它还有一个特殊地理区位，中位线的概念。中位线这个概念就是强化我们国土的概念，我们过去都是把南海，画一个小图放在边角里面，那个时候我们的海权意识非常弱，所以现在新版的国家地图都已经不是原来那个样子了，就是把我们的海洋当成是国土，这是我要强调的全国的枢纽区，东中西部，我们国家的枢纽都是在长江沿线上，国际化的通道，一头一尾，国内做边境旅游最好的在云南、广西，开放最好的是上海，三是它是我们国内最主要的市场的发生地和旅游的主要目的地，基本上它的旅游业的发展水平和它整个的人口、GDP 的比重差不多，在40%以上。主要体现几个支撑：第一是规模支撑，第二是开放带动；第三是改革示范，我们出台了很多旅游改革试验区；第四是中国引领，皖南国际旅游示范区是第一个以旅游业为主导引领区域发展的，上升到我们国家的战略。四是我们特别强调这个地方是最能够彰显旅游价值的一个旅游带。这是因为横跨11个省区市，占全国的大概三分之一，其中贫困人口、县，也占的大概是这个量，但是这里的人口规模占全国的一半以上。所以11个省区集中了全国一半以上的贫困人口。五是它也集中了我们国家最主要的几个生态功能区和敏感区，从这个视角来说，我们认为，长江旅游带的发展对于我们下一步规划，包括旅游扶贫等都是有非常大的价值。

　　其实我们谈的长江旅游带，我认为有两个突破，一个是空间的突破，另一个是时间的突破。①空间的突破。一是过去我们的旅游模式是"景区—城市—区域"的模式，自从提出建设长江旅游带以后，我们的旅游时空观变了，从景区开始向生态功能区转型，这个大家可以想想：包括武陵山区、大别山区等；二是从城市开始向城市群转型；三是从区域向流域和江域转型。我认为，长江黄金旅游带和"一带一路"的提出，标志着我国旅游真正向国家化迈进的开始，同时在区域上也开始向网络化推进，我们整个关注的视角全部变了。这其中有生态功能区，什么叫生态功能区？比如说大别山，以完整的地域单元为主体的旅游开始受到关注，还有是以文化单元为主的，譬如像我们各地的特征文化，大规模地受到我们的关注，就是说我们关注的目标不仅仅就是简单的经济目标了，在空间尺度上，已有一个空间转换的问题，在空间转换过程中我们发现开始分层，在国家层面，有城市群、生态功能区、文化功能区以及交通道路，这里所关注的是大通道概念，这个通道不是一个旅游的通道，它是复合型的一体化的通道。对于一个城市的未来发展，影响其发展的是地铁，对于一个区域来说，核心是高铁，这个通道是以高铁为主导的，而不是以水道为主导的。还有就是区域合作，我们从内陆向沿海开放。从行业管理，从大尺度上来说我们需要社会的协助，所以国家的社会治理是非常重要的一个举措。②时间的突破。主要体现在我们对于产业的认知上。我们大致经历了几个阶段，第一个阶段，开始用了四年，第二个阶段就是把它作为支柱产业和现代服务业，我们用15年，出台了这个战略之后，我们就把旅游发展这个战略性问题谈出来了，但其实谈出来以后，在更高层面没有人确定它，而在长江旅游带里面，我们会发现旅游有多么的重要，在这个《意见》里面有15次出现旅游，两次出现休闲，这是其一。其二，特别强调了服务业是四大核心产业之一。其三，新型城镇化问题。我们认为，旅游业在未来的中西部的新型城镇化里扮演着独特和非常重要的角色，从一般的小镇到一个地方的首府，譬如像昆明，在这些地方他们的目标就是建设民俗文化旅游基地。其四，就是开放开发先导先行产业。我们做的时候，有一些专家颇有微词，说我们搞这么大的长江经济带，剩下两个区可能太小了，我说这是短视的表现，这个旅游不是一个简单的概念，还有旅游外交，那是一个大概念，当然我认为这是国家战略。

　　第三，科学命题。比如说我谈的"超级国家"的"超级旅游"加上"超级市场"，所有问题都是由时空的耦合不匹配引起的。我们谈旅游战略之时，首先就是说，我们的区域旅游如何与国家战略对接的问题，我们旅游业的发展离不开大的区域或者国家的战略调整。"一带一路"，我个人认为能够解决我们国家未来50年内的发展问题；但是长江经济带的经济协同，它能够解决我们10年内的问题。我们正在探讨，它既是我们旅游业发展的背景，也是我们发展的一个很好的耦合、契合的关系。我们要谈的一个观点，就是"旅游+"的目标、导向，"+旅游"的发展切入。过去我们旅游业的发展证明，旅游业作为一个服务型的产业，其核心的职能和任务是为公共服务，只有做好了旅游公共服务，才能在整个行业的发展中找到自己的位置。我们谈到"旅游+农业"，到底是"旅游+农业"，还是"农业+旅游"，其实我的观点是"农业+旅游"，它离开你能活，你离开它活不了。但是这里面有一个融合的模式、融合的路径，我们国家非常大，如何差异化地推进，提高政策的有效度，这是第一个问题。

　　第二个问题，城市群和生态功能区的问题。这是基于我们国家主体功能区的背景。城市群是我们国家未来参与世界竞争的最主要的旅游产品，也是最大的旅游产品，我们的产品将来不是景区，而是城市，当你走向国际化的时候，我们平时去美国也不会在一个荒凉的田野里跑，而是直接去城镇，这个很重要，因为我们国土空间未来只有两种形态，我们的大山大水大河，我们的城市。我们36%的土地养了96%的人口，这96%的人口又住在16个城市群里面。所以，首先是通道建设问题，譬如我从武汉到大别山怎么过去，必须要有一些人性化的关怀，通道建设很重要，通道建设有点对点的，譬如武汉到大别山的通道，还有像长江这样的国家通道，在这里很有可能形成大规模的旅游产业集群，这也是我们关注的重点，所以说很有可能。假如发改委有信心的话，318国道可以做成一个长5000公里的，体量达到上万亿规模的一个旅游产业经济带，我们希望能够达到这个目标，但是现在还在调整，这是一个国家战略空间优化的问题。还有一个区域尺度空间的优化问题，就是说区域的生产生活生态空间的优化问题，是以网络化的格局开始推进的。当然，这里面不同的区域空间对应的视角是不一样的，有对接的概念。

　　第三个问题就是我们城市群旅游一体化的整个提升问题。"十三五"规划里面特别强调了旅游城市群的概念，城市群是跟一群城市是不一样的，一群是杂乱无章的，是没有分工的，城市群强调的有机的衔接和功能的重组、结构的优化，这个里面包括政策的跟进等，可能我们现在是经济城市群形成的一个起点。譬如经济城市群旅游业发展很重要的一个功能就是疏解都市的有些功能，里面有几个问题，如：旅游城市群到底怎么干？中心城市的旅游国际化问题，这是一个很关键的问题，因为这个代表了我们国家的形象，我们国家能够参与国际竞争的一个很重要的切入点，你变成国际化的城市的时候，你该怎么干？第三个是外围城市的发展问题。

第四个问题，就是城市群和城市连绵区的发展问题。这个问题很复杂，我觉得这里面模式不统一，而且业态非常的多元和丰富，比如养老基地、乡村旅游基地等，这里面大家可以看到我们所有的业态。

第五个问题，生态功能区的旅游问题。这也是我们"十三五"提出的一个问题，比如像大别山这种生态涵养区，旅游业怎么发展。旅游业是一个非常独特的角色，而且已经形成了大规模的产业集群，譬如像武陵山，武陵山以各个组团为主体，城市、景区、园区、社会，以旅游廊道串联，形成了一团一团的大规模的产业集群，我们现在其实就差给它修正提升一下。当然，还包括文化生态单元，这些地方我们感觉它是不会再扩建了。下面还有几个问题，如：生态功能区，我们国家有些地方进入了示范引领阶段，譬如皖南，它通过旅游业推动整个区域的发展；有些地方进入了优化提升阶段，譬如武陵山；有些地方进入了重点建设阶段，譬如大别山，大别山没有标志性的大景观、美景，但是环境好；还有一些地方开始谈到了旅游限制开发的问题，特别是对中西部，我们这个"超级旅游"是很可怕的，这是第一个层次。第二个层次，全域旅游的建设，全域旅游的建设是以行政为单位的，形成我们旅游业区域发展的核心支撑。第三个我特别强调国家风景道的建设，举个例子，武汉到大别山的路是通的，但是大别山内部大的风景道是没有的，这就是我们关注的重点，当然，因为我们越来越多地深入生态敏感区，跨区域的生态红线的管控、环境容量的设定可能要提到议程上，当然做生态功能区的时候，它到底该怎么划？应通过现实评价、未来潜力、发展基础等。

第六个问题，沿海沿边旅游国际化的开发开放。我认为沿海沿边的国际化开放，最大的优势在于把我们国家过去的边缘区变成了国际合作的中心区，这个中心区的提升对于边境的开发是很重要的，在整个新的形势下，我们旅游的建设问题，可能在将来是一个非常复杂的问题，这里面我关注得不太多，但是很多问题都有涉及，机制体制的建立、利益的分配、配套设施的跟进等。总体来说，各省交界处大概是生态功能区的概念，在省域行政区范围内，我们的旅游城市群和我们的特色旅游目的地可能会参与这一规划，沿海是一带，沿边是一带，下面都有一些配套的我们合作的目标城市和关注的重点。

长江经济带旅游产业生态系统安全评估
及其安全格局研究

殷杰[1,2]，皮常玲[1]，郑向敏[1,2]

（1.华侨大学旅游学院　福建泉州　362021

2.中国旅游研究院旅游安全研究基地　福建泉州　362021）

摘要：构建和强化旅游产业生态系统是长江经济带建设生态文明先行示范带的重要内容。本文在深入分析旅游产业生态系统构成的基础上，构建系统安全运行的评估体系，选取2005—2014年相关数据、利用熵值法确定权重，借助耦合函数全面衡量长江经济带旅游产业生态系统的运行状况，并探究其安全格局。研究发现：（1）长江经济带旅游产业生态化系统安全度并未发生明显变化，系统耦合协调度一直处于0.6水平上下波动，系统协调性处于勉强协调和初级协调之间，这旅游产业生态系统安全度处于较低水平。（2）从旅游产业生态系统的各子系统变化情况来看，旅游活动"生产"的压力呈现明显的上涨趋势，与之相适应的是状态子系统指数急剧上涨，环境状态急剧恶化，而响应子系统指数则呈现为拉伸的"W"形分布，这表明社会响应行为呈现"波动式"上升趋势。（3）依据长江经济带旅游产业生态系统安全变化状态，将浙江、安徽、重庆、贵州以及云南归为系统风险缓解型区域，湖南属于系统风险加剧型区域，上海、江苏、江西、湖北以及四川则属于风险反复型区域。最后，尝试提出保障旅游产业生态系统安全运行的相关建议。

关键词：产业生态系统；安全评估；安全格局；PSR 模型；耦合

一、问题的提出

传统观点认为旅游是产生污染少、环境破坏小的产业。但随着旅游产业的繁荣，旅游活动朝大众化与常态化方向发展，其生产的"污染"越发明显：生态环境破坏严重，能源资源消耗大大增加、民族文化、地方文化受到极大冲击。旅游的生态问题得到了各界广泛关注。国内外旅游研究发现，生态化是旅游产业发展的重要趋势，旅游生态化是实现可持续发展的最佳选择和必由之路。长江经济带沿线区域开始成为全国旅游产业布局的重要发展轴线[1]，其旅游产业的生态化问题也得到了高度重视：2014年9月，国务院印发《关于依托黄金水道推动长江经济带发展的指导意见》明确要将其建成生态文明建设的先行示范带。国家发展和改革委员会与国家旅游局共同编制的《全国生态旅游发展规划（2016—2025年）》中明确提出要利用长江经济带区域发展战略机遇，推动长江流域生态旅游协同发展。

近年来，产业生态系统被广泛应用于产业生产实践中。旅游产业生态系统实质是基于产业生态学、循环经济学、景观生态学等的旅游产业生态化[2]。由此可见，健康、安全的旅游产业生态系统是实现旅游产业生态化的重要保障。那么，追求生态文明建设的长江经济带旅游产业生态系统结构如何？其产业生态系统又处于何种状态之下呢？又该如何保障旅游产业生态系统的健康安全运行呢？这些都是长江经济带生态文明建设、生态旅游协调发展亟须解答的问题。基于此，本研究将在深入剖析旅游产业生态系统的构成及其安全内涵，评估长江经济带旅游产业生态系统运行的安全状况，提出保障长江经济带旅游产业生态系统安全运行的相关建议。

二、旅游产业生态系统安全内涵

（一）旅游产业生态系统构成

产业生态学最早倡导者之一 Robert Frosch[3]（1989）认为传统的产业活动模式应该转化为一种更综合的模式，即产业生态系统。在这种系统中，需要优化能源和物质的消耗以此降低废物的产生。旅游产业生态系统是旅游行为实现过程中涉及的人类的环境行为，既包括社会生产消费行为又包括自然生态行为[4]。明庆忠[2]等（2008）提出旅游产业生态系统包括内生系统（旅游区、酒店、交通、餐饮等在内的旅游产品生产者）、外生系统（旅游者消费所产生的自然——人文类问题）以及共生系统（维系稳定旅游产业系统的内生和外生两个子系统生存和发展的资源环境为目的的自然——人文社会的生态复合系统）。由此可见，旅游产业生态系统关注旅游活动带来的影响以及影响的消除。

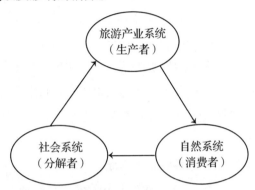

图 1a　旅游产业生态系统角色划分

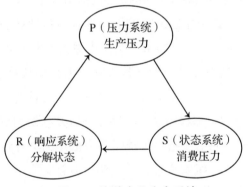

图 1b　旅游产业生态系统

综合相关研究来看，本研究认为旅游产业生态系统是特定地域空间内旅游产业系统、自然系统与社会系统之间形成良性互动。产业生态系统是模仿自然生态系统建立的，因此旅游产业生态系统的构成也可以从自然生态系统中得到启发。本研究依据自然生态系统（生产者—消费者—分解者）尝试构建了旅游产业生态系统模型，具体如图1a、图1b所示。具体来看，图1a中旅游产业系统承担生产者的角色，其生产的"产品"主要是图1b中的对于自然系统而言的"压力"。自然系统承担消费者的角色，即自然系统来"消费"旅游产业系统生产的"压力"，这种对于"压力"的"消费"

主要通过图 1b 中的自然环境状态系统表现。分解者的角色主要由图 1a 中的社会系统承担，其主要职责是"分解"消费者的"残存状态"，以此保障生产者继续正常运作。图 1b 中的社会响应系统主要来"分解"自然系统承担压力后的"状态"，即对环境现状做出响应。由此可见，旅游产业生态系统主要由压力子系统、状态子系统以及响应子系统构成。这与明庆忠[2]等（2008）所提出的内生系统、外生系统和共生系统相一致，即旅游区（点）、酒店、交通、餐饮等在内的旅游产品生产者"生产"了"压力系统"，旅游者消费所产生的自然——人文类问题则构成了"状态系统"，维系稳定旅游产业系统的内生和外生两个子系统稳定的共生系统角色则被"响应系统"所代替。

（二）旅游产业生态系统安全内涵

旅游产业生态系统根植于自然生态系统，其安全内涵可借鉴生态系统关于安全的相关阐述。Rapport[5]（1989）首次提出了生态系统健康（Ecosystem Health）的概念，并提出生态系统的稳定性和可持续性是系统健康的重要前提。Costnza[6]（1992）提出如果一个生态系统是稳定和持续的，即该生态系统是活跃的，能够维持组织结构，并能够自动从胁迫状态恢复过来，那么这个系统就是健康的。袁兴中[7]等（2001）则认为生态系统健康可以被理解为生态系统的内部秩序处于有序状态以及组织的整体状况处于稳定状态。Rasmussen[8]（1997）指出来源于各方的压力会导致组织系统向事故发生的边界迁移。而系统安全理论[9]的观点则认为安全状态是指在一个项目的全生命周期内运用一定的技术和管理手段，系统地、有远见地识别和控制危险。

依据生态系统健康论的观点，系统健康的关键在于保持系统的稳定性和可持续性。而系统的稳定性和可持续性是建立在组织系统能够有效控制来自各方的压力以及压力所导致的组织产生的变化状态。因此，旅游产业生态系统安全可以理解为旅游产业生态系统内主要系统在相互联系、相互影响、相互作用下，系统仍处于动态平衡，即旅游产业生态系统内的"压力—状态—响应"系统处于良性运转状态。基于此，本研究可将旅游产业生态系统安全评估转换为对"压力—状态—响应"系统的运行状态评估。

三、研究设计

（一）旅游产业生态系统安全评估指标体系构建

1. 压力指标

表1 旅游产业生态系统安全评估指标体系

目标层	准则层	指标层	指标意义	权重
旅游产业生态系统	压力系统（P）	国内旅游花费	旅游市场消费产生的综合压力	0.0919
		国际旅游收入		0.0701
		国内旅游人数	人员因素产生的环境压力	0.1088
		入境旅游人数		0.0943
		客运量		0.2103
		旅游从业人员		0.0893
		旅行社数	旅游设施建设、生产、经营产生的压力	0.0862
		酒店数		0.1723
		餐饮业法人企业数		0.0769
	状态系统（S）	人均水资源量	水资源变化状况	0.1399
		森林覆盖率	森林采伐、生物入侵、生物多样性等状况	0.3883
		人均公园绿地面积	绿地占用状况	0.2166
		环境污染与破坏事故情况	环境负荷状况	0.0838
		洪涝、泥石流等受灾面积	水土、地质变化情况	0.0921
		地质灾害数		0.0792
	响应系统（R）	环境污染治理投资	资金响应	0.2373
		地质灾害防治投资		0.3033
		造林面积	行为响应	0.1178
		自然保护区面积占辖区面积比重		0.3416

压力指标主要是指旅游的生产经营活动对环境的产生的影响，其重点考察的是哪些因素会生产压力、影响生态环境。旅游容量与旅游污染之间存在紧密联系[10]。随着大量游客涌入，旅游地原始生态环境直接面临的污染威胁，此外旅游设施的建设使用同样会对旅游地环境产生威胁[11]。基于此，本研究主要通过旅游发展概况指标来衡量旅游产业系统所产生的压力，如人员因素产生的环境压力（出游人数、旅游就业、旅游客运量等）、旅游市场消费产生的综合压力（国内旅游花费、国际旅游收入）、旅游设施建设、生产、经营产生的压力（主要是来自旅行社、酒店以及餐饮），具体压力系统指标如表1所示。

2. 状态指标

状态指标是指在旅游生产经营活动产生的压力之下，在特定时间阶段的环境状态和环境变化情况，既包括生态系统与自然环境的状态，也包括人类的生活质量和健康状况的状态。自然资源、生态环境和游览氛围的污染主要表现为水体、空气、植被、整体景观等遭受具体破坏[12]。人均水资源量、水土流失比例和污染负荷程度通常被纳入生态建设成效评估体系[13]，基于此，本研究结合长江经济带的相关地理特征，选取水资源变化状况（人均水资源量）、森林采伐、生物入侵、生物多样性等状况（森林覆盖率）、绿地占用状况（人均公园绿地面积）、环境负荷状况（环境污染与破坏事故情况）以及水土、地质变化情况（洪涝、泥石流等受灾面积、地质灾害数）来衡量状态系统。

3. 响应指标

响应指标主要是指旅游生产经营活动产生非生态现象后政府、社会、企业等采取的减轻、阻止、恢复和预防负面影响的措施以及相应的补救措施。由于本研究着眼于宏观视角，因此仅从政府、社会响应角度选取响应指标。在水污染事故应急响应时，应调拨各级政府人、财、物资源[14]。同样地，对于自然环境状态系统的响应也可从财、物等方面衡量。因此，本研究选取资金响应（环境污染治理投资、地质灾害防治投资）、行为响应（造林面积、自然保护区面积占辖区面积比重）等指标来衡量旅游产业生态系统的响应子系统。

（二）评估模型确立和数据处理流程

1. 数据来源与处理

本研究数据主要来源于统计年鉴，其中压力系统中的各指标数据均来自2006—2015年的《中国旅游统计年鉴》、各省2006—2015统计年鉴，而状态系统、响应系统中的各指标数据来源于2006—2015年的《中国环境统计年鉴》。

获取各指标数据后，对每年指标进行逐一对比，统一度量单位，利用均值化处理方法补充部分地区出现的缺失值。此外，采用极差标准化法对所需数据进行标准化处理，正向与逆向指标向量的极差标准化公式分别为式（1）、式（2）。

$$X_{ij}^{'} = (X_{ij} - \min X_i)/(\max X_i - \min X_i) \tag{1}$$

$$X_{ij}^{'} = (\max X_i - X_{ij})/(\max X_i - \min X_i) \tag{2}$$

其中 X_{ij} 表示第 i 个指标的第 j 年的数值，$\max X_i$ 表示第 i 个指标在所有年份中的最大值，$\min X_i$ 表示第 i 个指标在所有年份中的最小值。

2. 指标权重确定

指标权重的确定直接关系到旅游产业生态化评估结果的准确性，因此需要通过客观的方法确定各指标权重。熵值法[15]是进行多指标综合评价的一种重要方法，它根据指标数据提供的信息量对指标进行客观赋权，以减少主观因素的影响[16]。本研究采用长江经济带各省份指标值加总平均来作为长江经济带整体指标值，并通过熵值法计算出各指标的权重，具体如表1所示。

3. 评估子系统发展状况

在确定各子系统各指标权重后，可对其子系统发展状况进行评估，其具体计算公式如式（3）所示。

$$X_i = \sum_{i=1}^{n} W_{ij}P_{ij} \tag{3}$$

其中 W_{ij} 表示第 i 个子系统第 j 项指标的权重，P_{ij} 表示第 i 个子系统第 j 个指标的评价值，X_i 表示第 i 个子系统的发展状况。

4.长江经济带旅游产业生态系统安全状况评估

耦合是指两个或两个以上的系统或运动形式通过各种相互作用而彼此影响的现象[17]。耦合度则是描述系统或者要素之间相互作用而彼此影响的程度[18]。耦合协调度则用来度量系统之间或系统内部要素之间在发展过程中彼此和谐一致的程度，能够反映系统由无序走向有序的趋势[19]。当系统间或系统内部要素之间配合得当、相互促进时，为良性耦合；反之，为不良耦合。耦合协调度是反映两个或者两个以上系统相互配合、相互促进的好坏程度。旅游产业生态系统的最终诉求是实现旅游产业系统、自然系统与社会系统之间的良性互动，形成系统之间的耦合优化，即确保旅游产业生态系统内的压力、状态、响应子系统处于良性运作状态。基于此，本研究引入耦合协调度来分析旅游产业生态化压力系统、状态系统以及响应系统之间的耦合协调关系，以此评估长江经济带旅游产业生态系安全状况。

本研究引用协同论中的多系统耦合协调原理，在耦合度模型基础上构造多系统耦合协调度函数，具体如式（4）所示。

$$D = (C \times T)^{1/2}, T = a_1 \times t_1 + a_2 \times t_2 ... + a_m \times t_m \qquad （4）$$

其中，t_1，t_2，t_m 分别表示协调耦合模型的各子系统，a_1，a_2，a_m 分别表示各子系统的权重系数。D 表示系统间的耦合协调度，C 为系统间耦合度。系统间的耦合度 C 的具体计算公式如式（5）。

$$C = m[(t_1 \times t_2 \times t_3 ... \times t_m)/(\prod_{i \neq j, i, j=1,2...m}(t_1 + t_2 + ...t_m))]^{1/m} \qquad （5）$$

其中 m 表示系统个数，本研究中 $m=3$。

四、旅游产业生态系统安全状况评估

本研究在系统分析旅游产业生态系统内部构成的基础上，构建评估指标体系，对长江经济带旅游产业生态系统安全状况进行评估，主要从以下几方面解析。

（一）长江经济带旅游产业生态系统安全状况评估

1.压力指数

通过各指标权重以及各指标的赋值可计算得出旅游产业生态化的压力指数，具体如图2所示。从总体来看，旅游生产、经营、消费活动所产生的环境压力呈现上升趋势，10年间压力指数增长了近0.4。具体来看，旅游产业生态系统产生的压力主要分为三个时期：（1）压力爆发期（2005—2008年）。此阶段内，旅游业快速发展，旅游生产、经营、消费等活动十分活跃，旅游所"生产"的压力出现爆发式增长。（2）压力缓和期（2008—2010年）。此阶段内，由于星级酒店数量减少，旅游从业人员也相应减少，旅游生产活动所"生产"的压力有所减少，总体压力呈现出下降趋势。（3）持续加压期（2010—2014年）。旅游生产活动经过短暂的"低迷"之后，旅游业又重新"复苏"。各类旅游活动产生的压力处于持续增加状态。

2. 状态指数

状态指数则反映的是旅游活动"生产"压力之后其对环境等产生的变化状态。由图2可知，状态指数呈现显著的上涨，这表明环境状态出现急剧恶化情况。具体来看，2009—2011年，生态环境短暂好转期的出现主要得益于2008年出现的"汶川地震""南方冰雪灾害"等自然灾害，环境治理、灾害防治的投入资金增加，使得生态环境状态得以缓解。此后，旅游业飞速发展带来了显著的环境恶化效应。

3. 响应指数

长江经济带旅游产业生态系统对环境状态的响应状况基本呈现为拉伸的"W"形分布。从总体来看，响应指数呈现"波动式"上升趋势。值得注意的是，2008年的响应指数出现一个高点，这主要是因为2008年出现了"汶川地震""南方冰雪灾害"等，用于环境质量等方面的投入增加所致。2009—2010年，响应指数出现了短暂的下降，这主要是因为2008年对环境状态的大力响应后，2009—2010年环境状态恶化情况有所缓解。

4. 旅游产生生态系统耦合度

根据式（4）、式（5）可以计算出2005—2014年长江经济带旅游产业生态系统中各子系统的耦合协调度（D），其具体结果如图2所示。从总体来看，系统的耦合协调度并未发生明显变化，基本在0.6的水平上下波动。根据耦合协调度的分类等级[20]，旅游产业生态系统基本处于勉强协调状态，即系统安全度水平仍处于较低水平状态，属于勉强安全状态，这说明旅游产业生态系统运作水平仍比较低，系统运作水平并未达到高效，系统面临较大的崩溃风险。

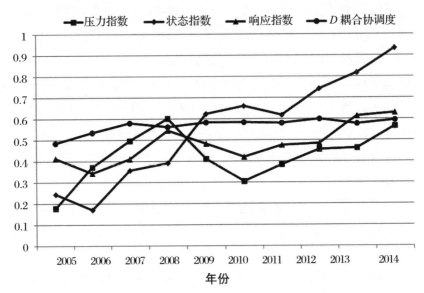

图2　长江经济带旅游产业生态系统安全评估

（二）长江经济带旅游产业生态系统安全格局

根据式（4）、式（5）可以计算出2005—2014年长江经济带各省市旅游产业生态系统中各子系统的耦合协调度（D），并绘制长江经济带旅游产业生态系统安全格局图，如图3所示。

从总体来看，长江经济带各省市旅游产业生态系统耦合协调度均呈现改善与提升状态，系统运行的安全度正逐步提升。具体来看，可依据长江经济带各省市旅游产业生态系统耦合协调度将各省市的生态系统安全变化情况划分为三类：（1）风险缓解型。此种类型主要包括浙江、安徽、重庆、贵州以及云南。其生态系统耦合协调度呈现波动上升趋势，产业生态系统安全状况整呈现波动式改善。浙江省旅游产业生态系统耦合协调度最高，仅2011—2014年，呈现略微下降，但其总体耦合协调度仍呈现上升趋势。浙江省旅游产业生态系统大部分时间都处于系统良好协调的状态，其产业生态系统安全状态良好。（2）风险加剧型。仅湖南一省属于此类型。2005年，湖南旅游产业生态系统处于初级协调状态，而到2011年和2014年，其旅游产业生态系统仅处于勉强协调状态，随着旅游产业生态系统耦合协调度的降低，各子系统之间的相互作用关系呈现减弱趋势，这极易受到各类风险的侵袭。（3）风险反复型。上海、江苏、江西、湖北以及四川则属于这一类型，其主要表现为旅游产业生态系统耦合协调度反复波动，并没有呈现明显的上升或者减弱趋势，这表明其比较容易遭受风险的反复侵袭。湖北省2008—2014年旅游产业生态系统耦合协调呈现复杂的波动情况，但其系统耦合协调度并没有明显改善，即产业生态系统安全并没有得到明显加强，其容易遭受到风险的反复袭扰。

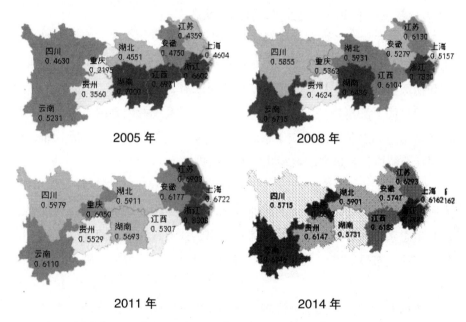

注：该图基于国家测绘地理信息局标准地图服务网站下载的审图号为GS（2016）2923号的标准地图制作，运用裁剪工具截取长江经济带11省地图，底图无修改。

图3　长江经济带旅游产业生态系统安全格局图

五、结论与讨论

长江经济带是生态文明建设的先行示范带，是长江流域生态旅游协同发展的重要区域。本研究以长江经济带为研究区域，以旅游产业生态化的重要组成部分旅游产业生态系统为研究对象，以自然生态系统为原型，分析旅游产业生态系统的构成子系统及其系统安全内涵，并构建旅游产业生态系统安全状况评估体系，系统评估长江经济带旅游产业生态系统安全状况，分析其安全格局，主要提出以下几项结论。

（1）以自然生态系统为原型，提出旅游产业生态系统的构成及其安全内涵。旅游产业生态系统由压力子系统、状态子系统以及响应子系统构成。依据生态系统健康论以及系统安全论的相关观点，本研究认为旅游产业生态系统安全可以理解为旅游产业生态系统内部各子系统在相互联系、相互影响、相互作用下，系统仍处于动态平衡，即旅游产业生态系统内的"压力—状态—响应"系统处于良性运转状态。

（2）近年来，长江经济带旅游产业生态化系统安全度并未发生明显变化，系统耦合协调度一直处于0.6水平上下波动，系统协调性处于勉强协调和初级协调之间。从各子系统变化情况来看，旅游活动"生产"的压力呈现明显的上涨趋势，与之相适应的是状态子系统指数急剧上涨，这表明环境状态急剧恶化，而响应子系统指数则呈现为拉伸的"W"形分布，这表明社会响应行为呈现"波动式"上升趋势。

（3）长江经济带旅游产业生态系统安全呈现一定的格局特征。如浙江、安徽、重庆、贵州以及云南的产业生态系统风险将逐渐缓解；而湖南旅游产业生态系统风险则呈现加剧趋势；上海、江苏、江西、湖北以及四川的旅游产业生态系统安全状况并没有得到明显改善，其容易受到风险的反复袭扰。

依据上述结论与长江经济带旅游产业生态系统存在的问题，提出保障旅游产业生态系统持续运行的相关政策建议。

（1）国家层面，要加强政策引导与法制建设。2009年国务院出台《贯彻落实国务院关于加快发展旅游业意见重点工作分工方案》、2013年颁布实施的《旅游法》以及2014年国务院出台的《国务院关于促进旅游业改革发展的若干意见》等政策、法律均对旅游产业生态化发展产生了重要影响。因此，国家层面应加快出台扶持产业、支撑企业、倡议游客等方面的政策、法规，推进旅游产业的生态化进程，将旅游产业建设成环境友好型产业。

（2）产业层面，要推进生态化旅游模式，注重能源资源节约与生态环境保护。近年来，长江经济带旅游活动"生产"的压力明显增加，环境状态明显恶化。因此，可从产业层面强化生态旅游进程，强化旅游企业的节能减排意识，鼓励旅游企业环保行为。在游客层面，旅游主管部门、旅游企业要大力倡导游客的生态旅游行为，对环境适度消费，提倡旅游环保行为。

（3）操作层面，建立旅游产业生态系统动态优化机制。旅游活动对生态环境产生的压力可能存在滞后效应，因此需要动态关注生态环境的变化状况，即建立旅游产业生态系统动态优化机制，动态监控旅游产业生态系统运行状况，了解各子系统的变化情况，及时运用政策、规划、经济、技术等手段调控各子系统之间的关系，动态优化子系统间的相关协调耦合关系。

参考文献

[1] 周成，冯学钢，唐睿.区域经济—生态环境—旅游产业耦合协调发展分析与预测——以长江经济带沿线各省市为例 [J].经济地理，2016，36（3）：186-193.

[2] 明庆忠，李庆雷，陈英.旅游产业生态学研究 [J].社会科学研究，2008（06）：123-128.

[3]Frosch R A, Gallopoulos N E. *Strategies for Manufacturing* [M].Scientific American，1989，261（3）：144-152.

[4] 贾秀海.旅游产业生态系统结构模型研究 [J].辽宁师范大学学报（自然科学版），2005，28（04）：495-497.

[5]Rapport D.J., G.Bohm，D., Buckingham，J.Cairns，R.Costanza，etc.Ecosystem health: the concept，the ISEH，and the important tasks ahead [J].Ecosystem Health.1999，5（2）：82–90.

[6]Costanza R.，Norton B.G.，Haskell B.D.. *Ecosystem Health*: *New Goal for Environmental Management* [M].Washington D.C.: Island Press，1992.

[7] 袁兴中，刘红，陆健健.生态系统健康评价——概念构架与指标选择 [J].应用生态学报，2001，12（4）：627-629.

[8]Rasmussen J.. Risk management in a dynamic society: a modeling problem[J]. Safety Science, 1997, 27（2-3）：183-213.

[9]Roland H. E.，Moriarty B.. *System Safety Engineeringand*

Management[M].New York：John Wiley，1990.

[10] 高大帅，明庆忠，李庆雷.旅游产业生态化研究 [J].资源开发与市场，2009（09）：848-850.

[11] 王兆峰.旅游产业集群的生态化研究 [J].管理世界，2009（09）：170-171.

[12]Nina S.. Lukashina, Marat M.Amirkhanov. Tourism and Environment Degradation in Sochi，Ruaasia[J].Annals of Tourism Research，1996（23）：654-665.

[13] 高珊，黄贤金.基于 PSR 框架的1953—2008年中国生态建设成效评价 [J].自然资源学报，2010（02）：341-350.

[14] 杨小林，李义玲.长江流域跨界水污染事故应急响应联动机制 [J].水资源保护，2014（02）：78-81，91.

[15] 殷杰，郑向敏，董斌彬.基于熵权可拓模型的古建筑火灾风险测评——以丽江古城为例 [J].重庆文理学院学报（社会科学版），2016，35（2）：40-45.

[16] 余华银，李超，黄萍.熵值法在EXCEL 中的VBA 实现[J].统计教育，2004（3）：12-14.

[17]Vefie L.. *The Penguin Directionary of Physics*[M].Beijing：Foreign language Press，1996：92-93.

[18] 高楠，马耀峰，李天顺，白凯.基于耦合模型的旅游产业与城市化协调发展研究——以西安市为例 [J].旅游学刊，2013，28（1）：62-68.

[19] 吴跃明，张翼，王勤耕，等.论环境——经济系统协调度[J].环境污染与防治，1997，19（1）：20-23.

[20] 廖重斌.环境与经济协调发展的定量评判及其分类体系——以珠江三角洲城市群为例 [J].热带地理，1999，19（2）：171-177.

长江经济带武汉市历史文化街区游客感知分析

肖扬[1, 2]，谢双玉[1, 2]

（1. 华中师范大学地理过程分析与模拟湖北省重点实验室，武汉430079；

2. 中国旅游研究院武汉分院，武汉 430079）

摘要：借鉴闵学勤的城市感知维度，本文提出从地点空间、形象特征以及情感态度三个维度测量游客对历史文化街区的感知。运用 ROST CM6 软件处理2012年至2015年6月武汉市历史文化街区的网络游记数据，采用内容分析法，从这三个维度分析了游客对武汉市历史文化街区的感知。结果表明：第一，游客对五大历史文化街区中江汉路及中山大道、昙华林的地点空间感知较强，而对一元路、"八七"会址及青岛路的地点空间感知较弱，且地点空间感知强的历史文化街区在空间上存在集聚特征；第二，游客对历史文化类的形象特征感知最高，对城市景观类、现代生活类和风土人情类的形象特征感知依次降低；第三，在情感态度方面，游客感知以正面为主，中性与负面情感态度的比重相当。基于上述游客感知分析结果，本文从近期、中期、远期开发三个层次分析了武汉市历史文化街区发展中存在的问题，并针对性地提出武汉市历史文化街区旅游发展的6A策略。

关键词：历史文化街区；游客感知分析；6A策略；武汉市

一、引言

历史文化街区，即经省、自治区、直辖市人民政府核定公布应予重点保护的历史地段[1]，具有旅游开发价值[2]。2015年4月，国家文物局公布的《住房城乡建设部　国家文物局关于开展中国历史文化街区认定工作的通知》（建规〔2014〕28号）公布了我国首批历史文化街区，将历史文化街区的开发与保护工作作为城市建设的重点。在市场领域，历史文化街区作为城市游憩空间，其旅游功能日渐凸显。如何从游客感知角度实现历史文化街区旅游合理化发展已成为城市旅游建设的重要内容，也引起学界的高度关注。已有研究主要引用空间结构[3-4]、原真性[5-6]、场所叙事[7]等理论探讨了历史文化街区空间结构的更新，把握了历史文化街区的现状，并提出保护[8-9]与开发的措施[10-13]；总体上看，已有研究侧重于研究历史文化街区这一客观空间和环境本身，而对历史文化街区的使用者——游客这一主体的研究相对薄弱。

　　游客感知，即人们通过感觉器官获取旅游对象、环境条件等信息[14]的心理过程。它可以被认为是游客旅游过程中在空间、旅游对象以及情感维度[15]上的信息获取；它可以反映旅游目的地的建设、发展现状[16-18]，有助于旅游目的地[17-18]等方面及时发现并解决问题。因此，近年来，游客感知已成为旅游研究的一个热点。现有关于游客感知的分析研究多采用问卷调查法获取数据，这虽能搜集一手数据，但是，一方面单次调查所获得的数据时间覆盖面窄，另一方面由于部分游客配合度不高，可能降低数据的真实性。随着大数据时代的到来，游客进行旅游体验后所撰写的关于目的地及自身感受的网络游记，具有开放、真实性等特点，能弥补传统问卷调查的不足。

　　长江经济带涵盖多个省份，九省通衢的武汉为长江经济带的重要城市怀。自1861年汉口开埠以来，武汉市形成了多片具有特定历史烙印的地段。2003年武汉市确定了4批、124处历史建筑，2012年又确定了16条历史文化风貌街区。1984年至2016年武汉市编制了《武汉历史文化名城保护规划》《汉口一元片区保护规划》《青岛路片保护规划》等多项发展规划，以规范历史文化街区的发展。但随着城市化的建设，大量的历史建筑、里弄、街巷被拆毁，历史文化街区受到威胁，历史文化街区可持续发展成为"复兴大武汉"的重要课题和任务。为了加强文化遗产的保护，古村落、历史遗迹、历史文化名城等空间单元选择发展旅游，武汉市历史文化街区也在这方面进行积极探索。学界有关武汉市历史文化街区的研究侧重于街区空间形态[19]及其演变过程[20]的描述，而对于旅游感知方面的研究不足。

　　鉴于此，本文在历史文化街区游客感知维度理论构建的基础上，通过"蚂蜂窝"搜索关于武汉市主要历史文化街区（江汉路及中山大道片、青岛路片、"八七"会址片、一元路片、昙华林片）的网络游记，运用ROST CM6软件对网络游记文本进行词频分析，把握游客对武汉市历史文化街区不同维度的感知现状，并据此找出武汉市历史文化街区旅游发展中的问题，提出其旅游可持续发展的策略。

二、历史文化街区游客感知维度的构建

　　如上所述，游客感知是人们通过感觉器官获取信息的心理过程[14]，该信息包括外在环境信息和内在环境信息，据此，可将游客感知分为外部环境感知以及内在环境感知。

　　城市历史文化街区是城市系统中的子系统，因此，可以借鉴闵学勤提出的城市感知维度[21]（表1第2列）找出历史文化街区的对应要素（表1第3列），并将其归纳为三个方面的感知维度（表1第4列）：地点空间感知、形象特征感知和情感态度感知。

表1　历史文化街区游客感知维度的构建

游客感知维度	城市感知维度[21]	历史文化街区的对应要素	历史文化街区的游客感知维度
	街区	地点空间	地点空间感知
外部环境感知	传统、宗教、大众文化	历史文化	形象特征感知
	综合环境（物质、体制、生活、精神）	风土人情	
	生理视觉	城市生活	
	公共设施和城雕	城市景观	
内部环境感知	心理视觉（心理感知）	正面情感态度	情感态度感知
		中性情感态度	
		负面情感态度	

（一）外在环境感知

1. 地点空间感知

地点空间感知是对结构、实体和空间关系的内心描绘和认识[22]，即包括实体内部空间结构以及外部空间关系的描述。本研究中历史文化街区地点空间感知分为街区内部地点空间感知强弱的比较、街区外部与各景点的空间关系的描述。借鉴已有研究成果[23]，本研究将统计游客网络游记中历史文化街区地名出现的次数，通过次数的对比分析街区游客地点空间感知的强弱；通过建立渔网图，直观反映历史文化街区与各景点之间的空间关系[23]。

在研究结果中，各景点地名出现的次数越多，表明游客对该景点的地点空间感知越强。同时景点地名高频词的次数投影在矢量化的渔网中，各景点投影颜色不同（次数越多，颜色越深），这些景点地名包括历史文化街区地名以及其他景点地名，通过这些地名在渔网中的投影分析游客感知中的历史文化街区内外部空间关系。

2. 形象特征感知

形象特征感知是游客对旅游目的地以及环境特点的印象。如表1所示，游客对历史文化街区的形象特征感知应包括对其"历史文化""风土人情""现代生活""城市景观"四类要素的感知。"历史文化"类感知是游客对历史文化街区的文化信息的感知，包括"历史""民族"等信息；"风土人情"类感知是游客对当地民风、民俗等信息的感知，包括特产、当地名人等信息；"现代生活"类感知是游客对历史文化街区现代生活元素的感知，包括"表演""电影"等信息；"城市景观"类感知是游客对与历史文化街区相伴的城市景观的感知，包括"公园""广场"等。

（二）内在环境感知

如表1所示，内在环境感知强调游客内在思维活动的心理过程，反映的是游客在游览过程中产生的情感态度，包括正面、中立以及负面的情感态度[23]。

1. 正面情感态度

正面情感态度是游客正面、积极的心理过程。依据Hownet情感词库，同时借鉴高峻[23]在相关研究中构建的情感态度词库，游客对历史文化街区的正面情感态度的表达可能包括"古老""经典""民主"等词。

2. 中性情感态度

中立情感态度是游客中立的心理过程，没有明显的积极或消极情感。历史文化街区游客的中性情感态度可表现为"超级""建议""大概"等表达模糊的中立情感态度词。

3. 负面情感态度

负面情感态度是游客消极的心理过程。历史文化街区的负面情感态度可能为"可惜""没什么"等词。

三、武汉市历史文化街区游客感知分析

（一）分析方法

1. 研究对象的选择

本文研究对象为武汉市2012年批准划定的江汉路及中山大道、昙华林、一元路、"八七"会址、青岛路片历史文化街区。这五片历史文化街区风格迥异：江汉路及中山大道片以商贸文化为主，为外向型商业历史文化街区；昙华林片以历史建筑和传统里分为主，为艺术创意、民俗交流和文化传承基地；一元路片以优秀里分为主要特色，分四条主体不同轴线建设；"八七"会址片以革命史迹和优秀里分为主，拟建成历史文化与休闲娱乐型历史文化街区；青岛路片以金融办公为主，拟建成文化创意、休闲一体型历史文化街区。这五大片历史文化街区分布于武昌、汉口两镇，由于主客观方面因素的影响，其旅游发展水平不同。

2. 网络文本的获取

采用火车头采集器，以"武汉"为关键词，在"蚂蜂窝"旅游互动网站中采集2012年至2015年6月的网络游记。以"江汉路""中山大道""一元路""青岛路""昙华林""八七"为搜索词，搜索与五片历史文化街区相关的游记，剔除无信息量以及与历史文化街区无关的游记，同时，删除人工表情符、链接网址、百度百科等无意义内容。最终，共筛选出93篇游记，将其作为本文的研究对象。

3. 词频分析方法

利用 ROST CM6 软件对前述获取的93篇网络游记进行词频统计。先将

样本分词处理，并进行词频统计，输出前300个高频词，剔除无关词频，获取自定义高频词表。为了提高比较的准确性，借鉴吴宝清（2015）处理方式，获取各高频词频率；频次和频率越高，表明游客感知越强。

同时，为了分析游客对武汉市历史文化街区的地点空间感知水平及空间分布特征，统计武汉市主要旅游景点高频词的频次与频率，并构建渔网图；为了比较分析游客对武汉市历史文化街区四类形象特征和三种情感态度的感知水平，分别统计四类形象特征感知词语、三种情感态度感知词语的总频次，并绘制雷达图、饼状图。

（二）分析结果

1. 游客对武汉市历史文化街区的地点空间感知

如表2所示：江汉路及中山大道片频次为257，频率为8.89%；昙华林片频次197，频率为6.81%；两者均高于武汉市21大景点平均得分（频次约为138，频率约为4.76%），但不及户部巷（频次364，频率12.59%）、黄鹤楼（频次347，频率12.00%）、武汉大学（频次336，频率11.62%）；一元路片频次为66，频率为2.28%；"八七"会址片频次为45，频率为1.56%；青岛路片频次为17，频率为0.59%；三者均低于武汉市21大景点的平均得分。由此表明，游客对江汉路及中山大道片、昙华林片的地点空间感知较强，但在武汉市的地位并不突出，而一元路片、"八七"会址片以及青岛路片的游客地点空间感知较弱。

游客对江汉路及中山大道、昙华林两大街区的地点空间感知强，这与其旅游开发力度较大有关。前者近现代租界旧址保存完好，商业化发展程度高，为武汉市著名商圈，已经打造成较成熟的商业历史文化街区，游客流动量大；同时，该地区交通便利，轮渡、轨道交通2号线以及各路公交汽车等构成网格式交通系统。昙华林街区以各种咖啡、创意小店为主要特色，是"小资""文艺"场所，受到年轻游客的青睐。而其他三片历史文化街区开发力度不足，交通较为闭塞。如"八七"会址片巴公房子、长江局、一元路片萧耀南公馆旧址，青岛路片叶英公馆、和平打包厂旧址等散落于各里弄街巷中，尚未开发；而且，这些街区多为城市生活街道，街道较窄，对外交通不便。

表2 前21位武汉市旅游景点高频词

序号	高频词	频次	频率（%）	序号	高频词	频次	频率(%)
1	户部巷	364	12.59	11	晴川阁	108	3.74
2	黄鹤楼	347	12.00	12	楚河汉街	100	3.46
3	武汉大学	336	11.62	13	一元路片	66	2.28
4	江汉路及中山大道片	257	8.89	14	汉口火车站	56	1.94
				15	汉阳造	54	1.87
5	省博	228	7.89	16	古琴台	47	1.63
6	昙华林片	197	6.81	17	"八七"会址片	45	1.56
7	东湖	192	6.64	18	归元寺	45	1.56
8	古德寺	130	4.50	19	光谷步行街	40	1.38
9	汉口江滩	115	3.98	20	吉庆街	34	1.18
10	红楼	113	3.91	21	青岛路片	17	0.59

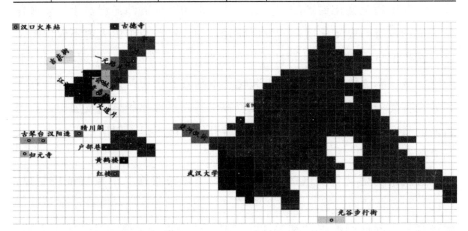

注：渔网中的景点中的频率数据赋值给渔网网格，景点频率超高，图中现实颜色越深。

图1 游客对武汉市历史文化街区地点空间感知的渔网网格投影图

另外，如图1所示，昙华林、江汉路及中山大道片距离地点空间感知最强的武汉大学、户部巷以及黄鹤楼等景点近，而一元路、青岛路以及"八七"会址片则距离较远。这表明游客地点空间感知强的景点在空间上存在集聚，符合距离衰减规律，空间位置越邻近，彼此之间联系越密切，有利于资源共享、设施共用，产生集聚效应。

2.游客对武汉市历史文化街区的形象特征感知

利用前述词频统计分析方法，对武汉市历史文化街区的形象特征相关的词进行分类统计得到表3、图2。如表3、图2所示，在四类形象特征感知中：历史文化类感知词的总频次为1139，频率为33.70%，最高；城市景观类感知词的频次为828，频率为24.50%，较高；现代生活类感知词的总频次为769，频率为22.75%，较低；风土人情类感知词的总频次为644，频率为19.05%，最低。可见，武汉市历史文化街区的"历史文化"形象特征最突出，其次是城市景观以及现代生活形象特征，而风土人情形象特征表现最弱。

武汉市历史文化街区的"历史文化"形象特征的凸显得益于历史文化街区依托自身历史文化遗存的发展路径，如江汉路及中山大道不仅保持了多处租界旧址及其外貌，而且还借助雕塑、文字等符号，实现场所重构，隐喻江城发展历程；昙华林注重文化艺术与发展历史的挖掘与保存，在入口处设有昙华林发展历史馆，馆藏资料丰富，展现昙华林的发展史、武昌古城的演变等；其他三处街区虽然旅游开发力度不足，但历史旧址保存较为完整。

武汉市历史文化街区的"现代生活""城市景观"形象特征较明显，可能与游客客源地以湖北省为主[24]有关，因为省会城市的现代生活、城市景观容易引起他们的兴趣和关注。同时，这也可能是造成其"风土人情"形象特征最弱的主要原因，因为本省及周边客源市场的游客具有与武汉相近的风俗习惯，"热干面""豆皮""武昌鱼"等武汉特色小吃以及里分等特色建筑难以对游客构成吸引力。

表3　武汉市历史文化街区游客形象特征感知分类词表

	历史文化类	风土人情类	现代生活类	城市景观类
高频词	建筑、历史、文化、中国、起义、租界、中华、文物、辛亥革命、天下、欧式、大楼、老建筑、银行、国家、中央、日本、民族、国宝	热干面、豆皮、蔡林记、周黑鸭、武昌鱼、豆腐、小张烤鱼、排骨、糊汤粉、江城、过年、名人、特产	地铁、拍照、学生、步行、地图、美术、商业、出租、表演、网上、飞机、图书、票价、空调、汽车、招牌、电影	长江大桥、长江、步行街、广场、公园、大学、江大道、学校、马路、天桥、流水、大街、商场、楼梯、电梯
频次	1139	644	769	828
频率（%）	33.70	19.05	22.75	24.50

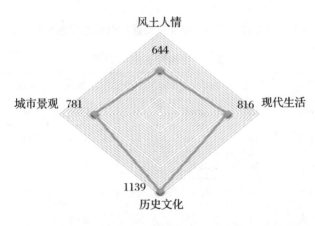

图2　游客对武汉市历史文化街区四类形象特征感知的词频对比图

3.游客对武汉市历史文化街区的情感态度感知

如图3所示，游客对武汉市历史文化街区的正面情感态度词频频次为735，占情感态度词表的51%，所占比重最大；中性情感态度词频次为462，占26%，所占比重较高，负面情感态度词频次为365，占23%，所占比重最低。可见，游客对武汉市历史文化街区的情感态度感知以正面为主，但是中性与负面情感态度感知的比重也不容忽视。

从各种情感态度感知的主要词语来看，正面情感态度词语有30个，最多，以"方便""有名""繁华""热闹"等词的频次高、频率大（见表4）；

中性情感态度词语有15个，较多（见表5）；负面情感态度感知词语有13个，在情感态度感知词语中所占比重最低（见表6），但数量与中性情感态度词语相当。表明当前武汉市历史文化街区的发展存在一些问题，如历史文化街区过度的商业化改造，旅游旺季的人流量过大。

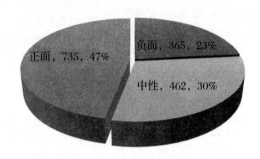

图3　游客对武汉市历史文化街区的情感态度感知对比图

表4　正面情感态度词表

序号	高频词	频次	频率（%）	序号	高频词	频次	频率（%）
1	方便	70	4.48	16	特色	96	6.15
2	有名	39	2.50	17	文艺	58	3.71
3	繁华	26	1.67	18	民主	25	1.60
4	热闹	33	2.11	19	特意	17	1.09
5	经典	20	1.28	20	壮观	16	1.02
6	美味	24	1.54	21	小资	16	1.02
7	可爱	24	1.54	22	感谢	14	0.90
8	风味	21	1.34	23	情调	14	0.90
9	美丽	21	1.34	24	激动	13	0.83
10	大气	19	1.22	25	安静	12	0.77
11	自由	21	1.34	26	古老	12	0.77
12	丰富	20	1.28	27	热情	12	0.77
13	创意	20	1.28	28	成功	12	0.77

续表

序号	高频词	频次	频率（%）	序号	高频词	频次	频率（%）
14	美好	19	1.22	29	有趣	11	0.70
15	出名	19	1.22	30	精致	11	0.70

表5 中性情感态度词表

序号	高频词	频次	频率（%）	序号	高频词	频次	频率（%）
1	超级	57	3.65	9	注意	21	1.34
2	建议	48	3.07	10	接近	17	1.09
3	大概	33	2.11	11	刚刚	20	1.28
4	充满	27	1.73	12	大多	20	1.28
5	可见	18	1.15	13	不大不小	36	2.31
6	自然	25	1.60	14	刚好	14	0.90
7	大约	24	1.54	15	整体	11	0.70
8	打算	24	1.54				

表6 负面情感态度词表

序号	高频词	频次	频率（%）	序号	高频词	频次	频率(%)
1	实在	72	4.61	9	人多	17	1.09%
2	可惜	49	3.14	10	临时	17	1.09%
3	看不见	36	2.31	11	不然	16	1.02%
4	放弃	27	1.73	12	暴走	11	0.70%
5	反正	25	1.60	13	无奈	11	0.70%
6	没什么	22	1.41				
7	不够	19	1.22				
8	担心	17	1.09				

四、武汉市历史文化街区旅游发展策略

（一）游客感知分析反映的武汉市历史文化街区旅游发展问题

综上分析，武汉市历史文化街区的旅游发展具有一定的基础，但如图4所示，其发展也存在不容忽视的问题。

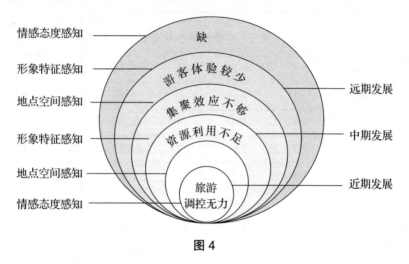

图 4

1. 旅游调控无力，交通状况不佳

由情感态度感知分析可知，"人多"是造成游客负面情感的重要原因。尤其是旅游旺季，无力的人流分流措施容易导致游客情绪低迷。此外，一元路、青岛路以及"八七"会址历史文化街区的地点空间感知弱，这与其街道较窄而导致的对外联系不够有关。

2. 资源利用不足，集聚效应不够

主要表现为武汉市历史文化街区多处建筑旧址"原封不动"保护，开发力度不足，导致游客地点空间感知弱，而且游客地点空间感知弱的街区距离游客空间感知强的景点远，集聚效应不够。

3. 游客体验较少，文化内涵缺失

如江汉路的场所叙事展览、昙华林的馆藏资料展览等，只提供游客观光游览，缺少让游客参与其中的体验活动；同时，游客的负面情感态度分析显示，部分历史文化街区（如江汉路步行街）存在过度商业化问题，文化内涵缺失。

（二）武汉市历史文化街区旅游发展的 6A 策略

针对上述问题，本文尝试提出历史文化街区发展的6A 策略。

1. 加强政府行政调控（Adjustment）

政府应建立淡旺季旅游资源调控策略，使旺季"人多"的江汉路及中山大道、昙华林游客合理分流到一元路、青年路以及"八七"会址。加大历史文化街区建筑群维护，尤其是对散落于各里弄街巷之中的特色建筑的维护，如整治穿行于建筑群的、既破坏街区景观又存在安全隐患的破旧老化的电线。

2. 提高交通可达性（Accessibility）

一方面，须疏通各街区支道，开辟专项旅游线路，如串联江汉路、一元路、青年路以及"八七"会址的专项红色旅游线路，实现街区联动发展；另一方面，须加强游客地点空间感知弱的历史文化街区的对外联系，提高对外交通连接度。

3. 适度开发旅游资源（Attractive spots）

应打破游客地点感知空间弱的历史文化街区的"原封不动"保护状态，开放历史文化街区各处旧址，建设创意图书馆、文化体验区等，提高历史建筑群的游览价值。同时，加大停车场、休憩条椅等配套基础设施建设，提升街区的接待能力，满足游客需求。

4. 实现景点集聚发展（Aliance）

加强与周边景点的合作，实现集聚发展，如将昙华林与美术学院、辛亥革命博物馆等，将江汉路及中山大道与江滩、龙王庙等，将一元路、青年路及"八七"会址与汉口江滩、古德寺等联动发展；同时，强化武汉市五片历史文化街区的内部联系，进行整合营销，扩大武汉市历史文化街区的旅游影响力。

5. 挖掘体验旅游方式（Assimilation）

一方面要引进创意文化产业人才，为街区创意文化的发展提供智力支持。另一方面需要引进不同的创意文化开发模式，如主题公园、艺术园区、节庆演出基地等[12]。如昙华林应借助已有的艺术店铺，开发居民生活区，打造特色化的艺术园区；江汉路及中山大道应依托吉庆街民俗文化底蕴建设节庆演出基地，以多样化的文艺演出吸引游客。

6. 保护文化资源的原真性（Authenticity）

从外观、开窗、颜色[13]等细微处着手，使建筑群体保持原有面貌，做到"修旧如旧"。同时，发挥江汉路步行街仿旧址租界的建筑经验，在不破坏原有建筑群体原真性的前提下，让新造的建筑体"如旧"，使游客获得主观原真性[5]，采用场所叙事的手法，借助道具、影像、雕塑等媒体[7]，重塑文化场所，使游客获得文化体验。

参考文献

[1] 中国城市规划设计研究院. GB 50357—2005 历史文化名城保护规范 [S]. 北京：中国建筑工业出版社，2005.

[2] 旺姆，吴必虎. 拉萨八廓历史文化街区旅游发展居民感知研究 [J]. 人文地理，2012（02）：128-133.

[3] 李建伟，朱菁，尹怀庭，崔琰. 历史古镇空间格局的解读与再生——以华阳古镇为例 [J]. 人文地理，2008（01）：43-47.

[4] 鲍懿喜. 历史文化街区的空间特性 [J]. 人文地理，2012（04）：49-53.

[5] 马凌. 本真性理论在旅游研究中的应用 [J]. 旅游学刊,2007, 22（10）：76-81.

[6] 徐红罡，万小娟，范晓君. 从"原真性"实践反思中国遗产保护——以宏村为例 [J]. 人文地理，2012（01）：107-112.

[7] 陆邵明. 场所叙事及其对于城市文化特色与认同性建构探索——以上海滨水历史地段更新为例 [J]. 人文地理，2013（03）：51-57.

[8] 梅林，高林安. 长春市历史街区的保护与旅游开发 [J]. 资源开发与市场，2012，28（08）：740-742.

[9] 王成芳，孙一民. 基于 GIS 和空间句法的历史街区保护更新规划方法研究——以江门市历史街区为例 [J]. 热带地理，2012, 32（02）：154-159.

[10] 颜亚玉，黄海玉. 历史文化保护区旅游开发的社区参与模式研究 [J]. 人文地理，2008（06）：94-98.

[11] 张纯，王敬甯，陈平，王缉慈，吕斌. 地方创意环境和实体空间对

城市文化创意活动的影响——以北京市南锣鼓巷为例 [J]. 地理研究，2008，27（02）：439-448.

[12] 郑斌，刘家明，杨兆萍 . 基于"一站式体验"的文化旅游创意产业园区研究 [J]. 旅游学刊，2008，23（09）：49-53.

[13] 李山石，刘家明 . 基于文化创意产业的历史街区提升改造研究——以南锣鼓巷为例 [J]. 人文地理，2013（01）：135-140.

[14] 隋丽娜，程圩 . 三类不同开放程度景区游客感知差异研究 [J]. 人文地理，2014（04）：126-133.

[15] 王朝辉，陆林，夏巧云，刘筱 . 重大事件游客感知价值维度模型及实证研究——以2010上海世博会国内游客为例 [J]. 旅游学刊，2011，26（05）：90-96.

[16] 王岚，张捷，曹靖，乌铁红，蔡永寿，杨青霞 . 游客感知视角下的旅游地可进入性评价研究——以九寨沟风景区为例 [J]. 人文地理，2010（02）：144-148.

[17] 徐美，刘春腊，陈建设，刘沛林 . 旅游意象图：基于游客感知的旅游景区规划新设想 [J]. 旅游学刊，2012，27（04）：21-27.

[18] 刘晖 . 导游服务质量问题的根源分析与对策研究——基于利益相关者理论和游客感知视角 [J]. 旅游学刊，2009，24（01）：37-41.

[19] 袁铮 . 探究作为容器的文化商业步行街空间——以武汉江汉路步行街为例 [J]. 建筑与文化，2015，36（07）：172-174.

[20] 葛亮，丁援 . 武汉县华林历史文化街区——国家历史文化名城研究中心历史街区调研 [J]. 城市规划，2011（10）：101-102.

[21] 闵学勤 . 感知与意象：城市理念与形象研究 [M]. 南京：东南大学出版社，2007.

[22] 冯健 . 北京城市居民的空间感知与意象空间结构 [J]. 地理科学，2005，25（02）：142-154.

[23] 高峻，韩冬 . 基于内容分析法的城市历史街区意象研究——以上海衡山路—复兴路历史街区为例 [J]. 旅游科学，2014，28（06）：1-12.

[24] 中国旅游研究院武汉分院 . 城市旅游市场调查与分析——武汉市案例研究 [M]. 武汉：武汉大学出版社，2014：61-82.

长江经济带遗产旅游发展研究

向兴（华中师范大学城市与环境科学学院 武汉 430079）

摘要：世界遗产是"人类智慧和人类杰作的突出样品"，是世界最高品质、最具影响力和吸引力的旅游资源，当今社会，"遗产旅游"作为一种世界现象，已成为一种高品位的回归自然和历史的旅游方式，研究"遗产旅游"的发展已成为当今的重大论题。长江经济带作为我国旅游资源最富集，经济基础最发达，旅游发展潜力最大的区域，整合域内高品质世界遗产旅游资源，寻找遗产地空间分布规律，通过发掘世界遗产相互之间统一的价值内涵实现价值联结，通过便捷的交通通信网络实现空间联结，推动长江流域遗产旅游跨区合作、联动发展，认知和解决当前遗产旅游面临的突出问题，打造国际知名的"长江世界遗产旅游带"，不仅是长江经济带旅游发展迈入新台阶、经济再腾飞的重要引擎，以旅游促开放的伟大战略，也是促进世界遗产可持续开发利用的有益实践。

关键词：世界遗产旅游；长江经济带；跨区域合作；对外开放；可持续

一、绪论

（一）世界遗产概念阐述

"遗产"一词大约产生于1970年代的欧洲，其含义与"继承"紧密相连，通常指从祖先继承下来的东西。从1980年代中期开始，"遗产"的含义开始被不断引申，地方文脉、历史人物等都被认作是一种遗产，并越来越多地被用作商业用途。1980年代晚期，一些民间艺术、民族风格建筑被认为是遗产，遗产进入大众化阶段。一些遗产开始被开发成旅游产品（张朝枝、保继刚，2005）。

世界遗产是指被联合国教科文组织和世界遗产委员会确认的人类罕见的、目前无法替代的财富，是全人类公认的具有突出意义和普遍价值的文物古迹及自然景观，被称为"地球名片"。总的来说，世界遗产包括"世界文化遗产""世界自然遗产""世界文化与自然遗产"和"文化景观"四类。广义概念，根据形态和性质，世界遗产分为文化遗产、自然遗产、文化和自然双重遗产、文化景观遗产、记忆遗产、非物质文化遗产、现代遗产、农业遗产、灌溉遗产等，它们是世界最高级别的自然与人类文化遗存。

（二）世界遗产价值属性

制定《保护世界文化和自然遗产公约》的初衷是抢救和保护代表人类文明进程、凝聚人类精神和智慧的伟大历史创造和文化景观，以及珍视和保护人类赖以生存的自然环境和地球生态系统。在全球化进程不断加快、世界经济文化飞速发展的过程中，这种保护显然具有高瞻远瞩的战略眼光和尊重人类历史文明连续性的深刻意义。这些遗产以其杰出的历史高度、文化厚度、自然生命告诉人们：人类社会的发展不能破坏自然和遗产，世界是人与自然、人与文化和谐相处的世界。由于具有突出的历史、艺术、科学、美学、生态、哲学等价值，世界遗产散发着超乎寻常的魅力。遗产旅游也顺其自然成为世界遗产的价值延伸。

截至2016年，根据最新统计，《世界遗产名录》收录的全球世界遗产总数已增至1052项，其中包括814项世界文化遗产（含文化景观遗产），203项自然遗产，35项文化与自然双重遗产。我国自1987年申遗至今已有50项世界遗产，其中35项文化遗产（含文化景观遗产），11项自然遗产，4项双重遗产，是世界第二大遗产国。遗产旅游已成为各国或地区旅游产业发展中的名牌产品或"金字招牌"，且具有不可替代的重要作用。世界遗产成为旅游产业发展的基础和根本。通过遗产旅游可不断发掘遗产资源的科学、美学和历史文化价值，并不断提高和深化遗产旅游的科教、文化认同、文化保护与传承功能。随着人们对遗产开发与保护的认知水平不断提高，以及对非物质文化遗产、记忆遗产、现代遗产等新型遗产的重视程度越来越大，相信遗产旅游会为世界文化多样性、地球环境保护、民族文化发展、世界和平与可持续发展做出突出贡献。

（三）遗产旅游内涵与发展历程

遗产旅游早在18世纪晚期的欧洲就已经产生，但一般认为，1975年欧洲的"建筑遗产年"是遗产旅游成为大众消费需求的标志（张朝枝、保继刚，2004）。而遗产旅游的概念也随着遗产旅游的兴起被提出和发展，1999年王大悟在中国首次使用了"遗产旅游"的概念。他在辨析生态旅游概念时认为"生态旅游"这一表述强调的是自然环境，而遗产旅游囊括了人文和自然两个方面的旅游资源，是一个包含生态旅游在内的概念。虽然现在遗产旅游的定义还未统一，但大多数学者都认为遗产旅游是旅游活动的一种形式，其对象（吸引物）是遗产，关键区别在于遗产范畴的界定和旅游者对遗产属性是否认知。因此可以说，世界遗产旅游是以世界遗产为吸引物，到遗产地去欣赏世界遗产的景色、体验或学习世界遗产文化的旅游活动（邓明艳，2004）。我国遗产的保护工作在"遗产"概念出现之前的20世纪20年代就开始了。虽然遗产保护开始得比较早，但遗产旅游业是随着改革开放后我国旅游业的逐步发展及我国加入世界遗产组织（1985）而发展起来的，至今我国遗产旅游的发展可分为3个阶段（杨利丹，2007）。

1. 起步阶段（1978—1984年）

改革开放后，我国旅游业实现了从事业型向产业型转变，遗产旅游活动的开展逐步大众化。但遗产的概念还不具有广泛意义，按照遗产旅游的定义，旅游者还没有认识到旅游目的地的遗产属性，因此，这个阶段是遗产旅游业的起步阶段。

2. 初步发展阶段（1985—1999年）

1985年，我国加入世界遗产组织，更加重视自然文化遗产。1987年，我国故宫等6处遗产被列入《世界遗产名录》，之后申遗工作逐步加快。这一时期旅游者大量涌入世界遗产地，世界遗产成了最好的宣传招牌，遗产旅游有了长足发展。但此阶段遗产地的旅游开发与其他旅游地的开发没有出现明显的差异。

3. 大发展阶段（2000年至今）

2000年是我国的"神州世纪游"年，国家旅游局把当时中国的27项世界遗产地作为主打产品向世界游客推出，这些遗产地很快成为国内外游客向往的旅游目的地和高级别景区。这一阶段"遗产"的概念凸显，不管是专家、游客还是旅游地社区都对遗产给予了前所未有的关注，意识到了遗产地的价值，"遗产旅游"成为普遍受追捧的旅游产品。由此也出现了"申遗热"现象，遗产旅游的消极影响也开始显现。

（四）长江经济带旅游发展战略

2014年，《关于依托黄金水道推动长江经济带发展的指导意见（国发〔2014〕39号）》（以下简称《意见》）发布，建设"长江国际黄金旅游带"成为长江经济带旅游业发展的重要战略目标导向。在《意见》有关旅游业论述中，强调"充分发挥长江沿线各地独具特色的历史文化、自然山水和民俗风情等优势，打造旅游城市、精品线路、旅游景区、旅游度假休闲区和生态旅游目的地，大力发展特色旅游业，把长江沿线培育成为国际黄金旅游带"。长江经济带覆盖上海、江苏、浙江、安徽、江西、湖北、湖南、重庆、四川、云南、贵州11个省市，面积约205万 km^2，人口和国内生产总值均占全国的40%以上，是中国新一轮改革开放转型实施新区域开放开发战略区域。长江经济带是具有全球影响力的内河经济带，东、中、西互动合作的协调发展带，沿海、沿江、沿边全面推进的对内对外开放带，以及生态文明建设的先行示范带，其特殊重要价值也在长江黄金旅游带得到体现（席建超、葛全胜，2015）。在全面对外开放和深化改革的背景下，旅游合作是舞活长江经济带的重要载体。而如何整合长江经济带优秀的旅游资源，借助遗产旅游形成世界知名的旅游品牌，是本文研究的重点。

（五）长江经济带遗产旅游

1. 区位优势

（1）中国国土空间"中位线"附近，地理位置上承东启西、接南济北、通江达海，腹地广阔，兼具沿海、沿边开放口岸的地缘优势。

（2）流域跨越东、中、西中国三大地理阶梯，拥有全球同纬度地区最为丰富的地貌景观类型，也是世界精品山水人文景观和世界重要自然文化遗产主要分布区。

（3）涵盖多元的历史文化和民族习俗，是中华文明重要发祥地之一。

（4）经济基础雄厚，历来是我国重要的工业走廊之一，产业结构完整。人才荟萃，科教事业发达，市场广阔。

（5）发育成长了处于不同发展阶段的国家级和区域性的城市群，是展示中国改革开放伟大成就、体验中国社会经济发展脉动的窗口区。

（6）集中了东、中、西部地区旅游业最为发达的省（市），是中国旅游强国建设的核心支撑区。"国家旅游综合改革试验区"首批9个中的4个（舟山、张家界、峨眉山、桐乡）试点城市，是中国旅游业改革发展重要探索区。

注：该图基于国家测绘地理信息局标准地图服务网站下载的审图号为GS（2016）2923号的标准地图制作，运用裁剪工具截取长江经济带11省地图，底图无修改。

长江经济带区位图

2. 长江经济带遗产旅游价值解读

综上所述，遗产旅游是当今世界影响最广、覆盖范围最大、品位最高的旅游方式，而长江旅游带已成为中国旅游资源最为富集、旅游综合经济实力最强、发展潜力最大的地区之一。将遗产旅游作为长江经济带旅游业发展的重要突破口和抓手，对提升长江旅游带的国际影响力、长江经济带的全流域发展具有重大意义。长江经济带遗产旅游的价值意义可概括为以下三方面：

（1）空间维度：实现了中国遗产旅游业从"点状旅游""区域旅游"

向"带状旅游""流域旅游"的空间拓展，联动上、中、下游广大地区的区域遗产旅游。实现了旅游产业发展要素的流动和互补、旅游产业的转移衔接和优化升级以及旅游市场的整合统一。同时也标志着超越现有的行政区界线，按照旅游产业发展的特殊规律，尊重世界遗产自然山水格局和文化生态格局完整性。

（2）时间维度：实现了遗产旅游从"各自为营，自我谋划"向"全局战略"的提升。各省市的世界遗产不再是自我发展，自成一派，而是通过便捷的交通通信网络实现空间联结，通过发掘相互之间统一的文化价值内涵实现价值联结，让长江经济带的世界遗产上升为区域整体的旅游形象和精神印象，从而突出世界遗产的"共享"价值，是我们的共同财富。

（3）对外开放：融通国内、国际两个市场，形成东西双向，沿海、沿江、沿边全方位的中国开放新格局。长江世界遗产旅游带不仅坐拥中国最广阔的内地市场，而且向东连通海外，通过对接"海上丝绸之路"走向国际；向西延伸出境，可对接"丝绸之路经济带"以及东盟经济圈。因此有利于中国的遗产旅游业的国际化。

二、相关文献介绍与评价

关于长江经济带旅游发展研究，席建超和葛全胜（2015）较全面地分析了"长江国际黄金旅游带"作为长江经济带旅游业发展重要战略目标导向的价值意义，强调区域旅游合作在全局战略中的作用，且据此透视了区域旅游科学研究的新命题，对本文的思维框架建构有重要启发。徐春红（2013）用信息熵权 TOPSIS 法计算获得了长江经济带11省市及三大区域旅游产业竞争力状况，发现三大区域竞争力差异较大，竞争力强，提出了一体化融合发展的思路。刘俊、李云云等（2016）用核密度估计法和空间自相关分析研究长江旅游带旅游资源空间格局，发现旅游资源沿北纬30°线、G318国道以及沪昆、沪汉蓉高铁等交通主干线分布趋势明显。建议依托长江水道、G318国道和沿线高铁，打造东西向快速旅游通道和精品旅游线路；依托政策优势，联合多方组织机构形成跨区域旅游合作共同体。关于中国遗产旅游的研究，近年来受到了学者的广泛关注，他们大多从遗产地资源与价值、遗产保护与开发、遗产旅游经营管理、遗产申报等方面进行研究，取得了一定成果。朱志宏、胡玲（2007）在《长江流域文化遗产学术研讨会综述》中强调了世界遗产特别是非物质文化遗产、城市遗产以及水下文化遗产的保护问题，为我们开拓了遗产保护与开发的新视角。吴其付（2010）研究了我国世界文化遗产的时空分布及遗产申报问题，指出了国际上对世界文化遗产的申报和审定规则的变化，我国未来的申报方向等。杨利丹（2007）对国内遗产旅游的研究进展及主要内容进行了总结，探讨了我国遗产旅游应进一步研究的问题，指出未来应对遗产旅游主体——旅游者的动机、行为特征；遗产旅游客体——遗产地的硬技术保护；遗产旅游媒介——遗产旅游的利益相关者的相互作用等多加研究。陶伟（2000）对中国世界遗产的可持续旅游发展做了研究，揭示了遗产地采取可持续旅游发展战略的必然性以及目前存在的主要问题和矛盾，分析了发展"遗产旅游"中应正确处理的三大关系，即保护与开发关系、经济与文化关系、质与量关系，提出遗产旅游可持续发展的内涵并寻求我国世界遗产地旅游可持续发展的建议与对策。

综上所述，长江经济带旅游发展和世界遗产旅游都是当下研究的热点。但是有关长江经济带旅游发展的研究侧重于宏观政策解读、跨区域旅游合作、区域旅游资源配置等大视角宏观领域，而落脚到长江流域优质旅游资源整合开发尤其是具有世界级价值地位的长江流域遗产旅游的内容较少；有关中国遗产旅游的研究也大多从综合角度探讨遗产的类型、空间分布状况、保护利用与可持续发展、突出矛盾等问题，较少出现以区域旅游带中世界遗产旅游开发为切入点的内容。因此本文将两个研究领域相结合，从遗产旅游的角度切入长江经济带旅游发展的大框架，将遗产旅游作为长江国际黄金旅游带的先行力量和突破口，率先打造"长江世界遗产旅游带"这一国际旅游形象品牌。

三、长江经济带世界遗产旅游资源介绍

截至2016年，长江经济带所包含省份共成功申请世界遗产24项，占全国世界遗产数量48%。其中文化遗产12项（含文化景观3项），占全国34%；自然遗产10项，占全国近91%；双遗产2项，占全国50%。从遗产数量来看，长江经济带是我国世界遗产最富集的地区，足以看出该区域厚

重灿烂的历史文化、风光秀丽的自然山水以及独具魅力的民族风情，特别是世界自然遗产，中国11项自然遗产除新疆天山外全都位于该区域，可见长江经济带自然景观之壮丽、生态环境之优越。这些具有世界性垄断优势的高品质旅游资源是长江经济带的宝贵财富，是旅游业蓬勃发展的基础和根本。从遗产类型来看，不仅包含了文化遗产、自然遗产、双遗产以及文化景观四大类，且每个大类中种类齐全。如文化遗产中囊括了文物、建筑群、遗址三类；自然遗产中囊括了自然面貌、地质和自然地理结构以及濒危动植物物种生态区、天然名胜或自然地带三类。说明长江经济带可谓"世遗大观"，世遗资源极具多样性和丰富性，这是中国乃至世界其他地区不可比拟的。从遗产申请时间序列来看，申报时间早且连续性强，说明该区域一直是我国世界遗产申报的主力军和后备力量，世遗资源蕴藏量大。也说明该区域较早重视开发遗产旅游。

（一）世界文化遗产（12项，含3项文化景观）

湖北武当山古建筑群（1994）

江西庐山国家公园（1996）

云南丽江古城（1997）

重庆大足石刻（1999）

苏州古典园林（2000）

安徽古村落：西递、宏村（2000）

明清皇家陵寝：明显陵（湖北钟祥）（2000）明孝陵（江苏南京）（2003）

四川青城山和都江堰（2000）

杭州西湖文化景观（2011）

红河哈尼梯田文化景观（2013）

中国大运河：安徽、江苏、浙江共36处遗产点，13段河道（2014）

湖南、贵州、湖北土司遗址（2015）

（二）世界自然遗产（10项）

四川黄龙风景名胜区（1992）

湖南武陵源风景名胜区（1992）

四川九寨沟风景名胜区（1992）

三江并流（2003）

四川大熊猫栖息地——卧龙、四姑娘山、夹金山（2006）

中国南方喀斯特：云南石林、贵州荔波、重庆武隆（2007）贵州施秉、重庆金佛山（2012）

江西三清山（2008）

中国丹霞地貌：湖南崀山贵州赤水、江西龙虎山、浙江江郎山（2010）

澄江化石地（2012）

湖北神农架（2016）

（三）世界自然文化双遗产（2项）

安徽黄山（1990）

四川峨眉山—乐山大佛风景区（1996）

三、长江经济带遗产地空间分布规律

（一）地域分布规律

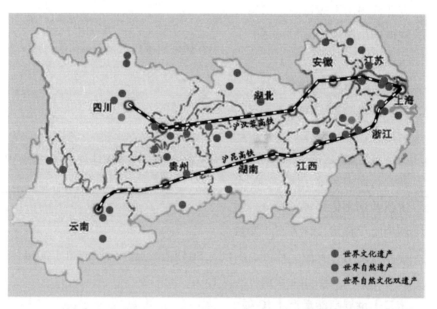

注：该图基于国家测绘地理信息局标准地图服务网站下载的审图号为GS（2016）2923号的标准地图制作，运用裁剪工具截取长江经济带11省地图，底图无修改。

地域分布规律图

由图可知，长江经济带各省基本均有世界遗产分布，遗产资源集中分布于长江上游的四川西北部、黔渝地区、中游的鄂西地区及鄂湘二省交界处，以及下游的长江三角洲和浙赣皖三省交界地区，且资源集聚程度自西向东依次升高，长江三角洲地区资源分布最为密集。此外长三角地区多文化遗产，因为该地区平坦开阔，历史上开发较早，形成了古都集中、美丽富庶的人文环境；而上游地区多自然遗产，这与该地区多崇山峻岭的自然地貌有关，因为人迹罕至，纯天然的自然风光得到良好保护。东西世界遗产性质的互补性差异，能够促进人流双向流动，也增大了"长江世界遗产旅游带"整体的吸引力。

（二）交通分布规律

由图可知，长江经济带世界遗产地沿长江黄金水道、沪汉蓉高铁、沪昆高铁等交通干线分布趋势明显，由此为各省世界遗产的联合旅游开发和旅游产业布局找到了空间定位依据。

四、当前长江经济带遗产旅游面临的突出问题

（一）各自为营，缺乏遗产旅游的跨区域合作

在旅游开发和保护中往往会受到行政区域界限的制约，各省从遗产申报到管理、运营都是各自为营、独自开发，市场活跃性不足。各遗产地注重自我独特性宣传和市场营销，而较少从全流域视角打造长江经济带整体的遗产旅游品牌。导致一些地区耗巨资申遗后市场展示不佳，客流量稀少；一些老牌遗产地因观念滞后、后劲不足而出现业绩下滑，游客逐渐减少。缺少跨区域遗产旅游线路的规划、制定，缺乏遗产地之间合作协同发展。

（二）重经济，轻文化，旅游文化品位没有完全释放

旅游文化可称为旅游业的灵魂。无论是从满足中外旅游者的旅游需求角度，还是从旅游供给的角度，我们都应该重视旅游文化。重视旅游文化不仅是对旅游"遗产"本身的尊重，也是对旅游者、旅游业、旅游发展规律的尊重，而且也是对因为世界遗产是站在全球全人类的高度对当前世界范围内具有突出意义和普遍价值的文物古迹及自然景观的筛选、评估、确定与保护。但目前我国遗产旅游，注重其创造的经济、社会价值，对其所含的文化、艺术、科学、教育、美学价值发掘打造得不够，这就导致一些世界遗产旅游地庸俗化，品位不高，产品低端，影响力不大。

（三）旅游科技水平低，创新弱，产品结构单一

世界遗产景区应是一地区设施最好、管理技术最先进、服务最优质、创新能力最强、旅游效益最好的景区，体现当今旅游的最高品位与层次。但目前，很多遗产地设施落后，经营粗放，环境管理技术水平低下，如缺少旅游环境监测系统和保护设施等；创新能力不强，产品单一，没有与时俱进地将旅游产业与文化、现代科技融合，还不能完全满足多层次旅游市场的需求以及人们的旅游期待。

（四）重开发，轻保护，可持续发展观念不强

正确处理好旅游开发与旅游保护的关系是中国世界遗产地实现可持续旅游发展的关键。世界遗产"是人类智慧和人类杰作的突出样品"（伯尔德·冯·德罗斯特）。它既是中国的，也是全世界的。面对祖先和大自然赐予我们的这一件件自然和文化的瑰宝，我们的任务是：保护和利用，而保护是第一位的，保护的目的又在于发挥遗产的作用，实现可持续发展。当前一些遗产地不遵循客观规律、急功近利地开发，不注重环境容量，导致严重的生态环境破坏、文物损坏、文化侵害等。

五、长江经济带遗产旅游发展策略

（一）跨区合作、联动发展，打造"长江世界遗产旅游带"

1. 从全局战略高度，统筹规划部署长江经济带遗产旅游

长江经济带作为我国区域合作的协调发展带，又是我国世界遗产最富集的区域，要突破行政区划界限，积极推进跨区域旅游合作共同体，建设与发展，建立党委领导，政府引导、企业主体、部门联动、社会参与的统一科学区域旅游管理合作机制，实现优势互补，融合发展，将长江经济带的世界遗产作为一个整体进行统筹规划合力打造，让长江经济带遗产旅游成为区域旅游合作的典范，成为长江经济带经济发展的重要品牌。

2. 联手建设长江经济带遗产旅游交通廊道和对外开放通道

根据长江经济带世界遗产空间分布状况，应依托当前的长江黄金水道、沪汉蓉高铁、沪昆高铁、杭瑞高速、沪蓉高速、沪昆高速、318国道等交通干线，坚持互惠互利、合作互动，联手打造建设长江经济带遗产旅

游交通廊道，通过统一设置旅游交通路线、遗产旅游路标等，促进各区域遗产旅游地的互联互通，并向东衔接海外市场，向西北对接"丝绸之路"亚欧大陆市场，向西南联通东南亚市场，通过遗产旅游促进长江经济带国际化。

3. 合力打造"长江世界遗产旅游带"

通过全城联动整体营销宣传，创树"长江世界遗产旅游带"的旅游形象和品牌，提升长江经济带旅游业的国际影响力，形成国际知名旅游带。探寻世界遗产相互之间统一的价值内涵，并依此制定不同类型的世遗旅游精品路线，如"宗教遗产游路线""神山圣境遗产游路线""生态遗产游路线""东方建筑遗产游路线""古城游""地标奇观游"等等。

（二）深挖世界遗产文化价值，提升文化品位

中国世界遗产地中的旅游景点都具有高品位的丰厚文化内涵，旅游者对旅游览视期望值极高。应帮助旅游者"思接千载，视通万里"，打破时空界限感受东方文化底蕴的魅力，融入自然深刻了解地球上的地理环境。在招商引资、旅游开发、项目设计、从业人员素质教育、景点展示，营销宣传等方面都要着重考虑挖掘展示该遗产地的文化内涵，起到"处处有文化，步步撼人心"的效果，这样才能发挥世界遗产的真正价值。

（三）创新产品服务，激活旅游产业大发展

旅游业在新常态时所具有独特的综合功能带动优势，可通过"旅游＋"的模式，有效对接、服务国家重大战略。而产业融合是旅游业与国家区域发展战略融合的基本切入点，应通过旅游发展文化创意产业、信息化产业、绿色环保产业等，并将其他产业最前沿的技术应用于旅游，使旅游真正成为人们享受生活、欣赏世界的活动。对于遗产旅游，除了"吃住行游娱购"应不断完善，还应注重开发极具遗产地文化特色的旅游产品、体验活动等。

（四）坚持保护第一的原则，促进世界遗产的可持续利用

世界遗产的保护是一项永远进行时的任务，是所有人的责任和义务。要完善立法和相关保护政策，使保护落在实处和行动上；建立自然文化遗产环境监测评估、资源环境承载力评估机制及预警机制，一旦有受损风险，立即采取相关措施加以保护；加强遗产保护的宣传力度，提高国民保护国家财富的意识；将世界遗产的保护评估结果纳入政府考核指标之列，不再以牺牲遗产价值为代价片面追求旅游经济效益。除了保护现有世界遗产外，还要注重潜在遗产的保护，注重非物质文化遗产、水下遗产、城市遗产、工业遗产等多样化遗产的保护，牢记可持续发展理念，积极创造未来的世界遗产。

六、结语

长江，一条绵延6300公里的地球血脉，一条孕育中华文明5000年的母亲长河，一条承载五亿多人民发展梦想的黄金丝带，现在随着长江经济带的宏伟战略实施将迈入崭新的美好蓝图，其灿烂夺目的历史文化积淀和如诗如画的山水奇观，将通过博大丰富的世界遗产展示给世人和世界，长江世界遗产旅游带，也将成为中国乃至国际区域旅游的一张崭新的靓丽名片。

参考文献

[1] 席建超，葛全胜.长江国际黄金旅游带对区域旅游创新发展的启示，[J].地理科学进展，2015.11.

[2] 杨利丹.中国遗产旅游研究进展[J].北京第二外国语学院学报，2007.

[3] 陶伟.中国"世界遗产"的可持续旅游发展研究[J].旅游期刊，2000.

[4] 刘俊，李云云，林楚，等.长江旅游带旅游资源空间格局研究[J].长江流域资源与环境，2016.

[5] 吴其付.我国世界文化遗产的时空分布——兼论我国世界文化遗产的申报[J].旅游科学，2010.

[6] 朱志宏，胡玲.长江流域文化遗产学术研讨会综述[J].湖北美术学院学报，2007.

[7] 徐春红.长江经济带11省市旅游产业竞争力评价及融合发展研究[J].商业经济研究，2015.

[8] 魏昊星.中三角：旅游舞活长江经济带[J].中国经济时报，2015.

长江经济带港口城市交通客运量与
入境旅游外汇收入相关性分析

——以上海、武汉、重庆为例

陈闻天（华中师范大学城市与环境科学学院　武汉　430079）

摘　要：以国家2015年主力推进长江水道运输的独特交通优势为节点，以2012—2014年的港口城市交通总客运量及入境旅游外汇收入为基础，运用相关分析的方法，集中分析了长江经济带中最具代表的三个港口城市（上海、武汉、重庆）的交通总客运量及入境旅游外汇收入的情况，得出两者具有相关性，城市交通总客运量的改善是提高入境旅游外汇收入的充分非必要的条件的结果，论文最后提出了依据不同城市的地理优势增加城市交通总客运量的建议。

关键词：长江经济带；港口城市；交通客运量；入境旅游外汇收入

国务院于2014年发布《国务院关于依托黄金水道推动长江经济带发展的指导意见》，期望通过充分利用长江水道运输的独特地理交通优势，更快推进长江经济带发展。"长江黄金旅游带"的提出意味着"旅游长江"成为长江经济带的重要组成部分之一[1]。在旅游产业的发展中，应对交通产业带来的影响给予足够的重视，并遵循两者的发展规律与模式，采取相应的对策，合理地进行统筹规划，树立和谐共赢的新观念[2]。长江经济带交通便利，横贯我国腹心地带，经济腹地广阔，不仅把东、中、西三大地带连接起来，而且还与京沪、京九、京广、皖赣、焦柳等南北铁路干线交汇，承东启西，接南济北，通江达海。同时，旅游产业的发展紧紧依赖于交通的发展，而交通产业也会通过旅游发展而增强[3]。

交通基础设施与经济发展之间的关系历来是国内外学术界研究的热点之一[4]。目前的研究区域主要集中在国内旅游收入发展潜力[5-6]，从外来入境游客视角的研究没有引起学术界的重视。长江经济带中各城市拥有的交通网络规模不同[7]，相对应交通运输旅客流量规模也不同，同时入境旅游收入各有差异。本研究选取长江经济带最具代表性的三个港口城市为研究对象，构建城市选取城市航空客运量、铁路客运量、公路客运量、水路客运量[8]测度指标体系，采用相关分析的方法分析入境旅游的收入和地区的交通运输旅客流量之间联系的疏密程度。以期地区调整发展方向，促进入境旅游的发展。

一、数据来源及研究方法

（一）数据来源

长江经济带是中国新一轮改革开放转型实施新区域开发战略，地理区域覆盖上海、江苏、浙江、安徽、江西、湖南、重庆、四川、云南、贵州11个省市，面积约205万平方公里。本文选取重庆、武汉和上海三个最具长江经济带开发战略的港口城市，分析2012—2014年，国家未主力推进长江水道运输的独特交通优势之前，各城市交通客运量及入境旅游收入的情况。由于旅游统计数据中，入境旅游外汇收入的数据，各地统计指标一致且该数据相对完整，入境旅游外汇收入同时是旅游收入的重要组成部分，故研究入境旅游外汇收入的潜在影响因素之一的交通运输客流量具有一定意义。数据来源于市统计局官方公开发布的数据。

（二）研究方法

本研究采用相关分析方法测度各市入境旅游收入与该地交通客运量之间的契合程度，相关分析是研究现象之间是否存在某种依存关系，并对具体有依存关系的现象探讨其相关方向以及相关程度的一种统计分析方法。利用通过对交通客运量组成指标的数据分析，提出通过增加交通客运量提高入境外汇收入的可能性。

二、上海、武汉、重庆交通运输客流量的差异分析

（一）上海市交通运输客流量的总体变化特征

根据数据表明，上海市在2012年至2014年间，交通运输总客流量整体呈现增长趋势，其中以铁路和航空客流量增长显著，年均增长率分别为16%和7%，其中主要承担交通运输客流量的三种运输方式运输能力分配均衡。这与国家大力发展高铁建设，先后开通京沪高铁线、沪杭、沪宁等高铁线密切相关。建成以上海为中心的铁路交通网络，方便出行。上海是中国大陆同时拥有两个民用国际机场城市，《上海航空枢纽战略规划》将上海机场定位于集本地运量集散枢纽功能、门户枢纽功能、国内和国际中转枢纽功能为一体的大型复合枢纽[9]，这一定位为外国游客的入境提供了方便，增加上海的航空客流量。相对于铁路及航空交通，上海的公路及水运交通的客流量在均值附近波动。加强建设公路及水运的基础设施，鼓励公路及水运的发展，有利于增加上海交通运输客流量，减缓铁路及航空的运输压力。

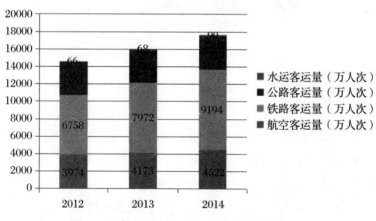

图 1　上海市 2012—2014 年交通客运量

（二）武汉市交通运输客流量的总体变化特征

由数据显示，武汉市在2012年至2014年间，交通运输客流量整体基本持平，航空客运、铁路客运量均有增加，年均增长率分别为8%、2%，公路交通客运量呈现负增长（见图2）。主要交通运输客运量由航空和铁路交通承担。这与武汉市机场建设的不断完善，国家大力推进高铁建设以及城市轨道交通的发展有关。中国大陆地区最繁忙的民用机场之一。武汉

天河国际机场是中国民航总局定位为"全国重要的枢纽机场"，是其指定的华中地区唯一的综合枢纽机场和最大的飞机检修基地。期间机场开通了13条通达6个国家的直航航线，为武汉市的航空游客运输量的增加提供了支撑。武汉市在此期间大力打造城市内部现代化的地铁网络，连接武汉三镇，通达中心城区，方便游客的出游。

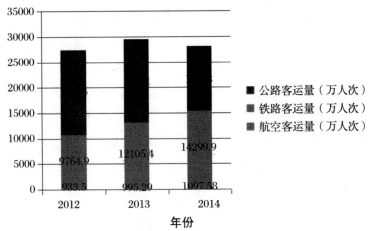

图 2　武汉市 2012—2014 年交通客运量

（三）重庆市交通运输客流量的总体变化特征

重庆市在2012年至2014年间，铁路交通及公路交通的运输客流量数据缺失，其数据由全年运输客流量总数及航空交通的运输客流量推算得出。根据数据分析可以得出，重庆市在2012年至2014年间，交通运输客流量整体呈现增长趋势，航空运输客流量增长显著且稳定，年均增长率为15%（见图3）。重庆市有3个民用机场，各机场旅游吞吐量相较于上海及武汉机场的较小，随着城市旅游业的发展，机场设备不断完善，运输客流量的能力不断增强。

三、入境旅游外汇收入的差异分析及与交通运输量的相关分析

（一）入境旅游外汇收入的差异分析

长江经济带中最具代表性的三座港口城市，交通运输客流量的承载力整体上不断增加，各运输方式的客流量千差万别。根据数据分析，各地入境旅游外汇收入整体差距不大，但相对差距较大。上海市年均入境人均消

费额为778.52美元/人，居于榜首，武汉市年均入境人均消费额为559.54美元/人，略高于重庆市年均入境人均消费额519.19美元/人。上海市年入境旅游人数逐年递减，但入境旅游外汇人均收入增加。武汉市年入境旅游人数整体低于重庆市年入境旅游人数，但入境旅游外汇人均收入整体高于重庆市入境旅游外汇人均收入。这与当地生活水平及入住当地的境外游客的消费能力有关。

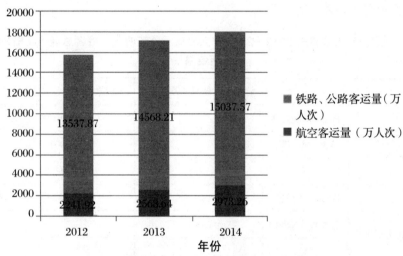

图3　重庆市2012—2014年交通客运量统计

图4　上海、武汉及重庆2012—2014年入境人数及人均消费统计表

（二）入境旅游外汇收入与旅客总运输量相关性分析

输入旅客总运输量（万人次）同入境旅游外汇收入（万美元）两个变量进行相关性的分析（见表1），得出显著性相关系数为0.001，显示为两个显著相关。据前文分析可知，三个最具代表性的港口城市的年旅客总运输量和入境旅游外汇收入具有密切相关性，两者数值均逐年增长，两者具有正相关性。在一定程度上增加城市游客总运输量，有利于入境游客量的增加，提高入境旅游外汇收入。

表1　上海、武汉及重庆2012—2014年入境旅游外汇收入与旅客总运输量相关性分析结果

		旅客总运输量（万人次）	入境旅游外汇收入（万美元）
旅客总运输量（万人次）	Pearson 相关性	1	−0.981**
	显著性（双侧）		0.001
	N	6	6
入境旅游外汇收入(万美元)	Pearson 相关性	−0.981**	1
	显著性（双侧）	0.001	
	N	6	6

注：** 在 0.01 水平（双侧）上显著相关。

四、结论与建议

本研究通过对长江经济带三个具有代表性的港口城市的旅客总运输量进行分析，利用相关分析测度与入境旅游外汇收入的相关性，得出入境旅游外汇收入与城市旅客总运输量具有正相关性。可以通过增加城市交通总运输量推动入境旅游外汇收入的增加，发展旅游产业。

旅游产业的发展强烈地依赖于交通的发展，而交通产业也因旅游发展而兴旺。长江经济带具有得天独厚的区位优势。上海、武汉、重庆作为长江经济带最具代表性的港口城市，同时是长江经济带沿江三大跨区城市群、长江三角洲、长江中游和成渝区域，经济推动的主力城市。在国家交通发展的总推动下，根据各城市不同交通类别年客运量的变化趋势分析，

上海市在航空及铁路交通方式上独有优势，可以通过完善和增加水运及公路设施增加交通总运输量；武汉市作为经济带的轴点城市，增强作为中心城市的功能，地域面积较有优势，可以通过完善和增加航空及公路设施增加交通总运输量；重庆作为中国西部地区重要的经济拉动力城市，巩固重庆市的示范作用，利用重庆的地理优势，发展水运交通建设，全面带动城市各交通运输客运量，增加入境旅游外汇收入。

参考文献

[1] 席建超，葛全胜，长江国际黄金旅游带对区域旅游创新发展的启示 [J]. 地理科学进展，2015，34（11）：1449-1457.

[2] 中华人民共和国国家统计局编，2015中国统计年鉴 [Z]. 中国统计出版社，2015：217-219.

[3] 刘传明，曾菊新，县域综合交通可达性测度及其与经济发展水平的关系——对湖北省79个县域的定量分析 [J]. 地理研究，2011（12）：2209-2221.

[4] 汪德根，陈田，中国旅游经济区域差异的空间分析 [J]. 地理科学，2011，31（5）：528-536.

[5] 段进军，长江经济带联动发展的战略思考 [J]. 地域研究与开发，2005（2）.

[6] 陈修颖，长江经济带空间结构演化及重组 [J]. 地理学报，2007（2）.

[7] 文玉钊，钟业喜与黄洁，交通网络演变对中心城市腹地范围的影响——以江西省为例 [J]. 经济地理，2013（06）：59-65.

[8] 钟业喜，陆玉麒 . 基于可达性角度的区域发展机会公平性评价 [J]. 地理科学，2009，29（6）：809-816.

[9] 欧阳杰，聂鲁美，转型升级中的上海航空枢纽发展战略 [J]. 中国民用航空，2012（4）：45-46.

绿色发展背景下长江经济带区域
生态旅游一体化建设探究

——以中三角发展为例

阴姣姣（华中师范大学城市与环境科学学院 武汉 430079）

摘要："十三五"规划提出"要推进长江经济带发展，把修复长江生态环境放在首位"，因此在坚持生态优先、绿色发展，共抓大保护，不搞大开发的战略定位下要提高区域的竞争力，寻求区域新的经济增长需要，平衡发展和环境的关系。本文在此基础上通过对资源的梳理和可行性分析提出了以生态旅游的发展为动力推动区域一体化建设的新思路。

关键词：绿色发展；生态旅游；区域一体化

一、引言

长江通道是我国国土空间开发最重要的东西轴线，在区域发展总体格局中具有重要战略地位。而长江经济带作为一种集自然地理、人文脉络、经济区的整体功能和行政区的完整性等诸多要素于一身的组织型经济区，在引领中国走经济发展的绿色道路上任重道远。国家"十三五"规划中提到："要推进长江经济带发展，把修复长江生态环境放在首位"。因此，在长江经济带的发展上要坚持生态优先、绿色发展，共抓大保护，不搞大开发的战略定位。在此背景下，笔者通过对中三角地区的城市群建设发展、生态旅游资源的整合状况、旅游业的发展情况的研究，探索性地提出了中三角地区的一条新的发展路径和发展模式——区域生态旅游一体化建设。

二、研究进展

在经济全球化和区域一体化的背景下，区域旅游合作越来越成为促进区域经济发展的有效动力。学术界对于区域旅游一体化和生态旅游问题的研究已经较为深入，理论体系也较为成熟，在此不再赘述。但在新的时代背景和绿色发展理念的浸染下，我们同样需要新的思维去为区域旅游合作和区域经济发展寻找新的增长点。目前通过区域生态旅游发展去促进区域一体化的研究尚不深入，因此笔者就此方面提出自身的想法和理念。

（一）国内研究

国内对于生态旅游的研究较国外晚，是从自然保护区旅游研究开始的。同时国内在区域旅游合作研究的过程中，多强调个案研究，尚缺乏普遍意义的研究[1]；在研究区域旅游合作的实践应用方面，多以长三角、珠三角、京津唐、环渤海等区域为多，研究中部旅游区域合作的研究较少[2]。

关于"生态旅游"的研究在国内虽然起步晚，但目前为止对于其概念、理论体系及应用的研究已经较为广泛和深入。在国内的研究中也出现了一些新的研究领域、学科和概念如：生态旅游学、旅游生态学（吴必虎，1996）、城市生态旅游（王谢勇，2000）、生态旅游经济、生态旅游产业（张延毅，1997；王尔康，1998；卢云亭，2001；等等）。

（二）国外研究

生态旅游自20世纪80年代提出以来，便成为国外学者研究的热点问题。国外的生态旅游研究涉及了生态旅游本质、研究区域、生态旅游产业、生态旅游者、生态旅游研究与管理机构，生态旅游的生态、经济与社会文化影响和外部环境同生态旅游关系等多个方面[3]。同时国外也注重对特定案例的研究。例如，Mackoy 和 Osland（2004）通过调查发现，生态旅游住宅顾客对自然资源的可接近性与费用偏好是其选择生态旅游产品最为重要的两个要素[4]。Parker 和 Khare（2005）构建了影响南非生态旅游产业成功发展的重要因子评价表，并发现生态旅游企业与当地社区的积极合作是其成功发展的关键要素[5]。

三、中三角发展基础

（一）中三角概念及范围界定

中三角是以长江中游地区相邻的湘鄂赣三省环长株潭城市群、武汉城市圈、环鄱阳湖城市群（武汉、长沙、南昌三市）为核心，包括湘鄂赣三省的沿长江、洞庭湖生态经济圈、鄱阳湖生态经济圈的若干个连绵的大中城市组成，着力打造中国城市集群的第四大核心增长极。"中三角"又称长江中游城市集群，其中武汉城市圈包含了武汉、黄石、鄂州、黄冈、孝感、咸宁、仙桃、天门、潜江9个城市，并将邻近的宜昌、荆门纳入其中；长株潭城市群包含了长沙、株洲、湘潭、常德、岳阳、益阳、衡阳、娄底8个城市；环鄱阳湖城市群包含了南昌、景德镇、鹰潭、九江、新余、抚州、宜春、上饶、萍乡9个城市。

（二）中三角发展经济和旅游业

1. 经济发展基础

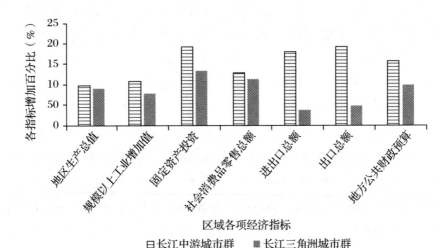

图1　长三角和中三角各项经济指标增加值（2014年）

按照上文所述29个城市范围计算，长江中游城市群国土面积共30.48万平方公里，占全国土地面积的3.2%。2014年，常住人口1.18亿人，占全国总人口的9.0%；地区生产总值5.73万亿元，比上年同期增长9.8%。据初步测算，长江中游城市群2015年经济总量大概在6万亿元，约占全国总量的

8.8%。在全国经济下行压力比较大的情况下，长江中游城市群仍然有望保持9%以上的经济增速，正在成为经济发展新常态下我国经济新的增长极。

在了解中三角地区经济发展的总体情况的同时，我们将中三角各个城市圈（区内）以及中三角与长三角地区的发展态势（区际）情况进行比较研究，以期对中三角的经济基础状况有一个全面的把握。如图1所示，可以从区际的比较看到长江中游城市群经济发展各项指标有较快的增长，与长三角相比呈现出良好的发展态势。

2. 区域旅游发展基础

改革开放特别是"十二五"以来，我国旅游业快速发展，旅游已成为城乡居民日常生活的重要部分，成为国民经济新的重要增长点。2015年，国内人数达到40亿人次，旅游业总收入4.13万亿元。预计2020年国内旅游人数将突破70亿人次，居民人均旅游次数将从目前不到3次提高到5次。在这种情况下旅游产品的供需矛盾更加突出，旅游业的供给侧改革势在必行。据资料显示旅游业是20世纪世界上经济增长最快的产业，其中增长最快的部分是生态旅游，其年平均增长率为15% ~ 20%。我国的生态旅游开发尚处于较低的层次，具有巨大的发展潜力[6]。如表1、图2所示为三省旅游业发展和增长情况。

表1 2015年湘鄂赣三省旅游业发展状况

	江西省	湖北省	湖南省
旅游总收入（亿元）	3637.7	4308.76	3712.91
国内旅游收入（亿元）	3600.5	4206.02	3659.96
国际旅游外汇收入（亿美元）	5.7	16.7	8.58
接待国内旅游者（亿人次）	3.8	5.1	4.7
接待入境旅游者（万人次）	176.9	167.2	226
旅游收入占全省GDP的比率（%）	16.87	14.58	11

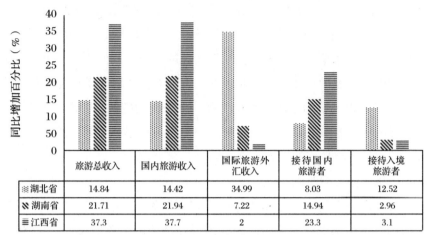

旅游业发展各项指标	旅游总收入	国内旅游收入	国际旅游外汇收入	接待国内旅游者	接待入境旅游者
湖北省	14.84	14.42	34.99	8.03	12.52
湖南省	21.71	21.94	7.22	14.94	2.96
江西省	37.3	37.7	2	23.3	3.1

图 2　湘鄂赣三省旅游业各项指标同比增长情况（2015 年）

四、区域生态旅游一体化建设的可行性分析

（一）绿色发展背景下全新生态旅游理念

国际生态旅游（Ecotourism）的专业名词产生于 20 世纪 80 年代。1981年，国际自然保护联盟（IUCN）特别顾问、墨西哥专家谢贝洛斯·拉斯卡瑞（Ceballos Lascurian）首次说明了生态旅游形式，1987 年他在题为《生态旅游之未来》一文中对生态旅游的定义标志着生态旅游概念的正式创立。也有提法认为美国学者赫克（Herk，1983）从美国部分国家公园和保护区的生态系统遭受旅游活动的严重破坏的事实出发，对户外旅游休闲活动与野生动植物保护的协调关系进行思考，在替代性旅游理念的启发下，提出了"生态旅游"这一专业名词[7]。

和谐社会需要和谐产业，生态文明呼唤生态旅游。在国家提倡绿色经济、循环经济、低碳经济和可持续发展、和谐发展的背景下，我们应该对生态旅游有一个全新的认识和界定。笔者认为，生态旅游的发展也要树立全局意识和战略眼光，要有"大旅游"和"全域"的理念和认识。因此，笔者个人认为，全新的区域生态旅游理念应该是：建立在全域生态系统的完整性、健康循环性和可持续性基础上的富有责任意识、道德意识和保护意识以及科研、教育、文化、经济等意义的旅游活动的拓展和延伸。

（二）丰富的生态旅游资源

根据《全国生态旅游发展纲要（2008—2015）》（以下简称《纲要》），将生态旅游资源分为七大基本类型（山地型、森林型、草原型、湿地型、海洋型、沙漠戈壁型、人文生态型）；将产品分为三个大类。在我国，目前开放的生态旅游区主要为森林公园、自然保护区、自然旅游点、风景名胜区和天然湿地保护区等[8]。现根据《纲要》的资源类型划分将中三角的生态旅游资源做如下梳理。

1. 自然保护区建设

如表2所示，根据中华人民共和国环境保护部2015年公布的《全国自然保护区名录》，江西省共有自然保护区203处（包含国家级、省级、市级、县级），国家级自然保护区15处（新增婺源森林鸟类国家级自然保护区，2016）；湖南省共有自然保护区128处，其中国家级自然保护区23处；湖北省共有自然保护区71处，其中国家级自然保护区18处（新增巴东金丝猴国家级自然保护区，2016）。

表2　湘鄂赣三省国家级自然保护区概况

江西省（14处）				
保护区名称	行政区域	面积（公顷）	主要保护对象	类型
鄱阳湖南矶湿地	新建县	33300	天鹅、大雁等越冬珍禽和湿地生境	内陆湿地
庐山	九江市	20120	中亚热带森林生态系统	森林生态
鄱阳湖候鸟	永修县、星子县、新建县	22400	白鹤等越冬珍禽及其栖息地	野生动物
桃红岭梅花鹿	彭泽县	12500	野生梅花鹿南方亚种及其栖息地	野生动物
阳际峰	贵溪市	10946	华南湍蛙组和刺胸蛙组等两栖纲动物	野生动物
齐云山	崇义县	1880	亚热带常绿阔叶林	森林生态

续表

九连山	龙南县	13411.6	亚热带常绿阔叶林	森林生态
赣江源	石城县、瑞金市	16100.9	中亚热带常绿阔叶林	森林生态
井冈山	井冈山市	21499	亚热带常绿阔叶林及珍稀动物	森林生态
官山	宜丰县、铜鼓县	11500.5	中亚热带常绿阔叶林及白颈长尾雉等珍稀野生动物	森林生态
九岭山	靖安县	11541	中亚热带常绿阔叶林及野生动物	森林生态
马头山	资溪县	13866.5	亚热带常绿阔叶林及珍稀植物	森林生态
铜钹山	广丰县	10800	武夷山脉北段中亚热带北缘常绿阔叶森林	森林生态
武夷山	铅山县	16007	中亚热带常绿阔叶林及珍稀动植物	森林生态
湖北省（17处）				
赛武当	十堰市茅箭区	21203	巴山松、铁杉群落及野生动植物	森林生态
青龙山恐龙蛋化石群	郧县	205.25	恐龙蛋化石群	古生物遗迹
堵河源	竹山县	47173	林麝及北亚热带森林生态系统	野生动物
十八里长峡	竹溪县	25605	秦巴植物区系濒危动植物、北亚热带亚高山	野生植物
五峰后河	五峰土家族自治县	10240	森林生态系统及珙桐等珍稀动植物	森林生态
南河	谷城县	14833.7	亚热带森林生态系统、古老孑遗珍稀濒危	森林生态
石首麋鹿	石首市	1567	麋鹿及其生境	野生动物
长江天鹅洲白鱀豚	石首市	2000	白鱀豚、江豚及其生境	野生动物
长江新螺段白妈妈鱀豚	洪湖市、赤壁市、嘉鱼市	13500	白鱀豚、江豚、中华鲟及其生境	野生动物

续表

大别山	黄冈市	16408.2	中亚热带典型森林生态系统及南方红豆杉	森林生态
龙感湖	黄梅县	22322	湿地生态系统及白头鹤等珍禽	内陆湿地
九宫山	通山县	16608.7	中亚热带阔叶林生态系统及珍稀动植物	森林生态
星斗山	利川市、咸丰县、恩师	68339	珙桐、水杉及森林植被	野生植物
七姊妹山	宣恩县	34550	珙桐等珍稀植物及生境	森林生态
咸丰忠建河大鲵	咸丰县	1043.3	大鲵及其生境	野生动物
木林子	鹤峰县	20838	中亚热带森林生态系统及珙桐、香果树等	森林生态
神农架	神农架林区	70467	森林生态系统及金丝猴、珙桐等珍稀动植物	森林生态

湖南省（23处）

炎陵桃源洞	炎陵县	23786	银杉群落及森林生态系统	森林生态
南岳衡山	衡阳市南岳区	11991.6	野生动植物、濒危动植物	森林生态
黄桑	绥宁县	12590	森林生态系统及红豆杉、伯乐树	森林生态
湖南舜皇山	新宁县	21719.8	亚热带常绿阔叶林及银杉、冷杉	森林生态
金童山	城步苗族自治县	18466	中亚热带常绿阔叶林森林生态系统	森林生态
东洞庭湖	岳阳市	190000	湿地生态系统及珍稀水禽	内陆湿地
西洞庭湖	汉寿县	30044	湿地生态系统及黑鹳、白鹤等	内陆湿地
乌云界	桃源县	33818	森林生态系统及大型猫科动物	森林生态
壶瓶山	石门县	66568	森林及云豹等珍稀动物	森林生态

张家界大鲵	张家界市武陵源区	14285	大鲵及其栖息生境	野生动物
八大公山	桑植县	20000	亚热带森林及南方红豆伯乐树等	森林生态
六步溪	安化县	14239	森林及野生动植物	森林生态
莽山	宜章县	19833	南亚热带常绿阔叶林及珍稀动植物	森林生态
八面山	桂东县	10974	森林及银杉、水鹿、黄腹角雉等	森林生态
东安舜皇山	东安县	13139.9	亚热带常绿阔叶林及冷杉、伯乐树等	森林生态
阳明山	双牌县	12795	森林及黄杉、红豆杉等珍贵植物	森林生态
永州都庞岭	道县	20066.4	森林生态系统、林麝、白颈长尾雉	森林生态
九嶷山	宁远县	10236	中亚热带中海拔天然阔叶林生态系统	森林生态
借母溪	沅陵县	13041	森林生态系统及银杏、榉木、楠木	森林生态
鹰嘴界	会同县	15900	典型亚热带森林植被及南方红豆杉、银杏等	森林生态
湖南白云山	保靖县	20158.6	森林生态系统及野生动植物	森林生态
高望界	古丈县	17169.8	低海拔常绿阔叶林	森林生态
小溪	永顺县	24800	珙桐、南方红豆杉等珍稀植物	森林生态

数据来源：环境保护部官方网站——2014年全国自然保护区名录。

2. 森林公园、国际重要湿地及风景名胜区

我国自1992年加入《湿地公约》，到2015年共有49块湿地被列入《国际重要湿地名录》中，总面积400万 hm²。如图3所示三省共有七处国际重要湿地。由图4可知，江西省拥有较高的森林覆盖率，而国家级森林公园的建设却在湖南省之后，说明江西省在自然资源的保护和开发方面还具有一定的潜力。

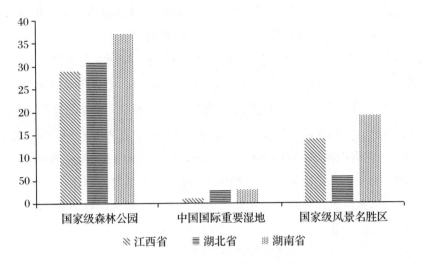

图 3　中三角生态旅游资源状况

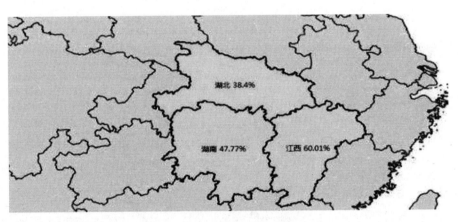

注：该图基于国家测绘地理信息局标准地图服务网站下载的审图号为GS（2016）2923号的标准地图制作，底图无修改。

图 4　湘鄂赣三省森林覆盖率（2009—2013 年第八次清查）

3. 世界遗产的申请和保护

世界遗产是重要的生态自然旅游资源和生态文化旅游资源，世界遗产作为生态文化的载体具有重要的保护意义[9]。世界遗产是指被联合国教科文组织和世界遗产委员会确认的人类罕见的、目前无法替代的财富，是全人类公认的具有突出意义和普遍价值的文物古迹及自然景观。广义的概念，根据形态和性质，世界遗产分为文化遗产、自然遗产、文化和自然双重遗产、记忆遗产、非物质文化遗产、文化景观[10]。

截至2016年7月，我国共有世界遗产50项（包括文化遗产30项，自然遗产11项，双重遗产4项，文化景观遗产5项）。中三角地区共有世界遗产8项10处。湖北省：武当山古建筑群（1994）、明清皇家陵寝明显陵（2000）、土司遗址（2015）、神农架（2016）；江西省：庐山国家公园（1996）、三清山国家公园（2008）、中国丹霞龙虎山（2010）；湖南省：土司遗址（2015）、武陵源风景名胜区（1992）、中国丹霞崀山（2010）。如图5所示该地区世界遗产的分布较为集中，有利于资源的整合和保护。

注：该图基于国家测绘地理信息局标准地图服务网站下载的审图号为GS（2016）2923号的标准地图制作，底图无修改。

图5　中国的世界文化遗产分布情况

此外，中三角拥有144项国家级非物质文化遗产，作为该区域一项种类丰富、特色鲜明的资源，非遗的开发利用和保护问题受到人们的普遍关注。中三角非遗资源的挖掘为区域旅游业的发展带来了新契机，利用区域现有的非遗文化资源发展生态文化旅游，值得思考。

（三）日益完善的交通基础设施

湘、鄂、赣在水运、河运、空运、陆路运输等多方面的交通基础设施都有所提升。2014年湖北神农架机场建成通航，大大提高了神农架自然保护区的交通可达性。

天河机场三期、武当山机场、武汉长江航运中心等也加快建设，城际省际铁路也陆续建设和完工。2015年武汉连接四大洲的国际客运航线达到39条，国际交流、交往、交融更加便捷，湖南省高速铁路、高速公路通车里程分别达到1296公里、5493公里，分别居全国第一位、第五位。江西省实现县县通高速；铁路运营里程突破4000公里，净增1235公里；高速铁路从无到有，达到867公里。城市轨道交通实现零突破。中三角三省以高铁动车网络、国际直飞航线和长江游船为载体，改进和提高交通的可进入性、设施的完备性、服务的优良性，实现区域旅游的无障碍性。

（四）科学的理论支撑

1. 可持续发展理论

"可持续"一词最早产生于生态学，20世纪80年代初甚至更早的时间在国外的生态旅游业和渔业中出现了可持续性一词，如由于砍伐、火灾、虫害等因素产生的森林蓄积量减少不能超过森林的自然生长量，在生态学上称为可持续管理，又被翻译为可持续经营。世界环境与发展委员会公布的著名的报告《我们共同的未来》，比较系统地阐述了可持续发展的战略思想。生态旅游与可持续发展理论的契合点在于生态旅游发展的目标之一就是实现旅游发展的可持续，实现对旅游资源（包括自然资源和文化资源）的永续利用和保护。因此通过生态旅游的发展推动区域的一体化建设也是为了实现绿色发展和可持续发展的目标。

2. 生态经济理论

生态经济理论要求人口增长速度与经济发展规模都要在生态环境的承载能力范围内进行。生态经济反映了生态供给与经济需求、生态效益与经济效益、生态平衡与经济平衡的关系，并以此探索生态系统和经济系统和谐统一的发展方式。随着人口和经济的增长，造成了不同程度的资源破坏和环境污染，使原本新鲜的空气、灿烂的阳光、清澈的湖水都成为稀缺资源。区域生态旅游的发展即面对区域经济发展带来的负面效应提出的一个解决思路，虽然当前我国生态旅游的发展仍存在种种问题，但对于平衡生态和经济以及人民需求的问题其不失为一个良策。

3. 区域协调发展理论

区域协调发展理论认为区域发展不是均衡发展，更不是平衡发展。区域协调发展不是区域经济总量的接近，而是缩小人均收入的差异，区域关系的协调。区域协调发展理论认为要使各个区域的优势得以发挥，不能以一些区域为代价去发展另一些区域，实行合理的公平的区域政策，建立既有利于国民经济发展和区域协调发展的既良性竞争、又互利互补的新型区域关系。

依据区域协调发展理论，中三角的一体化发展要考虑到区域内各个地区的经济基础、资源禀赋、产业结构、城市化水平、人口数量等诸多要素的情况，在此基底上发展区域生态旅游势必要结合区域生态旅游资源的状况，对于资源条件较为落后的地区进行合理的扶持和产业结构的调整和优化，促进区域内生产要素的充分流动和优化配置。区域旅游一体化的建设不是"一窝蜂"的搞旅游，而是进行合理的劳动地域分工，加强区域合作，在政府的宏观调控和扶植、支持下实现区域优势的最大化，从而实现整个区域的长足发展。

（五）政策支撑

党的十八大明确提出推进生态文明建设，构建生态安全格局，十八届三中全会进一步要求建立空间规划体系，划定生产、生活、生态空间开发管制界限。"十三五"规划《纲要》要求加大生态环境保护力度，为人民提供更多生态优质产品。生态保护作为生态文明建设的重要内容，关系人民福祉，关乎民族未来。从2012年长江中游城市群三省会商会议签署《加快构建长江中游城市群战略合作框架协议》到2015年《长江中游城市群发展规划》获得国务院批复，从顶层决策到地方战略，中三角的发展一直受到关注，得到国家和地方政府强有力的政策支持。

五、区域生态旅游一体化建设路径

旅游资源的互补性、旅游空间的连续性及区域文化的相似性奠定了中三角旅游合作的基础[11]。中三角生态旅游一体化的发展要以整个区域大的生态环境为载体，在资源保护、绿色开发的前提下实现区域的生态保护一体化、生态规划一体化、交通建设一体化、信息交流一体化、综合管理一体化、人才流动一体化、利益共享一体化。

（一）打造全域"无障碍"生态之旅

"无障碍"其一是突破行政界限的障碍开展区域内生态旅游资源的统一清查、规划和严格的功能分区，在不破坏或最低程度损害生态环境条件下进行生态旅游项目的开发和建设。其二，"无障碍"是交通等基础设施的完善，不仅做好区域内部的各级交通建设，同时做好区际的交通联系和建设，增强区域可达性，解决好"最后一公里"的问题。其三，"无障碍"是政策管理的无障碍，是资金流、信息流、人才流在区域内的自由流动。区域内部省份可采取"轮流主席制度"，制定统一的管理方法和规范，建立监督管理制度，严格落实和执行。其四，"无障碍"是产品和服务的"无障碍"，提供适销对路的真正有品质保障的生态旅游产品，不一味迎合大众口味，做真正有区域特色的绿色生态旅游产品。

（二）"三圈一带三中心"生态空间结构的优化

中三角生态旅游的发展应该紧紧围绕"三圈一带三中心"的空间结构来延伸和优化，"三圈"即鄂西生态文化旅游圈、洞庭湖生态经济圈和鄱阳湖生态经济圈。重视对区域内生态文化环境和生态文化资源的保护以及特色资源的开发和产品设计。"一带"即贯穿期间的黄金水道长江及其支流和众多的湿地湖泊，强调对区域内生态水源地和水域生态系统的保护，为动植物提供生活家园。"三中心"即以武汉、长沙、南昌三市为核心的环长株潭城市群、武汉城市圈、环鄱阳湖城市群。城市生态的发展也是非常重要的一方面，应加快构建森林城市、生态城市，在重视短距离、破坏小的同时对城市环境具有保护作用的城市生态游的发展。

该空间结构将中三角的核心紧密的串接，通过对该结构内部的不断优化去实现区域生态旅游一体化的建设有重要的意义。

（三）推动多元主体参与

区域生态旅游一体化的建设在当前环境下仅仅靠政府间的牵头和推动是不够的，生态环境的建设、开发和保护需要大量的资金投入，离不开市场运作和社会资本的运作，因此实现区域的联动发展需要市场作用的发挥，需要旅游企业的跨区域合作。同时，生态环境的保护和发展是一项长期的公共事业，真正能使大众受益，涉及每个居民的切身利益，是看得见的变化。所以需要社会团体和组织等社会力量的合作。总之，想要实现区域的一体化建设并非易事，需要政府、市场、旅游企业、社会公众、社会组织等多元主体的参与及合作。

（四）推出特色生态产品，打响区域旅游品牌

从各自发展竞争到转变发展方式整个区域"打一副牌"，促进区域的协同和合作，如"问道武当山，养生太极湖"的宣传语，中三角也应精确定位自身的旅游形象。不同以往只是将三省的旅游资源进行简单串联如做名湖名楼、山岳流域风光的产品营销，跳出旅游线路串联的怪圈，整合区内的优质生态自然和文化资源，进行特色产品的设计[12-13]。中三角生态旅游资源得天独厚，同样是宝贵的历史文化财富，应增加其生态文化游本身的体验性、参与性和教育性，强化其养生意义、文化意义和可持续意义，将区域品牌真正打造出来、推介出去，扩大区域旅游的影响和声誉。

六、结论与展望

中三角区域生态旅游一体化建设为中部崛起增添新的突破口，为中三角绿色 GDP 和绿色发展的实现提供可能。本文对中三角的生态资源梳理和整合方面有一定程度的欠缺，分类也不够合理和完善，但对区域旅游一体化的建设提出了建立在区域客观发展基础上的个人见解。生态旅游和区域的一体化建设是两个较大的研究课题，想要通过生态旅游的发展带动旅游的一体化建设还有很多壁障和困难需要克服。但中三角具有优质的生态旅游资源和良好的发展机遇，在生态文明建设和绿色发展的环境下，中三角应充分利用自身优势，抓住机遇通力合作，促使区域一体化的建设向前迈进，实现区域的可持续发展。

参考文献

[1] 李华 . 近十年国外生态旅游研究状况分析 [J]. 世界地理研究，2009，18（2）：112-119.

[2] 李志飞，夏磊 . 中三角区域旅游一体化发展战略研究 [J]. 湖北大学学报（哲学社会科学版），2013，40（3）.

[3] 吴国清，高国相，胡文辉，等著 . 城市生态旅游产业发展创新 . 上海：上海人民出版社，2016：17-25.

[4]Mackoy，R.，& Osland，G.. Lodge selection and satisfaction: At-tributes valued by ecotourists[J]. Journal of Tourism Studies, 2004（15）: 13-25.

[5]Parker，S.，&Khare，A. Understanding success factors for ensuringsustainability in ecotourism development in southern Africa[J]. Journalof Ecotourism, 2005（4）: 32-46.

[6] 孙志国，定光平，何岳球，等 . 咸宁自然遗产资源保护与生态旅游开发研究 [J]. 江西农业学报，2012，24（8）：130 -133.

[7] 张建萍 . 生态旅游 [M]. 北京：中国旅游出版社，2008：14-15.

[8] 陈玲玲，严伟，潘鸿雷 . 生态旅游——理论与实践 [M]. 上海：复旦大学出版社，2012：284-331.

[9] 李文璟 . 论汉江生态经济带的生态旅游发展策略 [J]. 湖北工业职业技术学院学报，2015：47-49.

[10] 孙克勤 . 世界文化与自然遗产概论 [M] . 北京：中国地质大学出版社，2008：1-289 .

[11] 唐静 . 生态旅游经济关系和谐发展论 [M]. 北京：中国环境科学出版社，2011：14-17.

[12] 李向南 . 中三角旅游经济合作发展研究 [J]. 文化产业,2013,24（8）: 74-75.

[13] 张达华 . 整合开发大旅游，打造"美丽中三角"[J]. 支点建设，2013：38-40.

长江经济带旅游产业与文化产业耦合协调发展研究

王凯，胡静，朱磊，于洁

（华中师范大学城市与环境科学学院，中国旅游研究院武汉分院，

中国湖北　武汉　430079）

摘要：文化是旅游业发展的灵魂，旅游与文化的融合可以促进两大产业的协调发展。在构建旅游产业与文化产业综合评价指标体系的基础上，以长江经济带为例，采用熵值法和均方差法对该区旅游产业与文化产业两大产业综合发展水平进行评价，并基于耦合协调模型，从时空两大维度对长江经济带旅游产业与文化产业耦合协调关系进行分析。结果表明：长江经济带沿线各省旅游产业与文化产业关联度较高，且发展水平具有相似性；两大产业系统的耦合协调水平整体较低，且各省市之间差异较为明显，其中上海市明显高于其他省市，东部地区明显高于中西部地区；其耦合协调度整体不高，除上海处于初级协调水平之外，其余各省市基本处于失调和濒临失调的状态。因此，长江经济带沿线各省市未来仍然需要重视旅游产业与文化产业的融合，进而实现两大产业的协调发展。

关键词：旅游产业；文化产业；耦合协调度；长江经济带

一、引言

文化是旅游业发展的灵魂，而旅游活动从本质上讲也是文化活动的一部分，因此旅游产业与文化产业在发展过程中必然存在一定的联系[1-2]。旅游产业和文化产业都是国民经济和社会发展的重要新兴产业[3]，尤其是

在全球经济环境日趋复杂、我国经济增速放缓的大背景下，两大产业在逆境中仍能够继续保持稳定增长态势，为当前我国经济发展带来新的亮点[4]。2014年国务院颁布的《关于促进旅游业改革发展的若干意见》指出，"创新文化旅游产品，鼓励专业艺术院团与重点旅游目的地合作打造特色的专场剧目；发挥具有地方和民族特色的传统节庆品牌效应，组织开展群众参与性强的文化旅游活动"，从国家层面上为两大产业的融合发展指明了方向。也可以看出旅游产业与文化产业融合发展已成为必然趋势，两者的融合将共同造就一批新的产业形态及产品形式，形成大量的旅游文化综合体[3]。

国外关于旅游产业与文化产业融合发展的研究颇为丰富，研究重点多集中在文化资源在旅游过程中的传承与保护[8]、旅游活动对文化传播的影响[9]、文化对旅游活动的促进作用[10]、民族文化活动的旅游开发[11-12]等方面，此外 Kole[13]、Connell[14]、Kostopoulou[15]等分别对旅游演艺及节庆活动、影视旅游及主题公园、文化创意旅游等方面进行实证分析，认为旅游产业与文化产业相结合，能够促进目的地旅游形象的提高和旅游产品文化内涵的提升，推动旅游目的地科学合理的旅游规划、空间设计等。国内有关旅游产业与文化产业融合发展的研究出现稍晚，黎杰[15]等以云南大理为例较早开展了历史文化名城的旅游产业与文化产业融合发展研究，她认为历史文化名城在当下既能弘扬民族文化，又能体现经济价值且实现社会可持续发展的结合点便是现代旅游业。汪清蓉、刘艳兰[16-18]等也较早地对佛山、桂林等不同区域旅游产业与文化产业融合发展的理论进行分析。此外，国内学者还对遗产旅游[19]、演艺旅游[20]、历史文化街区[21]、主题公园[22]、创意园区[23-24]等方面进行了研究。总体来看，国内外对旅游产业与文化产业融合发展的研究以较为丰富，研究视角多集中在对产业融合的机理、原因及对策等方面，研究方法以定性研究为主，定量研究较少。

长江经济带在我国经济发展过程中具有极其重要的战略地位[25]，目前关于长江经济带融合发展的研究中多侧重在经济与环境[25]、人口与土地城镇化[26]等方面，关于旅游产业融合发展的研究还比较少，尚未出现有关旅游产业与文化产业融合发展的研究。鉴于此，本文运用耦合协调度模型，从时空两大维度入手，对长江经济带沿线各省旅游产业与文化产业综合发展水平及其耦合协调度进行测度与分析，以期为长江经济带旅游产业与文化产业协调发展提供参考。

二、旅游产业与文化产业耦合发展机理

旅游产业与文化产业都被誉为21世纪的"朝阳产业"，是21世纪经济发展大潮中的重要力量[3]。两者共同具备的关联度高、综合性强的属性决定了两大产业在发展过程中具有天然的耦合性[5]。一方面，文化是旅游业发展的灵魂，随着人们生活水平的提高，旅游者对精神文化的需求也越来越高。单纯的观光游览已经不能满足人们外出旅游的需要，在旅游过程中感受当地文化氛围，获得精神上的满足成为旅游者游览的最终目的[3]。另一方面，旅游活动为文化传播与发展提供了良好的平台，旅游者在游览过程中不仅可以直接感受当地文化的魅力，而且也会受到当地文化潜移默化地影响，成为当地文化的传播者。因此旅游目的地在发展过程中不仅需要坚持自己的本色，而且还要不断地创新文化表现形式以适应旅游者的需求[6-7]。旅游产业与文化产业的融合主要体现在硬实力和软实力两方面（见图1）。

旅游产业与文化产业融合的硬实力主要体现在资源的融合、基础设施的融合以及产品的融合等方面。文化资源不仅是文化产业发展的基础，也是旅游产业发展的重要基础。诸如物质与非物质文化遗产、古代民居建筑、特色古风民俗等既是文化资源又是旅游资源，对这些资源的开发不仅可以提高资源的使用效率，而且可以资源加以保护，使其重新焕发活力。文化场馆及文化设施不仅是文化传播与传承的重要场所，也是旅游活动的重要场所。其在投资、规划及运营过程中与旅游产业具有高度关联性，如博物馆、美术馆、展览馆等在投资及运营过程中往往伴随着旅游活动的产生，其联动功能也极大地促进了两大产业的融合。旅游产品在设计过程中往往需要向当地的文化方向靠拢，以提高旅游产品的文化特色，丰富旅游产品的文化内涵。而旅游地丰富的文化资源借助旅游活动也得到了极大宣传，不仅可以提高文化保护意识，也推动了文化的交流与发展。

旅游产业与文化产业融合的软实力主要体现在产业形象定位的融合、产业宣传推广的融合、企业经营理念及人才的融合等方面。旅游地的形象定位，与当地丰富的文化内涵密不可分。独特的文化资源所形成的文化景

观，对当地旅游形象的定位产生重要的影响。诸如北京、西安、泰山、武当山等旅游地，其旅游形象的定位与当地独特的文化资源紧密相关。旅游产业在发展过程中不仅需要绝佳的创意思维，也需要充分的宣传推广，而文化传媒的兴起与发展，不仅扩大了旅游宣传半径，也提高了当地旅游影响力。旅游产业与文化产业同属于创意产业，企业的经营理念与管理方式往往决定着企业的发展方向。而人才是企业之本，旅游产业与文化产业同属于服务业，因此两者的融合发展需要培养既具有丰富历史文化知识，又具有超强服务意识的高层次人才。

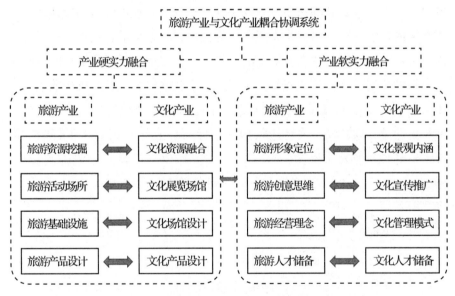

图1　旅游产业与文化产业耦合协调系统

三、研究区概况及数据来源

（一）研究区概况

长江经济带自东向西涵盖我国上海、江苏、浙江、安徽、江西、湖北、湖南、重庆、四川、云南、贵州9省2市，其面积约为205万平方公里，占我国国土面积的1/5。截至2014年年末，区内人口约有58425万人，国内生产总值接近28.5万亿，约占全国的44%。长江经济带横跨我国东中西三大自然区，区内地形起伏变化明显，山脉纵横，河流交错，具有丰富的旅游资源。该区是我国重要的文化集聚区，自东向西覆盖吴越文化、荆湘文化和巴蜀文化三大文化区以及若干小型文化区，文化资源丰富多样。

（二）数据来源与处理

统计数据来源于2011—2015年的《中国统计年鉴》《中国旅游年鉴》《中国旅游统计年鉴》《中国文化文物统计年鉴》《中国文化及相关产业统计年鉴》以及相关省份历年统计年鉴、《国民经济和社会发展统计公报》等。对于个别年份缺失的数据，本文采用相邻年份插值法进行处理。

（三）指标体系构建

在遵循科学性、系统性和实用性原则的基础上，结合已有的研究成果[3]及专家意见，构建旅游产业与文化产业两大系统的评价指标体系。因研究区内各省人口、面积各有不同，为保证评价指标的合理性，各指标在选取过程中除体现各省产业情况的总量外，更多地选择了能够反映各省平均水平的相对指标。Ⅰ级指标共4项：产业总体情况、产业机构数量、产业从业人员、产业经营情况。旅游产业初选22项Ⅱ级指标，根据数据的可获得性及专家建议，最终选取19项指标。文化产业初选20项Ⅱ级指标，最终确定17项指标（见表1）。

表1 旅游产业—文化产业评价指标体系及其权重

系统	Ⅰ级指标及权重	Ⅱ级指标	Ⅱ级指标单位	权重
旅游产业系统 A	旅游产业总体情况 A_1（0.1258）	国内旅游人数 A_{11}	亿人次	0.042228
		入境旅游人数 A_{12}	万人次	0.041511
		国内旅游收入 A_{13}	亿元	0.043217
		旅游外汇收入 A_{14}	百万美元	0.049456
	旅游产业机构数量 A_2（0.4773）	星级饭店数 A_{21}	个 / 万 km²	0.066773
		旅游景区（点）数 A_{22}	个 / 万 km²	0.054452
		国际、国内旅行社个数 A_{23}	个 / 万 km²	0.078020
		限额以上住宿业法人企业数 A_{24}	个 / 万 km²	0.080207
		限额以上餐饮业法人企业数 A_{25}	个 / 万 km²	0.084729

系统	I 级指标及权重	II 级指标	II 级指标单位	权重
旅游产业系统 A	旅游产业从业人员 A_3（0.1111）	星级饭店从业人员比重 A_{31}	%	0.032916
		旅游景区从业人员比重 A_{32}	%	0.040252
		旅行社从业人员比重 A_{33}	%	0.033203
		限额以上住宿业从业人员数 A_{34}	人	0.040758
		限额以上餐饮业从业人员数 A_{35}	人	0.044878
	旅游产业经营情况 A_4（0.2858）	人均星级饭店营业收入 A_{41}	千元 / 万人	0.058714
		人均旅游景区营业收入 A_{42}	千元 / 万人	0.046990
		人均旅行社营业收入 A_{43}	千元 / 万人	0.057887
		人均限额以上住宿业营业额 A_{44}	千元 / 万人	0.052082
		人均限额以上餐饮业营业额 A_{45}	千元 / 万人	0.051730
文化产业系统 B	文化产业总体情况 B_1（0.3415）	人均文化产业收入 B_{11}	元 / 万人	0.063641
		人均文化产业支出 B_{12}	元 / 万人	0.062696
		人均文化事业费 B_{13}	元 / 人	0.064651
		城镇居民人均文化娱乐消费 B_{14}	元 / 人	0.064440
		农村居民人均文化娱乐消费 B_{15}	元 / 人	0.060518
	文化产业机构数量 B_2（0.3456）	公共图书馆数 B_{21}	个 / 万 km^2	0.075839
		博物馆数 B_{22}	个 / 万 km^2	0.085233
		艺术表演团体数 B_{23}	个 / 万 km^2	0.074375
		群众文化机构数 B_{24}	个 / 万 km^2	0.042898
	文化产业从业人员 B_3（0.1028）	公共图书馆从业人员比重 B_{31}	%	0.041773
		博物馆从业人员比重 B_{32}	%	0.046269
		艺术表演团体从业人员比重 B_{33}	%	0.044961
		群众文化机构从业人员比重 B_{34}	%	0.045436

系统	Ⅰ级指标及权重	Ⅱ级指标	Ⅱ级指标单位	权重
文化产业系统B	文化产业经营情况 B_4（0.2102）	公共图书馆总流通次数 B_{41}	次 / 人	0.060874
		博物馆总参观次数 B_{42}	次 / 人	0.047286
		艺术表演团体国内演出观看次数 B_{43}	次 / 人	0.058903
		群众文化机构组织活动次数 B_{44}	次 / 人	0.060207

（四）指标数据标准化处理与权重的确立

1. 指标数据标准化处理

本文所选旅游产业与文化产业的指标数据均为"效益型"指标，即数值越大，效果越好。由于所选指标的量纲单位不同，为保证最终评价结果的准确性，首先需要对所选数据进行无量纲化处理，采用极差标准化的方法对所选指标数据进行统一量纲，其公式为

$$ \tag{1} $$

式中，为标准化值（=1，2；=1，2，…，m），为系统第项原始值，分别为第项指标的最大值与最小值。值得注意的是，在标准化处理过程中会出现某项指标标准化值为0的现象，为避免该类指标值为0，应为该类指标统一赋予一个略大于0的值，结合已有研究，本文为此类指标赋值为0.001。

2. 权重的确立

指标权重有多种计算方法，现有研究中采用较多的有熵值赋权法[21]、均方差赋权法[27-28]、层次分析法[29-30]、德尔菲法[31]等。本文采用熵值法求得权重值，其公式如下：

首先，计算指标的比重：$S_{ij} = u_{ij} u_{ij} \Big/ \sum_{i=1}^{n} u_{ij}$ （2）

其次，计算指标的熵值：$h_j = \dfrac{1}{\ln n} \sum_{i=1}^{n} S_{ij} \ln S_{ij}$ （3）

再次，计算指标的差异度：$\alpha_j = 1 - h_j$ （4）

最后，计算指标的权重：$w_j = \alpha_j \Big/ \sum_{j=1}^{m} \alpha_j$ （5）

3. 旅游产业与文化产业综合评价模型

旅游产业与文化产业的综合评价采用线性加权法计算，其公式为

$$u_i = 1,2 = \sum_{j-1}^{m} w_j u_{ij} \qquad (6)$$

式中，表示旅游产业与文化产业的综合发展水平，表示指标权重，表示标准值。

（五）耦合协调度评价模型

耦合原是物理学中的概念，是指两个或两个以上的系统或运动形式通过相互作用而彼此影响。借鉴物理学中容量耦合系数模型分析旅游产业与文化产业的耦合度，其表达式为

$$C_n = \sqrt{(u_1 \times u_2)/(u_1 + u_2)^2} \qquad (7)$$

式中，表示旅游产业与文化产业的耦合度，和分别表示旅游产业和文化产业综合发展水平。耦合度的取值范围为0~1，值越大，耦合度越高，反之则越小。根据耦合度公式不难看出，耦合度只能反映旅游产业与文化产业的关联程度，如果旅游产业与文化产业综合发展水平都比较低，其耦合度仍然较高。为避免此类情况，并且为了反映旅游产业与文化产业的协调发展水平，在借鉴相关学者研究成果的基础上，引入耦合协调模型，其公式为

$$D = \sqrt{C \times T} \text{，其中，} \quad T = \alpha u_1 + \beta u_2 \qquad (8)$$

式中，表示旅游产业与文化产业耦合协调度，表示旅游产业与文化产业的协调发展水平指数，为待定系数。考虑到旅游产业与文化产业在国民经济和社会发展中的地位同等重要，借鉴相关研究成果 [15] 及专家意见之后，本文将均定为0.5。

为了直观地反映旅游产业与文化产业协调发展情况，在参考相关专家 [32] 的研究成果的基础上，将两个产业系统的耦合协调度进行等级划分，见表2。

表 2　耦合协调等级划分标准

耦合协调度	0~0.09	0.10~0.19	0.20~0.29	0.30~0.39	0.40~0.49
耦合协调度等级	极度失调	严重失调	中度失调	轻度失调	濒临失调
耦合协调度	0.50~0.59	0.60~0.69	0.70~0.79	0.80~0.89	0.90~1.00
耦合协调度等级	勉强协调	初级协调	中级协调	良好协调	优质协调

四、结果与分析

（一）旅游产业与文化产业的综合发展水平分析

对所取指标进行标准化处理之后，按照熵值法计算各指标权重（见表1），然后分别计算2010—2014年长江经济带沿线各省旅游产业发展指数、文化产业发展指数（见表3），并将其绘制成图2、图3。由图2和图3可以看出，长江经济带沿线各省旅游产业与文化产业水平省际之间差异较大，且两大产业发展态势具有相似性。

表 3　长江经济带旅游产业与文化产业评价指数

年份＼地区	上海	江苏	浙江	安徽	江西	湖北	湖南	重庆	四川	贵州	云南
2010	0.8228	0.3688	0.3818	0.1157	0.0783	0.1454	0.1408	0.1828	0.2089	0.0690	0.1142
	0.8325	0.4093	0.4416	0.2013	0.1885	0.1908	0.1776	0.2375	0.2066	0.1278	0.1460
2011	0.8038	0.4209	0.4658	0.1532	0.0937	0.1749	0.1586	0.1661	0.1775	0.0792	0.1290
	0.8266	0.3967	0.4168	0.2138	0.2369	0.1585	0.1654	0.2575	0.1806	0.1213	0.1341
2012	0.8030	0.4074	0.3990	0.1553	0.0906	0.2021	0.1455	0.1748	0.1836	0.0536	0.1197
	0.8777	0.4181	0.4685	0.1617	0.2320	0.1780	0.1776	0.2351	0.2016	0.1336	0.1477
2013	0.8067	0.3607	0.3738	0.1574	0.1027	0.2102	0.1717	0.1643	0.1836	0.0543	0.1171
	1.5203	0.6178	0.5281	0.2152	0.2123	0.2086	0.2055	0.3122	0.2202	0.1820	0.1303
2014	0.8135	0.3275	0.3959	0.1520	0.1153	0.1739	0.1248	0.1494	0.1741	0.0721	0.1050
	0.7846	0.3824	0.4721	0.2083	0.1814	0.1998	0.2070	0.2578	0.2329	0.1775	0.1702

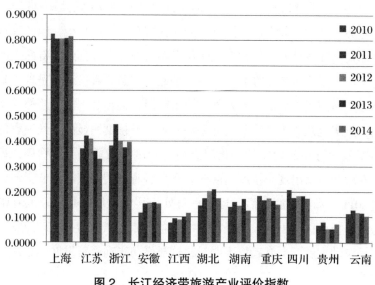

图2 长江经济带旅游产业评价指数

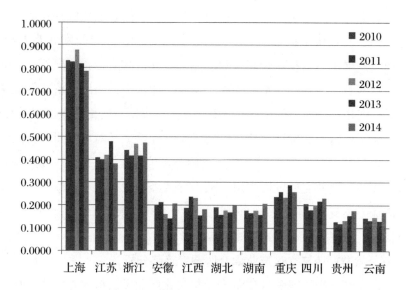

图3 长江经济带文化产业评价指数

从时间演化上来看,2010—2014年,上海市旅游产业与文化产业发展均较为平稳,且一直处于高水平状态。江苏、浙江两省旅游产业与文化产业则处于波动状态。2010—2014年,旅游产业方面,浙江省出现先上升后下降之后再上升的趋势，而江苏省则在2011年达到最高值后一直处于缓慢下滑的趋势。文化产业方面，江苏、浙江两省总体发展平稳，但江苏省旅游产业整体较浙江省稍弱，仅在个别年份会超过浙江省。其余各省两大产业发展情况不一。如旅游产业方面，江西、湖北、安徽等省份近年呈现小幅度上升的趋势，而四川、重庆等省则处于波动阶段，甚至有下滑的趋势。文化产业方面，重庆近几年出现稳步上升趋势，且上升幅度明显高于其他省份；而江西与安徽两省在2012年达到顶峰之后，2013年则呈现下降趋势，2014年江西和安徽两省又出现小幅度的回升。其余各省如湖北、湖南、贵州、四川等，自2011年降至谷底之后，近年一直处于缓慢发展的状态，上升幅度较小。通过分析可以看出，长江经济带沿线各省旅游产业与文化产业总体发展平稳，呈波动发展，上升趋势不明显，这显然与当前经济发展的总体趋势具有一致性。

从空间差异上来看，无论是旅游产业还是文化产业，作为我国经济发展中心的上海市均高于其他省份；而江苏、浙江两省地理位置相近，经济实力相当，文化传承也是同宗同源，因此江苏和浙江之间发展差距较小，两大产业发展水平也相对较高；除上述三省外，其余各省情况不一。如湖北、湖南两省，旅游产业水平要高于文化产业水平；四川、重庆等地文化产业水平则相对较高；而安徽省境内文化资源丰富，文化产业也相对发达，从而带动了旅游业的发展。值得注意的是，江西、云南与贵州三省两大产业发展水平始终处于后三位。究其原因，可能是上述三省境内地形崎岖，多山地丘陵，致使交通发展受阻，从而导致经济发展相对落后。这说明旅游产业与文化产业的发展，不仅受资源条件的限制，还受其地理环境、交通状况、经济发展水平等其他因素的影响。

五、旅游产业与文化产业耦合协调度趋势分析

将长江经济带沿线各省旅游产业与文化产业发展指数先后代入耦合度及耦合协调度模型，从而得到旅游产业与文化产业耦合协调度指数（见表4），通过分析可以发现，长江经济带沿线各省两大产业系统耦合协调水平整体较低，且各省之间差异较为明显。

从时间演化上来看，长江经济带沿线各省两大产业耦合协调发展相对较为平稳。2010—2014年，上海市两大产业系统耦合协调水平一直处于较为稳定状态，相较于2010年，2014年上海市两大产业系统耦合协调水平稍有回落，但回落幅度不大，这与当前经济增长速度放缓，人们收入预期降低的经济大背景有一定的关系；江苏、浙江两省旅游产业与文化产业耦合协调水平一直处于中等。2010—2012年，江苏、浙江两省旅游产业与文化产业耦合协调水平有所上升。2013年，浙江省两大产业系统耦合协调水平则有所回落，而江苏省继续上升。2014年则相反，浙江省其耦合协调水平开始上升，而江苏省则有所回落。其余各省市如重庆、四川、湖北、湖南等，其两大产业系统耦合协调水平相对变化不大。上述四省市其旅游产业与文化产业协调发展虽然较为稳定，但整体水平不高，未来仍然需要加强两大产业之间的融合发展。值得注意的是，贵州省两大产业耦合协调水平自2010年起一直处于长江经济带沿线各省的最末位，虽然整体呈现上升趋势，但由于其两大产业基础较弱，经济实力相对较低，其协调发展道路仍然比较艰巨。

表4　长江经济带旅游产业与文化产业耦合协调度时间演化

年份\地区	上海	江苏	浙江	安徽	江西	湖北	湖南	重庆	四川	贵州	云南
2010	0.6433	0.4408	0.4531	0.2762	0.2464	0.2886	0.2812	0.3228	0.3223	0.2167	0.2541
2011	0.6384	0.4520	0.4694	0.3008	0.2729	0.2885	0.2846	0.3216	0.2992	0.2214	0.2564
2012	0.6479	0.4543	0.4649	0.2815	0.2692	0.3079	0.2835	0.3184	0.3101	0.2057	0.2579
2013	0.6376	0.4560	0.4444	0.2738	0.2516	0.3066	0.2867	0.3296	0.3162	0.2142	0.2485
2014	0.6320	0.4207	0.4649	0.2983	0.2689	0.3053	0.2835	0.3132	0.3173	0.2378	0.2586

从空间差异上来看，长江经济带两大产业系统耦合协调水平省际之间差异较大。其中，上海作为全国经济中心，旅游产业与文化产业发展状况相对较好，其耦合协调水平也相较于其他省份要高。江苏、浙江两省同属于长三角地区，经济实力雄厚，文化资源丰富，其旅游产业与文化产业耦合协调水平虽不及上海市，但要高于除上海以外的其他省市。四川、重庆

经济发展速度较快，旅游资源及文化资源相对都比较丰富，其两大产业耦合协调水平发展也相对较快；其余各省如江西、安徽、云南、贵州等省，其两大产业耦合协调水平较低，这与其经济发展及资源禀赋有较大关系。

六、旅游产业与文化产业耦合协调度的等级分析

根据上述耦合协调度评价等级标准，可以得到长江经济带沿线各省旅游产业与文化产业耦合协调等级（见表5）。由表5可以看出，长江经济带沿线2010—2014年旅游产业与文化产业耦合协调等级各省之间差异较大，除上海市处于初级协调之外，其余各省市大都处于失调或濒临失调的状态。从时间演化上来看，上海市两大产业系统耦合协调等级发展较为稳定，自2010年起基本上已经处于初级协调水平。江苏、浙江两省之间差异性较小，自2010年起基本处于濒临失调的状态。其余各省市大都处于失调状态，其中重庆市2010—2014年旅游产业与文化产业较为稳定，一直处于轻度失调的状态；湖北、四川两省两大产业耦合协调等级有所上升，均从2010年的重度失调状态上升至2014年的轻度失调状态。安徽、江西、湖南、贵州、云南五省则一直处于重度失调状态，但从历年的发展趋势上来看，上述五省旅游产业与文化产业耦合协调等级也一直处于波动状态，偶有上升，但上升幅度较小。

从空间差异上来看，东部地区明显好于中西部地区。其中，处于长三角地区的上海、江苏、浙江三省经济发达，交通便利，旅游产业与文化产业发展状况良好，因此其耦合协调等级也相对较高，基本实现初级协调；处于四川盆地的四川、重庆两省市，境内旅游资源和文化资源都相对较为丰富，其旅游产业与文化产业耦合协调水平增长速度也相对较快；处于长江中游地区的湖南、湖北两省，地理位置优越，交通通达度较高，旅游产业与文化产业基础较好，发展速度也相对较快；处于中部地区的江西、安徽两省境内多低山丘陵，交通不便，经济实力相对较弱，但其境内旅游资源与文化资源较为丰富，两大产业系统发展前景也比较广阔；处于云贵高原地区的云南、贵州两省经济水平相对较低，因此其旅游产业与文化产业的发展受到一定限制，导致其耦合协调等级有待提升。

表5 长江经济带旅游产业与文化产业耦合协调度等级

年份＼地区	2010	2011	2012	2013	2014
上海	初级协调	初级协调	初级协调	初级协调	初级协调
江苏	濒临失调	濒临失调	濒临失调	濒临失调	濒临失调
浙江	濒临失调	濒临失调	濒临失调	濒临失调	濒临失调
安徽	重度失调	轻度失调	重度失调	重度失调	重度失调
江西	重度失调	重度失调	重度失调	重度失调	重度失调
湖北	重度失调	重度失调	轻度失调	轻度失调	轻度失调
湖南	重度失调	重度失调	重度失调	重度失调	重度失调
重庆	轻度失调	轻度失调	轻度失调	轻度失调	轻度失调
四川	轻度失调	重度失调	重度失调	轻度失调	轻度失调
贵州	重度失调	重度失调	重度失调	重度失调	重度失调
云南	重度失调	重度失调	重度失调	重度失调	重度失调

七、旅游产业与文化产业耦合协调度的类型分析

通过比较两大产业系统之间的差异，可将耦合协调度分为三种类型：当＞时，为文化产业滞后型；当＝时，为旅游产业与文化产业同步型；当＜时，为旅游产业滞后型。据此可以得出长江经济带旅游产业与文化产业耦合协调度类型（见表6），并据此分析长江经济带旅游产业与文化产业耦合协调的影响因素。

总的来看，长江经济带沿线各省市文化产业的发展水平普遍要高于旅游产业。其中，上海市旅游产业发展迅速，从2010年的旅游产业滞后，到2014年时旅游产业已经超过文化产业的发展水平。江苏、浙江、安徽三省先后经历了旅游滞后与文化滞后的波动发展，但总体而言上述三省旅游产业的发展水平不及文化产业，尤其是近年，虽然旅游产业也经历了快速发展，但仍未超越文化产业，这与上述三省文化资源丰富，文化产业基础雄厚有重要关系。湖南、湖北两省从2010年的旅游滞后到2013年的文化

滞后，这与上述两省近年不断加大旅游产业资金扶持力度，重视旅游产业的发展状况有关，经过不断的发展，两省旅游产业的发展水平逐渐的超过了文化产业。江西、重庆、贵州、云南四省一直处于旅游滞后的状态，这与上述四省境内文化资源丰富、文化产业发展迅速形成了强烈的对比，说明上述四省旅游产业与文化产业尚未形成协调发展，旅游产业在发展过程中，尚未从文化资源中获得支持，未来需要重点挖掘发展旅游产业的文化支撑点，以文化资源为基础，促进旅游产业与文化产业的协调发展。

表6　长江经济带旅游产业与文化产业耦合协调度类型

年份 / 地区	2010	2011	2012	2013	2014
上海	旅游滞后	旅游滞后	旅游滞后	旅游滞后	文化滞后
江苏	旅游滞后	文化滞后	旅游滞后	旅游滞后	旅游滞后
浙江	旅游滞后	文化滞后	旅游滞后	旅游滞后	旅游滞后
安徽	旅游滞后	旅游滞后	旅游滞后	文化滞后	旅游滞后
江西	旅游滞后	旅游滞后	旅游滞后	旅游滞后	旅游滞后
湖北	旅游滞后	文化滞后	文化滞后	文化滞后	旅游滞后
湖南	旅游滞后	旅游滞后	旅游滞后	文化滞后	旅游滞后
重庆	旅游滞后	旅游滞后	旅游滞后	旅游滞后	旅游滞后
四川	文化滞后	旅游滞后	旅游滞后	旅游滞后	旅游滞后
贵州	旅游滞后	旅游滞后	旅游滞后	旅游滞后	旅游滞后
云南	旅游滞后	旅游滞后	旅游滞后	旅游滞后	旅游滞后

八、结论

本文根据旅游产业与文化产业交互耦合的作用机理，构建旅游产业与文化产业综合评价指标体系，并通过耦合协调模型，对长江经济带沿线各省旅游产业与文化产业发展水平进行综合测度，并对两大产业系统耦合协调水平进行系统分析，得出以下结论。

第一，长江经济带沿线各省市旅游产业与文化产业关联度较高，且两大产业系统发展状况具有相似性。其中，上海市作为全国经济中心和对外贸易的窗口，其旅游产业与文化产业发展水平相较于其他省份要好；江苏、浙江两省地理位置相近，经济实力相当，文化传承更是同宗同源，因此两省之间发展差距较小，两大产业的发展水平虽不及上海市，但要明显高于其他省份；其余省市发展状况不一，但要明显落后于上述三省市。

第二，长江经济带沿线各省市两大产业系统耦合协调水平整体较低，且各省市之间差异较为明显。其中，上海作为全国经济中心，旅游产业与文化产业发展状况相对较好，两大产业系统的耦合协调水平也相对较高；江苏、浙江两省同属于长三角地区，经济发达，旅游资源和文化资源相对较为丰富，其旅游产业与文化产业耦合协调水平处于中等水平；其他如湖南、湖北、四川、重庆等省市两大产业系统耦合协调水平相对较低，但发展空间仍然较大；江西、云南、贵州三省两大产业系统耦合协调水平长期处于后三位。

第三，长江经济带沿线各省耦合协调度等级整体不高，除上海市处于初级协调以外，其余各省基本处于失调或濒临失调的状态。上海、江苏、浙江等地同属于长三角地区，经济发达，交通便利，旅游产业与文化产业发展状况良好，其耦合协调度等级相对较高，达到初级协调水平；湖北、湖南、四川、重庆等省市，旅游资源和文化资源都相对比较丰富，加之当地政府大力扶持新兴产业，因此上述省市两大产业系统耦合协调等级目前虽不理想，但具有较大的上升空间；安徽、江西两省旅游资源和文化资源都比较丰富，但其两大产业系统耦合协调度基本处于失调状态，可能是由于其经济发展水平较低，在一定程度上限制了旅游产业与文化产业的发展；云南、贵州两省同处于云贵高原，地形崎岖，交通不便，因此其两大产业的发展也受到了很大程度的影响。

参考文献

[1] 侯兵，周晓倩.长三角地区文化产业与旅游产业融合态势测度与评价[J].经济地理，2015，11：211-217.

[2] 李星明.旅游文化概论[M].武汉：华中师范大学出版社，2007.

[3] 翁钢民，李凌雁.中国旅游与文化产业融合发展的耦和协调度及空间

相关分析 [J]. 经济地理，2016，36（1）：178-185.

[4] 谢双玉，冯娟.2015中国旅游业发展报告 [M]. 北京：中国旅游出版社，2015.

[5] 肖建勇，郑向敏. 旅游产业融合：动因、机理与效应 [J]. 商业研究，2012（1）：172-175.

[6] 张琰飞，朱海英. 西南地区文化演艺与旅游流耦合协调度实证研究 [J]. 经济地理，2014，34（7）：182-187.

[7] 范红艳，薛宝琪. 河南省旅游产业与文化产业耦合协调度研究 [J]. 地域研究与开发，2016，04：104-109.

[8] Mckercher B，Cros H，McKercher R B．*Cultural Tourism：The Partnership between Tourism and Cultural Heritage Management* [M]．New York：The Haworth Hospitality Press，2002.

[9] Smith V.．*Hosts and Guests：The Anthropology of Tourism*[M]．2nd ed．Philadelphia：University of Pennsylvania Press，1989：1 — 17.

[10] Aoyama Y.．The Role of Consumption and Globalization in A Cultural Industry：The Case of Flamenco[J]．Geoforum，2007，38（1）：103 — 113.

[11] Bachleitner R.，Zins A .H.．Cultural Tourism in Rural Communities：The Residents' Perspective[J]．Journal of Business Research，1999，44（3）：199 — 299.

[12] Taylor J.．Authenticity and Sincerity in Tourism[J]．Annals of Tourism Research，2001，28（1）：7   26.

[13] Kole S. K.Dance，representation，and politics of bodies："thick description" of Tahitian dance in Hawaiian tourism industry[J]. Journal of tourism and cultural chance，2010，8（3）：183-205.

[14]Connell J.. Film tourism-Evolution，progerss and prospects[J].Tourism Management，2012，33（5）：1007—1029.

[15] Kostopoulou S.. On the revitalized waterfront：creative milieu for creative tourism [J].Sustainability，2013，5（11）：4578-4593.

[16] 黎洁，李垣. 历史文化名城文化产业与旅游产业整合创新的目标模

式研究——以云南大理为例 [J].思想战线，2001，01：63-65.

[17] 汪清蓉.文化产业与旅游产业整合创新模式研究——以佛山市文化与旅游产业为例 [J].广东商学院学报，2005，01：68-72.

[18] 刘艳兰.实景演艺：文化与旅游产业融合的业态创新——以桂林阳朔《印象·刘三姐》为例 [J].黑龙江对外经贸，2009，08：105-106+111.

[19] 张琰飞，朱海英.西南地区文化演艺与旅游流耦合协调度实证研究 [J].经济地理，2014，07：182-187.

[20] 周叶.基于灰色系统理论的江西文化产业与旅游产业耦合发展 [J].江西社会科学，2014，03：41-45.

[21] 舒小林，高应蓓，张元霞，杨春宇.旅游产业与生态文明城市耦合关系及协调发展研究 [J].中国人口·资源与环境，2015，03：82-90.

[22] 李凌雁，翁钢民.我国旅游与文化产业融合发展水平测度及时空差异分析 [J].地理与地理信息科学，2015，31（6）：94-99.

[23] 程晓丽，祝亚雯.安徽省旅游产业与文化产业融合发展研究 [J].经济地理，2012，09：161-165.

[24] 杨春宇，邢洋，左文超，肖宏，高红艳.文化旅游产业创新系统集聚研究——基于全国31省市的PEF实证分析 [J].旅游学刊，2016，04：81-96.

[25] 邹辉，段学军.长江经济带研究文献分析 [J].长江流域资源与环境，2015，10：1672-1682.

[26] 刘欢，邓宏兵，李小帆.长江经济带人口城镇化与土地城镇化协调发展时空差异研究 [J].中国人口·资源与环境，2016，05：160-166.

[27] 张广海，冯英梅.旅游产业结构水平与城市发展水平耦合协调发展度的时空特征分析——以山东省为例 [J].经济管理，2013，05：128-138.

[28] 郭施宏，王富喜，高明.山东半岛人口城市化与土地城市化时空耦合协调关系研究 [J].经济地理，2014，03：72-78.

[29] 张引，杨庆媛，闵婕.重庆市新型城镇化质量与生态环境承载力耦合分析 [J].地理学报，2016，05：817-828.

[30] 周成，冯学钢，唐睿.区域经济—生态环境—旅游产业耦合协调发

展分析与预测——以长江经济带沿线各省市为例 [J]. 经济地理，2016，03：186-193.

[31] 生延超，钟志平. 旅游产业与区域经济的耦合协调度研究——以湖南省为例 [J]. 旅游学刊，2009，08：23-29.

[32] 廖重斌. 环境与经济协调发展的定量评判及其分类体系——以珠江三角洲城市群为例 [J]. 热带地理，1999，19（2）：171-177.

长江经济带旅游合作机制研究 [①]

张祥[1,2]，李艳[1]，马远方[1]，肖扬[1]，贾俊[1]

（1.中国旅游研究院武汉分院，中国 武汉 430079；2.湖北经济与社会发展研究院，中国 武汉 430079）

摘要：旅游合作是促进长江经济带区域旅游协调发展的重要途径，在当前长江经济带上升为国家战略的背景下，设计科学合理的长江经济带旅游合作机制，以促进长江经济带旅游一体化乃至区域经济一体化，成为具有战略意义的命题。本文通过梳理长江经济带旅游合作历程，将长江经济带旅游合作划分为内容单一化合作的初始阶段、行业综合型合作的发展阶段和多元化全方位合作的提升阶段，并认为长江经济带旅游合作存在四个方面的问题：合作偏重于务虚，各自为政的局面尚未根本扭转；合作偏重于政府，旅游企业的积极性和主动性尚未发挥；合作受制于现行体制和地方保护主义，领域和空间尚待拓展；合作缺乏有效的推进机制，利益关系尚待理顺。基于上述分析，本文提出了由政府、企业及其联盟、社会组织参与的旅游合作的"认知共同体"机制，设计了会议机制、社会组织机构的参与机制等合作路径，提出了政府主导、企业主动、社会组织主动参与谋划的多元主体合作行动，以及旅游合作基金会、轮值制度、流动的秘书处等合作机构建设对策。

关键词：旅游合作；机制；长江经济带

---

① 基金项目：湖北经济与社会发展研究院招标课题"以旅游为突破口促进长江经济带发展研究"（编号：2015HBJSY002）

一、引言

当前，长江经济带已上升为国家战略，党中央、国务院对长江经济带提出了生态优先、绿色发展的战略方向，旅游业低能耗、低污染、高附加值的产业特性使其符合当前经济发展方式转型升级的总体思路[1]，在这种背景下，长江经济带11省市旅游业发展迎来了重要的战略机遇期。然而，长期以来，长江经济带存在着区域旅游发展不平衡的问题[2]，在"行政区经济"的作用下，区域间旅游合作及协调发展问题一直进展缓慢。在合作机制方面，也主要是长三角、成渝等发展较为成熟的城市群之间有部分初级的合作，系统的深入的合作机制与体系并未建立起来。长江经济带旅游合作是区域旅游分工发展的必然结果，随着地区旅游分工的深化，各省必然会依据自身在分工体系中的定位，通过寻求区域旅游合作避免重复建设，实现利益最大化。长江经济带旅游合作是提升区域旅游竞争力的必然要求，景区只有通过与周边（包括邻省）以及长三角地区加强合作，拓展发展空间，才能进一步提升竞争力，迎来新的增长期。长江经济带旅游合作是区域旅游无障碍化的必然选择，随着旅游产业的不断发展和竞争的日趋激烈，长江经济带各省各自为政的旅游开发模式日益受到挑战，地区之间迫切要求消除各种障碍，联合打造区域旅游品牌，实现区域无障碍化旅游。因此，如何构建长江经济旅游合作机制，成为促进长江经济带旅游发展的重要命题。

二、长江经济带旅游合作历程及现状

从长江经济带内部区域旅游合作来看，20世纪80年代是区域旅游合作的发动期，20世纪90年代是区域旅游合作的整合期，进入21世纪，区域旅游合作进入了高潮期。据此，可以将长江经济带区域旅游合作历程分为初始阶段、发展阶段和提升阶段。

（一）初始阶段（20世纪80年代）：小尺度、内容单一化合作

该阶段是以旅游业某个领域为内容，在空间区位优势的推动下的单一化旅游合作。在区域开展旅游合作的初期，区域之间出于利益的驱动，会利用周围资源的互补性而展开合作。这种合作主要发生在近邻空间，因为近邻空间有其他区域无法比拟的时间优势和空间优势。但这种合作是区域

之间自发的一种比较松散的合作，合作范围小，合作领域狭窄，合作内容也比较单一。这种合作一般是民间组织或企业组织完成的，双方的合作关系不够稳定，容易受到双方其他因素的影响而出现波动，是区域之间开展大规模旅游业合作的前奏和铺垫。例如，1992年以前，长三角区域开始进行小范围、低层次的旅游合作，如1988年"江浙沪旅游年"主题旅游活动的提出等，这种合作就属于此类型。

（二）发展阶段（20世纪90年代）：中尺度、行业综合型合作

该阶段以旅游行业为主要内容、企业为主体、市场推动下的全行业合作，是区域旅游合作发展到一定阶段的产物。随着经济的不断发展，市场的扩大，单一化的旅游合作已不能满足市场的需求。在市场的驱动下，旅游合作从初期的合作领域狭小、合作内容和途径单一的基础上不断扩大、提升而形成较为普遍的旅游业区域合作[3]。例如，1992年，上海、江苏、浙江联合推出"江浙沪游"的概念，从此长三角区域旅游合作开始高速发展，区域旅游合作范围不断扩大，合作层次不断升级，区域旅游合作进入行业综合型合作阶段。20世纪90年代中期，湖北、湖南、江西、河南四省联合发起建设"华中大旅游圈"，1995年四省12个城市在武汉召开了"大旅游协作研讨会"，探讨了构建华中大旅游圈、共谋区域旅游联合发展之策，合作进行了"华中大旅游圈跨世纪发展战略研究"等课题研究，合作重点集中于旅游资源整合、旅游宣传促销、客源共享、旅游线路设计、组织与推广等领域。云南、贵州、四川、重庆等西南省市区域也在20世纪90年代中期开始展开旅游合作，其合作平台有"西南五省区旅游协调会"，合作重点是健全旅游产业信息网络，加强旅游规划、旅游资源开发、商品开发、交通基础设施建设和旅游促销等方面的合作。围绕大香格里拉、红色旅游、生态旅游、民族风情旅游等专项产品，西南区各省市取得了一定的合作发展成果。

（三）提升阶段（21世纪以来）：大范围、多元化全方位合作

该阶段是众多产业参与、主体多元化、综合机制协调下的全方位旅游业区域合作。这时的区域旅游合作已不仅是旅游业的合作，而是包括与旅游业相关的众多行业之间的合作，区域主体呈现多元化，包括企业、民间组织、政府等[4]。随着合作的不断深入，交流、沟通与整合的过程促使政府的地位和作用不断凸现。

2002—2003年，国家旅游局等六部委和重庆、湖北、湖南、贵州、四川等五省市共同编制了《长江三峡区域旅游发展规划》，共同建设世界一流水平的旅游目的地。在规划的指导下，湖北、重庆两地在省级层面展开合作，签署了共同建设长江三峡无障碍旅游区的合作文件。2003年，长三角区域旅游合作在政府的推动下，长江三角洲15个城市及安徽黄山市签署了《长江三角洲旅游城市合作（杭州）宣言》，构建中国首个无障碍跨省市旅游区，实现长三角的旅游市场的联动开发。2007年长三角地区旅游高层联席会议在上海召开，审议并通过了《关于全面推进长三角地区旅游合作的若干意见》，长三角区域旅游合作范围和水平进一步提高和巩固在"江浙沪"两省一市的省级范围和水平层面，并辐射江西、安徽、福建、山东等省。这也标志着区域旅游合作进入了多元化全方位合作。2004年，中部地区湘、鄂、皖、赣、豫、晋六省共同签署了《中部旅游合作框架协议》，其核心价值目标取向是加强全面合作，实现市场共建、客源互动、协作共赢，具体行动包括建立决策协调机制和市场联动开发机制，构建统一市场体系，加强信息沟通和执法联动，开放旅游市场和服务等。

综上可知，长江经济带旅游合作历经初始阶段、发展阶段，目前已开展多元化全方位合作，到2014年，长江经济带旅游合作迎来了绝佳的战略机遇。2014年，国务院发布《关于依托黄金水道推动长江经济带发展的指导意见》和《长江经济带综合立体交通走廊规划（2014—2020年）》；另外，国务院编制的《长江经济带发展战略规划纲要》也已正式发布。2015年，为积极贯彻国家"一带一路"和长江经济带战略，依托黄金水道区域优势，"合作共赢，共话未来"长江经济带旅游产业合作论坛在上海举办，11个省市旅游管理部门的代表在本次论坛上，共同签署长江经济带旅游产业推广联合宣言，共促形成长江经济流域旅游业融合发展的大格局，将长江旅游带打造成为国际黄金旅游带。上述政策文件和合作论坛表明，长江经济带旅游合作将会继续提升到一个全新的发展阶段。

三、长江经济带旅游合作机制存在的问题

无论从国际视野，还是从国内发展来看，旅游业都具有鲜明的区域性。这种区域性，既与资源、要素等旅游供给的区域性分布有关，也同旅游需求的区域性形成相联，空间上表现为向心的中心地理结构。在市场经济条件下，区域旅游竞争是普遍的，但由于旅游资源禀赋的空间互补性、旅游活动的空间连续性以及区域文化内涵的相对一致性，正和博弈的区域旅游合作同样是必然的。改革开放以来，长江经济带区域旅游合作在经历了20世纪80年代的内容单一化合作阶段、80年代末至90年代的行业综合型合作阶段后，目前已进入了区域旅游合作的高潮期，正处于多元化全方位合作的提升阶段。尽管长江经济带推进区域旅游合作的努力已取得了可喜的成就，但进一步的发展仍然面临着一些突出的矛盾和问题。

（一）合作偏重于务虚，各自为政的局面尚未根本扭转

目前，许多地区都提出了加强区域旅游合作，打造"无障碍旅游区"的意愿和构想，但合作主要仍是重形式、重研讨、重宣言、重宣传，尽管有时会采取一定的行动推进合作进程，但合作机制难以持久，往往举办数次合作便告中断。例如湖北、湖南、安徽、江西、河南、山西中部六省建立了中部地区旅游协作年会以推进中部地区的旅游合作，但年会仅运作2004—2006年；2005年赣湘红色旅游区域合作高峰论坛签订了《"10+1"赣湘红色旅游区域合作宣言》，并主推韶山—安源—井冈山红色旅游专线，但无论是从两地政府营销的旅游专线，还是两地旅行社推出的红色旅游专线，上述红色旅游专线均未得到重视，两地红色旅游专线更多集中在省内，仍表现出各自为政的局面。再如湖北、河南、安徽三省签署了《大别山区域六市政府红色旅游合作协议》和《鄂豫皖三省六市36县大别山红色旅游区域联合宣言》，这些协议和宣言虽然对大别山旅游合作起到一定的推动作用，但只是停留在书面或口头上，还没有专门成立组织或机构去落实，实质性的合作还没有得到实施。其原因主要是宣言还停留在地区旅游行政管理层面上，缺乏具体的、可操作的、实实在在的政策、措施和手段。

（二）合作偏重于政府，旅游企业的积极性和主动性尚未发挥

区域旅游合作当然需要政府的努力，没有政府的介入和相关政策，合

作就缺乏必要的基础和条件。但区域旅游合作还需要落实到旅游企业的行为上，只有政府的积极性而没有企业的积极性，合作是难以深入持久的。目前长江经济带的旅游合作基本上都是政府主导型的，企业定位不清晰和角色边缘化是一个突出的问题。以区域旅游合作最为成熟的长三角为例，长三角自2003年2月开始举办江浙沪旅游年，创建了区域旅游合作品牌，随后，将这一机制不断延展，先后举办了长三角城市15+1（黄山）高峰论坛、江浙沪＋安徽"3+1旅游合作协议"，这一机制将长三角区域旅游合作的空间范围从江浙沪延展到了江浙沪＋安徽全境，合作内容也从旅游年的营销活动扩展到了全面合作。而在此过程中，其倡议或主持者就是各省市旅游局，并通过梳理近10年来长江经济带各省的区域旅游合作项目，发现其倡议者或者主持者90%以上是各地政府和旅游局，许多旅游企业却采取了一种观望的态度，有些旅游企业虽碍于情面或迫于压力参与了一些区域合作活动，却往往缺乏自身的积极性、主动性和创造性。其原因主要在于各地政府对外地旅游企业有一定的准入限制，这一点在旅行社行业尤为明显。旅行社导游在不同省域的带团资格并未得到互认，不同省域导游也存在着享受不到同城待遇的问题，这些都影响了旅行社跨省域开展业务的积极性。

（三）合作受制于现行体制和地方保护主义，领域和空间尚待拓展

"行政区经济"壁垒和地方保护主义的存在，分割了统一的市场，不仅限制了区域旅游竞争，而且也阻碍了区域旅游合作，两者均有损市场效率。例如，限制外地的旅游车辆进入本地景区，限制外地旅行社在本地开展业务，以对外歧视性的政策偏袒保护本地的旅游企业，另外，以"零团费""负团费"等手段争夺旅游客源，进行"两败俱伤"的恶性竞争；还有，对区域性的旅游资源进行分割使用，造成资源的不合理配置和功能性、结构性、低水平的重复建设，使区域旅游产品缺乏整体的特色、区域旅游经济难以形成竞争的合力。这一点在大别山的旅游开发利用上体现得尤为明显。大别山位于湖北、安徽、河南三省交界处，是长江经济带上重要的旅游支撑点，但是大别山部分知名旅游景区至今仍未得到统筹开发。如大别山天堂寨景区位于湖北罗田县和安徽金寨县交界处，两地都对自己属地内的部分进行了开发、经营、管理，由于属地管理的问题，至今仍是一块牌

子两个景区，资源的分割开发制约了其整体提升和优化。安徽旅游集团公司曾计划跨界收购湖北天堂寨景区，尽管这对整个天堂寨旅游做大做强有利，但最终不了了之。其原因在于隐形的边界屏蔽效应和地方保护主义[5]。位于湖北英山县和安徽霍山县交界处的大别山主峰景区也存在同样的问题，同一个名称，游客其实看到的是两个不同的景区，影响了大别山主峰景区的市场美誉度。

（四）合作缺乏有效的推进机制，利益关系尚待理顺

以行政力量推动区域旅游经济的分工协作，提升区域旅游经济的整体形象，增强区域的整体利益并实现各地自身利益的扩张，是目前长江经济带甚至是全国推进区域旅游合作的一种有效方法。但仅此是不够的，各地优势的互补或优势的叠加，一般会给各方带来较"单打独斗"获得的更大利益；可由于资源禀赋、区位分工等条件的差异，各方所能获得的利益不可能完全一样。这种错综复杂的利益关系，单靠行政机制或主要依靠行政机制都是难以理顺的，必须以多种机制来协调。如果合作的行为缺乏有效的激励和约束，合作的利益得不到合理的分享或补偿，则区域旅游合作必将难以为续[6]。长江经济带旅游合作是在政府推动下进行的，区域旅游合作中的纠纷，解决的方式主要以行政协调手段为主[7]。同时，长江经济带旅游合作主要发生在资源禀赋相似、区位相近的行政区域，例如长三角内部、中部六省之间、成渝都市圈内部，而这三大区域分别属于东中西部地区，社会经济分异明显，旅游收益十分错综复杂，即使同样收益的分配，也面临着许多问题，需要获得各方认同的设计机制来促进政策的落地与实施，一旦收益分享和补偿不到位，就会导致消极应付、甚至是拒绝参与[8]。之所以上三大区域之间的旅游合作推进困难、进展缓慢，相互之间的利益关系还未理顺是重要原因。

四、长江经济带旅游合作机制创新对策

（一）基于"认知共同体"的合作路径与模式

在区域化的影响下，各类经济活动日趋不受区域地理边界的限制，呈现出跨行政边界、多行政区域合作的特点。因此，"认知共同体"应运而生。具有显著合作区域属性，主旨在于有效处理区域之间旅游流互动及其

出现的有关问题、障碍和矛盾，谋求互利共赢与共同发展。因此，长江经济带旅游合作与协调必须依靠整个社会的共同努力，并构建由政府、企业及其联盟、非政府组织参与的新型的具有显著区域认知共识的区际与人际网络，为其促进旅游流的区域互动与协调发展提供一个新的途径模式与机制体制。

1. 会议机制

长江经济带旅游合作的机制体制可设计为定期或不定期的会议模式，其模式是多元的，如：研讨会、旅游协作会、联席会、协调会等，会议结果以纪要、宣言等形式，形成合作区域的各方共识，制定合作方案与措施，以推进合作进程与发展。

长江经济带旅游合作采取主题性会议模式有其便利性和可操作性：一是会议是由政府主导发起的，其召集或主办权是自愿承担的，机会是均等的、主持是轮流的，充分显示合作各方的平等地位；二是会议起缘具有与时俱进的特点，大都是针对大背景、大事件、大机遇而确定具有一定战略性的主题，能得到长江经济带合作各方的积极响应；三是会议机制是开放的，不具有约束性，一般与会各方关切的利益需求可以充分表达，各方较易达成共识；四是会议形成的共识，通过新闻媒体的传播，对于凝聚社会共识更有推动作用；五是合作会议对于举办方及参与各方的旅游形象、发展愿景、利益诉求、采取的政策和举措是一次重要的展示机会。更具有可持续性。

2. 社会组织机构的参与机制

目前，我国还没有出现具有局著区域性旅游合作发展影响的社会组织，也没有专司区域旅游合作命题的专业性学术研究机构或团体。但是，我国国内不乏旅游学术研究机构或行业协会。有一些协调机制，也是由社会组织的名誉商定形成和正在发挥着极其重要作用的。就是地方政府组织的旅游发展论坛等相关会议，也会凸显学术界、政府与行业协会的互动作用。这样的会议一般以宣言作为主要成果，通过媒体向社会公布传递一些区域性旅游发展对策建议与合作主张，以影响社会、凝聚共识。

3. "认知共同体"的合作共赢机制建构

随着长江经济带各省市合作理念、合作关系的不断深化，"区域认知

共同体"的成员地位相对平等、合作主题明确、参与机制开放、约束机制
以非制度性为主，主要有以下特点：一是由思维相似、具有共同专业背景
的公共机构专业人员所进行的活动；二是合作是建立在自愿基础上的；三
是合作联系的松紧程度取决于联系的形式；四是认知共同体代表着各区域
公众[9]。因此，必须建立"统筹规划、差异发展"的规划引领机制，"优势
互补、合作共赢"的协调机制，"政策统一，市场一体"的运行机制，"资
源互动、信息共享"的联动机制，以实现资源最优化、管理科学化、发展
高质化。

（二）"认知共同体"架构下多元主体的合作行动

长江经济带旅游合作实质是建构一种多元主体参与的公共治理架构，
政府、企业及其联盟、非政府组织都置于旅游合作网络之中，以交易、援
助及互惠关系、共同利益、共同价值追求与行为模式，通过相互依赖及共
享项目联结在一起，形成具有共同利益导向和目标诉求的相互依存的"认
知共同体"网络。

1. 政府主导

在"认知共同体"的伙伴关系网络中，政府依然发挥着主导作用。政
府具有制定和执行能够影响或规范人类行为和社会资源分配，处理社会矛
盾，调整人、社会和自然之间各种关系的政策和法则能力，成为长江经济
带旅游合作的主要行为主体[11]，是参与合作中的最重要的利益相关者，更
应该充分发挥区域旅游合作"认知共同体"的优势与作用，适应长江经济
带旅游发展需要，开展区域旅游合作专题研讨会，研究新问题、新挑战，
制定新任务、新方案、新目标，探讨新对策、新行动，推进长江经济带绿
色高质量发展和旅游合作机制健全、完善优化。

2. 企业主动

在"认知共同体"的伙伴关系网络中，企业及其联盟是重要的行为主
体，也是长江经济带旅游合作不可或缺的主动力量。无论是规模经济还是
范围经济扩张，旅游企业最直接、最主动超越行政区划界限而加强企业间
合作，在更大空间范围内构建其有机的大旅游产业链，深化"认知共同体"
网络，伙伴合作关系。企业参与长江经济带旅游合作的主动性，关键取决

于其在合作伙伴关系网络架构中的话语权地位，能够为长江经济带绿色发展和推进旅游合作进程中提出相关利益保障、服务标准、经营环境等，建设性的制度需求和建议，促进合作区域形成公平、公正、诚信、便民的旅游发展环境，保障长江经济带旅游合作战略利益的实现。

3.社会组织的主动参与谋划

在"认知共同体"的伙伴关系网络中，社会组织是推动长江经济带旅游合作"认知共同体"发展的重要力量，也是参与长江经济带旅游合作的智囊与主动谋划者。旅游协会、专业学术性智囊机构以及其他一些社会组织，围绕一些长江经济带旅游合作的战略性命题，自觉展开的学术研究及其决策建议和咨询成果，是推进长江经济带旅游合作的重要理论导向和社会舆论力量。长江经济带旅游合作需要科学的理论导向、实践评估、政策检讨等，通过"认知共同体"伙伴关系网络中的这些具有专业智囊团队属性的非政府组织，聚焦参与合作的利益相关者的合作意愿及利益诉求，评估合作进程、绩效及存在的问题，应对旅游发展所面对的机遇、危机与挑战，提出旅游合作发展的目标、战略、行动领域及相关政策、机制、路径，进而影响"认知共同体"内的地方政府和企业参与旅游合作的决策和行动，推进区域旅游一体化进程。

因此，"认知共同体"架构下的长江经济带旅游合作"政府主导、企业主动、社会组织主谋"机制，是一种能够融合政府、旅游企业和非政府组织等多方力量的机制体制。其中，参与合作的地方政府是合作区域旅游公共服务的供给者、组织者和领导者，在引领、调控与规范、服务等层面上为长江经济带旅游合作提供优质公共服务供给，营造良好的市场秩序和事业环境；企业是投资、经营、运行、服务层面上的合作主体，通过资金、技术、人才、产业、品牌等资源要素的区域性互动与组合，实现旅游经济利益的最大化和产品、服务的优质化；社会组织则发挥其非强制力、非营利性方式，了解旅游者与合作者需求，沟通政府与企业发展的利益诉求，为区域旅游合作发展提供战略性决策建议及相关方案、对策的供给，不断推进旅游合作发展的理论集成、政策建议和实践模式的创新。

（三）"认知共同体"架构下的权益让渡与机构能力建设

1. 旅游合作基金会与权益凝聚

旅游合作区域"认知共同体"的制度化会议等事务成本在大多数情况下，是需要承办方或合作伙伴成员给予资助的，因其参与的开放性、制度化的会议机制、平等的伙伴关系，可以采取基金会的模式，将认知共同体内部伙伴成员的相关权益转化为基金会的份额，按照份额分摊年度基金认缴额度，将合作伙伴的相关权益集聚在基金会里来，构筑"长江经济带旅游合作发展基金"，以资助旅游合作区域认知共同体的发展事务，维系合作发展的可持续性。旅游合作发展基金会工作的主要任务是面向旅游合作区域认知共同体内的伙伴成员，包括政府、企业、社会团体和个人募集资金；管理、监督旅游合作发展基金；推进旅游合作项目落实、评估；资助长江经济带旅游合作发展的理论、政策、实践研究，尤其是发展重大现实性命题的战略研究等与交流活动。

2. 轮值制度与流动的秘书处

在基金会模式下，长江经济带旅游合作认知共同体的运作模式可以借鉴"APEC 模式及其机制"。一是凸显合作成员的平等地位，实行组织领导权的年度轮值制度。会议主办权、举办地及主席角色是轮流制的，由轮办方出任主席，其所在地的省市也是会议举办地。二是随着轮值主席位置及角色在成员间的轮换，认知共同体的常设机构秘书处也应该是流动的，跟随者轮值主席的变化而变化。三是无论是轮值主席还是秘书处，其活动的职权都是由区域"认知共同体"赋权的，是在上一轮年度会议机制上达成共识的基础上开展的赋权性公共服务行动。四是年度性会议是合作伙伴成员之间的双边或多边活动的协调平台，协调长江经济带旅游合作发展过程中出现的新问题、新挑战、新矛盾，务实推进合作项目的进展和长江旅游经济绿色高质发展。

参考文献

[1] 钱远坤. 打造长江中游城市群旅游"金腰带"[J]. 学习月刊，2015，（5）：34-35.

[2] 方法林.长江经济带旅游经济差异时空格局演化及其成因分析 [J].南京师范大学学报（自然科学版），2016，39（1）：124-131.

[3] 靳诚，徐菁，陆玉麒.长三角区域旅游合作演化动力机制探讨 [J].旅游学刊，2006，21（12）：43-47.

[4] 吴军.中国区域旅游合作时空演化特征分析 [J].旅游学刊，2007，22（8）：35-41.

[5] 刘汉成，夏亚华.跨界旅游合作面临的困境与整合开发——以大别山地区为例 [J].企业经济，2012，（5）：138-140.

[6] 王永刚，李萌.旅游一体化进程中跨行政区利益博弈研究——以长江三角洲地区为例 [J].旅游学刊，2011，26（1）：24-30.

[7] 易志斌.区域旅游合作框架协议存在的问题及评析 [J].城市问题，2012，（6）：68-71.

[8] 王凯，王丛丛，席建超，等.上海—长沙—张家界旅游互动关系研究 [J].热带地理，2010，30（6）：674-680.

[9] 汪宇明.旅游合作与区域创新 [M].北京：科学出版社，2009.

[10] 刘俊，李云云，林楚，等.长江旅游带旅游资源空间格局研究 [J].长江流域资源与环境，2016，25（7）：1009-1015.

[11] 朱红兵，冯翔.长三角区域旅游合作发展模式分类及评价研究 [J].地理与地理信息科学，2014，30（3）：108-113.

长江经济带旅游发展的生态绩效水平评价研究

许贤棠

（湖北师范大学历史文化学院旅游系，湖北黄石 435002）

摘要：本文以长江经济带为研究区域，构建区域旅游发展绩效的评价指标体系，筛选和细化得出各项评价指标因子，选择不同时空尺度进行旅游发展绩效量化评价，客观分析长江经济带旅游发展进程中的生态绩效水平，以全面反映长江经济带各省域在旅游发展进程中的绩效差异性以及演化态势，并科学研判未来区域旅游发展方向，明晰区域旅游发展成果或效能的提升路径。

关键词：长江经济带；旅游发展；旅游生态绩效；评价

当前，我国的经济发展方式正在发生和经历着转变与升级，绿色发展、循环发展的主旨要求不断明确和加强，保护环境的产业结构和生产方式成为当下中国区域发展的重点内容。旅游业是一类立足于自然生态环境、对环境友好、污染较小的绿色产业。旅游发展向来注重对旅游目的地的自然生态系统进行维系、生态环境加强保护、经济社会发展持续推动、居民生活水平不断提高和游客环保意识给予教育。在生态文明建设与环境保护已然成为发展新常态的宏观格局下，旅游业发展的生态价值得以极力彰显，生态效应获以充分释放，逐步构建形成生态文明建设的重要支撑。

围绕旅游发展的绩效水平这一内容，国内学者进行了一系列的探讨与研究，众说纷纭，莫衷一是。比较有代表性的有：阎友兵，殷建立（2012）立足于社区居民视角，认为旅游发展绩效包含政治、经济、环境效益三个方面内容，并以韶山为例，评价了红色旅游发展绩效。曹芳东，黄震方等人（2013）认为，旅游业绩效是旅游业发展过程中所取得成果的总和，并体现在经济、市场、效率及公平四个层面，包含了对地区经济的贡献、市场规模的扩大、效率的逐步提升以及旅游促公平的能力。汪秋菊，刘宇（2014）将旅游发展绩效定义为旅游业在其发展过程中所产生的成绩和效益，是对旅游地国家（区域）的经济、社会和环境等产生的作用和效果。魏峰群，张书红，李阳等人（2015）则认为，旅游发展"绩效"主要是指旅游企业或旅游目的地向游客提供服务的水平和能力，以及所获取的旅游经济收益。在区域旅游发展的绩效水平的认知方面，学者们的研究视角更多地将旅游业放在其"经济性""社会性"的功能体现和作用彰显，而对旅游发展的"生态性"关注相对欠缺，尤其是在绿色发展理念成为当下中国的核心发展理念之一背景下，对旅游发展的生态性绩效未予以足够的重视。

　　为此，学界应与政界、业界一道，更加全面、更为理性地认知和反思当前旅游业发展的成败得失，着重凸显旅游发展在促进区域经济、文化、社会、生态等多方面发展的作用，推动区域旅游发展由主要发挥经济功能向发挥综合功能转变，使旅游业发展真正成为推动中国绿色发展的引擎。本文以长江经济带为研究区域，构建区域旅游发展绩效的评价指标体系，筛选和细化得出各项评价指标因子，选择不同时空尺度进行旅游发展绩效量化评价，客观分析长江经济带旅游发展进程中的生态绩效水平，以全面反映长江经济带各省域在旅游发展进程中的绩效差异性以及演化态势，并科学研判未来区域旅游发展方向，明晰区域旅游发展成果或效能的提升路径。

　　一、旅游生态绩效的概念界定

　　旅游生态绩效是指人们利用旅游资源环境过程中所反馈给生态环境的成果或效能，重点是要考虑旅游发展的综合效应的生态内核，即旅游业发展与当地环境系统结构和功能上的相应变化之间的关联效果，主要根据区域旅游发展过程中森林覆盖率、人均公共绿地面积、万人拥有公厕数等指标数据变化情况，考察其对生态环境的保护和改善所形成的环境质量绩效。这也是区域旅游实现可持续发展、践行生态文明建设的重要体现。

　　二、研究的时间与空间范围

　　（一）研究的时间范围

　　区域旅游发展生态绩效问题研究应该涉及改革开放至今的较长时序，

但综合考虑到长期以来旅游发展过于突出其"经济性""社会性"而对其"生态性"关注不足，造成相关统计数据的难以获取的现实因素，本文重点关注其中一特定时间范围的问题，将研究的时间范围确定为自2004年年初至2013年年底的十余年时间。结合21世纪以来我国旅游发展进程中的重大主题、重要事件和热点问题，并考虑相关制度实施效果的延后性，选择了2004年、2007年、2010年、2013年几个具有代表性的年份作为研究的时间节点。

（二）研究的空间范围

按照中共中央审议通过的《长江经济带发展规划纲要》的范围界定，长江经济带涵盖上海、江苏、浙江、安徽、江西、湖南、湖北、重庆、四川、云南、贵州等长江沿岸的11个省市。2014年统计数据显示，长江经济带覆盖全国逾五分之一面积，涵盖全国总人口的41%，GDP总量为25.95万亿元，约占全国GDP总量（31个省区市GDP总量之和）的41.2%。

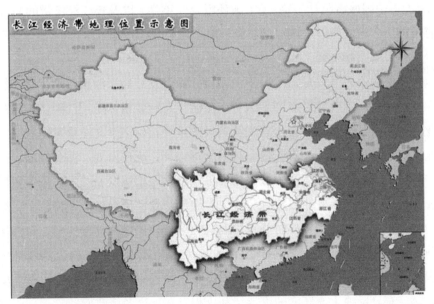

注：该图基于国家测绘地理信息局标准地图服务网站下载的审图号为GS（2016）2923号的标准地图制作，根据研究区域运用裁剪工具进行裁剪，底图无修改。

图1 研究区域的地理位置示意图

长江经济带"承东启西、贯通南北"，是我国的综合实力最强、战略支撑作用最大的区域之一，同时作为重要的旅游客源区和典型的旅游资源区，也是我国旅游全方位开放、旅游跨区域协同的代表性区域，旅游业肩负起特殊使命和重要职能，在区域经济产业转型、社会结构调整和新型城镇化建设等方面体现先导产业地位和先行示范作用。

三、旅游发展的生态绩效评价

（一）数据来源

GIS 空间分析的工作底图所用的中国基础地理信息 shp 格式矢量图数据，来源于国家基础地理信息中心（www.ngcc.cn）的 1 ： 400 万地图数据库。通过 ArcGIS 数字化（采用 Lambert Conformal Conic 坐标投影系统）处理进行地理坐标配准。矢量图的信息层有行政区划层（面状数据）、省会城市层（面状数据）、道路层（线状数据）等。

旅游发展的生态绩效评价相关数据主要来自 2005—2014 年《中国统计年鉴》《中国旅游统计年鉴》《中国环境统计年鉴》以及长江经济带的 11 个省市的历年统计年鉴、国民经济和社会发展统计公报等。

（二）指标选择

自然生态环境是旅游业发展的基础，旅游发展向来注重自然生态系统和环境保护，重视旅游者环境教育。旅游生态绩效指标是长江经济带旅游业实现可持续发展，践行生态文明建设的重要指标。本文注重突出旅游产业发展的环境影响与生态价值，认为新形势下，绿色发展、循环发展、保护外境的产业结构和生产方式成为发展重点，旅游业发展的生态价值得以极力彰显，生态效应获以充分释放。在旅游绩效评价指标体系构建中，以生态文明理论指导引领旅游业发展的研究评价，选择森林覆盖率，自然保护区面积占辖区总面积比率、生活垃圾无害化处理率、人均公共绿地面积、每万人居民拥有公厕数、治理固体废物项目完成投资等多个生态环境指标，充分反映生态环境的可持续利用程度和地区各级政府及管理部门对环境保护的资金投入状况，通过对这些指标数据的分析评价，大致能够客观反映出区域旅游发展过程中的旅游生态绩效表现，更好地推动区域旅游发展向绿色、循环、低碳、高新、战略型产业发展。

表1 旅游发展的生态绩效评价指标体系表

要素层	指标因子层	指标因子解释	单位	指标数据来源
A1 旅游环境绩效	B1 森林覆盖率	森林覆盖面积/土地总面积	%	历年《中国统计年鉴》《中国环境统计年鉴》等
	B2 自然保护区面积占辖区总面积比率	自然保护区面积/辖区总面积	%	历年《中国统计年鉴》《中国环境统计年鉴》等
	B3 生活垃圾无害化处理率	无害化处理的垃圾量/总处理垃圾量	%	历年《中国统计年鉴》《中国环境统计年鉴》等
	B4 人均公共绿地面积	公共绿地总面积/常住人口数量	平方米	历年《中国统计年鉴》《中国环境统计年鉴》等
	B5 每万人居民拥有公厕数	公共厕所数量/万人居民数量	个/万人	历年《中国统计年鉴》《中国环境统计年鉴》等
	B6 治理固体废物项目完成投资	治理固体废物项目所完成的实际投资额	万元	历年《中国统计年鉴》《中国环境统计年鉴》等
	B7 治理噪声项目完成投资	治理噪声项目所完成的实际投资额	万元	历年《中国统计年鉴》《中国环境统计年鉴》等

（三）评价方法

首先，在采用归一化方法对长江经济带旅游发展的生态绩效各项指标数据进行无量纲化处理的基础上，通过熵值法对所构建的长江经济带旅游发展的生态绩效评价指标赋权。熵值赋权法由各个样本的实际数据求得最优权重，反映了指标信息熵值的效用价值，避免了人为的影响因素，因而给出的指标权重更具有客观性，从而具有较高的再现性和可信度。

其次，运用ESDA（Exploratory Spatial Data Analysis，探索性空间数据分析）方法，以空间关联测度为核心，在GIS的平台下将图形数据的空间分析与属性数据相结合，利用局部关联系数进行ArcGIS空间关联分析，研究揭示长江经济带旅游发展的生态绩效的空间分异格局。

（四）评价结果

1.生态绩效水平的数值化测定

本文数值化测定的对象是长江经济带11省市的（上海、江苏、浙江、

安徽、江西、湖北、湖南、重庆、四川、重庆和云南）旅游发展的生态绩效
水平，目的是根据评估结论探析各省市旅游发展的生态绩效差异情况，从而
能够有的放矢地提出有关促进长江经济带绿色发展新格局的对策与建议。

　　首先应用收集整理到的2004年、2007年、2010年、2013年四个时间
截面数据，在无量纲化处理的基础上，运用熵值法分别计算出长江经济带
各省市旅游发展的生态绩效评价指标权重（见表2）及其在生态绩效水平
（见表3）相应的分值，以此可针对各省市旅游发展的生态绩效的实现情况
进行比较分析。

表2　旅游发展的生态绩效评价指标权重分解表

指标因子层	2004年权重	2007年权重	2010年权重	2013年权重
C22 森林覆盖率	0.131	0.137	0.132	0.131
C23 自然保护区面积占辖区总面积比率	0.115	0.104	0.121	0.112
C24 生活垃圾无害化处理率	0.149	0.143	0.130	0.127
C25 人均公共绿地面积	0.158	0.162	0.158	0.157
C26 每万人居民拥有公厕数	0.122	0.114	0.115	0.140
C27 治理固体废物项目完成投资	0.186	0.178	0.179	0.173
C28 治理噪声项目完成投资	0.140	0.162	0.165	0.155

表3　长江经济带各省市旅游发展的生态绩效水平分值

生态绩效水平	上海	江苏	浙江	安徽	江西	湖北	湖南	重庆	四川	贵州	云南
2004年	0.326	0.637	0.488	0.249	0.338	0.275	0.373	0.254	0.639	0.302	0.624
2007年	0.440	0.612	0.479	0.202	0.356	0.387	0.369	0.437	0.698	0.326	0.439
2010年	0.190	0.685	0.534	0.245	0.432	0.447	0.496	0.502	0.465	0.509	0.453
2013年	0.240	0.652	0.638	0.393	0.448	0.316	0.429	0.541	0.620	0.355	0.645

2.生态绩效水平的空间化呈现

在生态绩效水平的层面上，随着近年来生态文明建设被放在极其突出的地位，以及建设美丽中国的推进，长江经济带各省市旅游发展过程中逐步树立了新的旅游和谐发展观，强化了自然生态系统和环境保护，致力于构建资源节约型、环境友好型的旅游发展新模式，其成果与效能在不同的时间截面上区域空间分异现象明显，在长江经济带基本呈现出"东西齐头并进、中部亟待崛起"的特征。

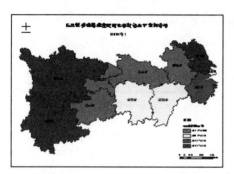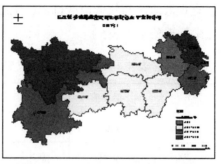
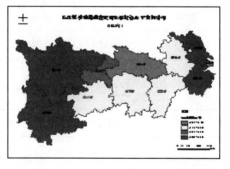

注：该图基于国家测绘地理信息局标准地图服务网站下载的审图号为GS（2016）2923号的标准地图制作，根据研究区域运用裁剪工具进行裁剪，底图无修改。

图2　长江经济带旅游发展的生态绩效水平的空间分布图

以上的分布图中可以看出，经过十余年的旅游发展，长江经济带各省区旅游发展的生态绩效水平个体突变明显，整体变动较小，基本呈现稳中有变的区域分异格局。结合生态绩效水平数值的统计描述来看（见表4），各省市旅游发展的生态绩效水平的平均值自2004年的0.409持续上升到

2013年0.480，标准差则由2004年的0.150回落至2007年、2010年的两个0.128后，复升到2013年的0.140，说明长江经济带旅游发展的生态绩效水平近十年来得到显著提升，省区间差异总体上有不断趋近之势。就个体而言，不同省区旅游发展的生态绩效水平变动程度有平缓与剧烈之别。相对来说，江苏的旅游发展生态绩效水平始终处于高值区，反映其旅游发展在生态层面上成效最为突出；四川、云南的生态绩效水平经历了2010年前后的波动后，又重新回归到高值区之列。而湖北、湖南、江西、安徽等省市一直在低值区与较低值区徘徊，生态绩效水平层面上亦存在一定的"中部塌陷"现象（见表5）。

表4　长江经济带旅游发展的生态绩效水平的统计描述表

年份	最大值	最小值	总分值	平均值	标准差
2004	0.639	0.249	4.504	0.409	0.150
2007	0.698	0.202	4.746	0.431	0.128
2010	0.684	0.190	4.958	0.451	0.128
2013	0.652	0.240	5.277	0.480	0.140

表5　长江经济带旅游发展的生态绩效水平的空间差异一览表

年份＼地区	2004	2007	2010	2013
强力区	江苏、四川、云南	江苏、四川	江苏	江苏、浙江、四川、云南
活力区	浙江	浙江、上海、云南、重庆	浙江、湖南、重庆、贵州	重庆
潜力区	上海、湖南、江西	湖北、湖南、江西、贵州	四川、云南、湖北、江西	湖南、江西、贵州、安徽
乏力区	湖北、重庆、安徽、贵州	安徽	上海、安徽	上海、湖北

与其他层次的绩效水平不同，自2004年以来长江经济带旅游发展的生

态绩效水平值在东西方向和南北方向都有非常明显的变动趋势（见图3）。具体而言，在东西方向上，由2004年的显著U形转变为2013年微弱的U形趋势，其间大多数省区的生态绩效水平值（黑色垂直杆）有较大的提高，且基本保持西部最高、东部次之、中部最低的趋势规律，反映出云南、四川、重庆等西部省区作为重要的生态屏障区，其旅游发展推动了区域资源开发与环境保护，有利于实现绿色化、协调化发展，生态绩效水平走在长江经济带省区前列；而东部省区因为资源约束趋紧、环境污染趋重，以旅游发展为重要路径，加强了生态资源的合理开发与生态环境科学保护力度，旅游发展的生态绩效水平也相对较高。在南北方向上，蓝色趋势线显示出明显的U形格局，南部省区旅游发展的生态绩效水平在经历大幅回落后又复归到较高值，北部省区则相对保持稳定。

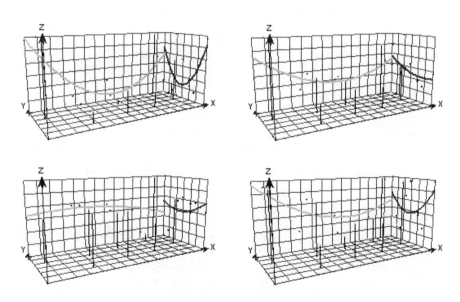

图3　长江经济带旅游发展的生态绩效水平的趋势面分析

3. 生态绩效水平的空间相关性

局域关联指数 Getis-OrdGi* 统计量能够有效识别指标值较大的热点聚类和指标值较小的冷点聚类，考虑各地区对全局空间自相关性的贡献率，常用于分析观测值在局部空间上的集聚程度。运用局部关联指数 Getis-

OrdGi*，采取Jenks最佳自然断裂分级法进行四级分类，可生成长江经济带各省域旅游发展的生态绩效水平在不同时间断面、不同维度体系上的热－冷点区域图（见图4）以及分析指标Getis-OrdGi*对应区域表（见表5）。

在生态绩效维度体系中（见图4、表5），2004年至2013年，长江经济带各省区的旅游发展的生态绩效水平波动性较为显著，冷热点区的范围频繁变化，但基本保持两头高、中间低的态势。四川、云南和贵州在国土绿化、生态保护、林业改革等方面取得新突破，持续在热点区和次热点区徘徊，呈现高值集聚态势；中部的湖北、安徽和江西等省区则因人多资源少、生态环境敏感、资源约束趋紧等限制性要素，始终在冷点区和次冷点区交替；东部的上海、浙江、江苏在经历2010年短暂反转到冷点区后，生态文明建设再发力，2013年又复归为次热点区。

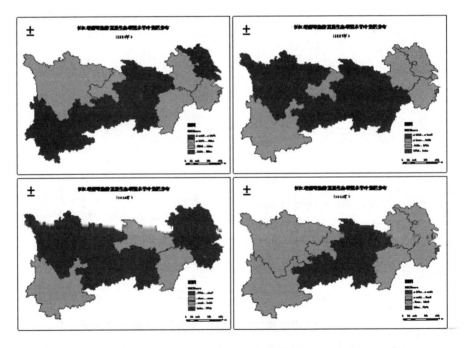

　　注：该图基于国家测绘地理信息局标准地图服务网站下载的审图号为GS（2016）2923号的标准地图制作，根据研究区域运用裁剪工具进行裁剪，底图无修改。

图4　长江经济带旅游发展的生态绩效水平热－冷点区域图

四、结论与讨论

（一）主要结论

本文根据拟定的评价指标体系，应用收集2004年、2007年、2010年、2013年四个时间截面数据，采用归一化方法对各类指标数据进行无量纲化处理，然后通过熵值法对评价指标体系内各要素指标赋予权重系数，进而对绩效评价测度分值进行统计描述，量化评价和客观分析不同时空尺度下长江经济带省域旅游发展的生态绩效水平的真实情况，主要结论有以下几个方面。

（1）经过十余年的旅游发展，长江经济带各省区旅游发展的生态绩效水平稳中有变、显著提升，省区间差异不断趋近，呈现出"东西齐头并进、中部亟待崛起"的特征。江苏的旅游发展在生态层面上成效最为突出；四川、云南在经历2010年前后的波动后，又重新回归到高值区之列。而湖北、湖南、江西等省市生态绩效水平较低，亦存在一定的"中部塌陷"现象。

（2）长江经济带旅游发展的生态绩效水平值在东西方向上，由2004年的显著U形转变为2013年微弱的U形趋势，其间大多数省区有较大的提高，且基本保持西部最高、东部次之、中部最低的趋势规律。南北方向，南部省区经历大幅回落后又复归到较高值，北部省区保持稳定。

（3）在空间相关性方面，长江经济带各省区的旅游发展的生态绩效水平波动性较为显著，冷热点区的范围频繁变化，但基本保持两头高、中间低的态势。四川、云南和贵州持续在热点区和次热点区徘徊，呈现高值集聚态势；中部的湖北、安徽和江西等省区则因人多资源少，生态环境敏感、资源约束趋紧等限制性要素，始终在冷点区和次冷点区交替。

（二）讨论

生态安全战略是国家的重点发展战略之一。这也是未来旅游业发展的重要背景。旅游发展的区域很大程度上都是生态安全的重点区域，在区域内发展旅游业如何促进人与自然和谐共生，产业勃兴如何与生态存续相融合是未来旅游业承担国家战略的重要挑战。因此。提升区域旅游发展绩效水平就需要不断存续生态协力，构筑旅游生态屏障。

习近平指出，长江拥有独特的生态系统，是我国重要的生态宝库。当前和今后相当长一个时期，要把修复长江生态环境摆在压倒性位置，共抓大保护，不搞大开发。因此，要切实提高长江经济带的旅游发展质量和水平，就必须将流域生态环境保护和生态文明建设放在首位，各省域应在流域"生态共同体"共建的理念下，突出"绿色发展"，加快生态修复工程建设，确保一江清水绵延后世、永续利用，走出一条绿色生态的新路。积极把生态环境优势转化为美丽经济发展，大力发展生态旅游产业，重点发展生态、休闲、度假、健康、养生的旅游新型业态，打造绿色低碳旅游业，着力将长江经济带打造成绿色生态廊道，为美丽经济的跨区域共建共享拓展空间、开辟蓝海，共同打造全球最具影响力的绿色大河经济带。

参考文献

[1] 阎友兵，殷建立.基于社区居民视角的红色旅游发展绩效评价研究.湖南财政经济学院学报[J].2012年8月，28（138）.

[2] 曹芳东，黄震方，吴江等.转型期城市旅游业绩效评价及空间格局演化机理——以泛长江三角洲地区为例[J].自然资源学报.2013，28（1）.

[3] 汪秋菊，刘宇.公平视角下旅游绩效的测度.北京第二外国语学院学报[J].2014年第7期.

[4] 魏峰群，张书红，李阳等.关中天水经济区文化遗产旅游绩效空间分异研究[J].西北大学学报（自然科学版）.2015，45（2）.

[5] 胡海明.生态旅游可持续发展绩效评价——以南太白山生态旅游区为例[D].西安：长安大学，2008.

[6] 安景文，杜蓉晖，韩朝.旅游饭店经营绩效综合评价方法探讨[J].数量经济技术经济研究.1998（10），35-38.

[7] 王忠，阎友兵.基于TOPSIS方法的红色旅游绩效评价——以领袖故里红三角为例[J].经济地理.2009，29（3），516-520.

[8] 林源源.区域旅游产业经济绩效及其影响因素研究[M]，南京：东南大学出版社，2013.

[9] 城市旅游发展联合课题组.杭州城市旅游创新与绩效评价[M]，北京：中国旅游出版社，2014.

[10] 张河清. 旅游业跨区域联合发展的竞合机制及其绩效评价研究：以湘黔桂"侗文化"旅游圈为例 [M]，北京：中国经济出版社，2013.

[11] 习近平：走生态优先绿色发展之路 让中华民族母亲河永葆生机活 力 [EB/OL].2016-01-07，2016-2-10.http：//news.xinhuanet.com/2016-01/07/c_1117704361.htm.

[12] 国务院关于依托黄金水道推动长江经济带发展的指导意见（国发〔2014〕39号）[EB/OL]，新华网，2014-09-25，2014-09-26.http：//news.xinhuanet.com/fortune/2014-09/25/c_1112622619_7.htm.

长江经济带地区发展差距与协调发展策略 [①]

1.王晓芳，2 姜玉培[1,2] 卓蓉蓉[1,2] 曹传新[3] 郑文升[1,2,*]

（1.华中师范大学地理过程分析与模拟湖北省重点实验室，湖北武汉，430079；2.湖北省发展和改革委员会/华中师范大学武汉城市圈研究院，湖北武汉，430079；3.中国城市规划设计研究院城建所，北京，100044）

摘要：以分析长江经济带发展现状为背景，重点探究长江经济带地区发展差距与协调发展策略。通过对1992—2013年长江经济带地区发展差距的测算与分析，总结地区差距在经济增长、产业结构、物流运输发展、人口文化水平、城镇化等方面的表现，提出促进地区协调发展的关键是要统筹黄金水道与综合交通建设、协调行政区经济与流域经济、整合并升级产业结构体系、发挥新型城镇化支撑作用、整合与发挥生态资源优势，建议建立全方位开放的地区发展格局、建设立体化、城镇化、生态化流域经济、统筹运用梯度、反梯度与地方化开发模式、推进重点领域与重点地区的率先突破，以及促进市场主导与政府引导的协同作用。

关键词：长江经济带；地区发展差距；区域协调发展

区域发展差距与协调发展是地理学、经济学研究区域发展问题的重要内容。区域经济发展差距研究的焦点主要集中在经济发展与地区差距的关系[1]、对差距的测度[2-3]、差距影响因素[4]、对差距缩小和扩大的评价[5-7]

---

①　基金项目：湖北省社会科学基金项目"长江经济带地区发展差距与协调发展战略研究"（2014031）；中央高校基本科研业务费专项资金项目。

以及缩小差距与实现区域协调发展的对策意见[8-10]。改革开放以来，在全国经调发展的对策建议济高速增长和地区政策推进的背景下，长江沿岸经济发展迅速。但由于长江横跨我国东、中、西部地区，在历史背景、经济发展基础及国家梯级开发战略等因素的综合影响下，不仅地区经济发展差距较大，地区发展在生态环境、可持续发展能力、适应和发展能力、现代化水平、城镇化程度、人力和智力资源及社会资源和财富占有等方面也存在很大差距，并有不断扩大的趋势。

2014年9月长江经济带建设上升为国家战略。从国家层面提出的长江经济带发展战略来看，从多个层面缩小地区发展差距、促进区域协调发展是其重要主题。尤其在当前国际国内经济转型、经济要素大规模流动、经济活动多元开放、地区竞争日益激烈、资源环境问题日趋恶化等背景下，促进长江经济带地区协调发展，不仅有利于缩小地区差距，激励各地区积极参与到这一重大战略中来，且有利于促进长江经济带发展战略的实施，发挥长江经济带在国民经济增长和全国区域协调发展格局中的支撑作用。

一、长江经济带发展现状

长江经济带包括长江沿岸的9省2市，包括下游地区的上海、江苏、浙江、安徽，中游地区的江西、湖北、湖南，上游地区的重庆、四川、云南、贵州。总面积205.4万平方公里，占全国土地面积的21.4%。2013年常住人口5.81亿，占全国总人口的42.7%。

（一）经济发展

2013年长江经济带GDP达到259524.4亿元，是1992年的26倍多，占全国的比重由1992年的36.55%上升到2013年的45.62%，同期GDP的年均增长率也比全国高出约1个百分点，展现出旺盛的经济发展活力。我国钢铁、汽车、电子、石化等现代工业的精华大部分汇集于此。大农业的基础地位也居全国首位，沿江九省市的粮棉油产量占全国40%以上。良好的经济发展基础与优越的开放条件，使金融、信息、电商、物流、创意、设计、文化、旅游等现代服务业的发展规模与水平也在全国占优势地位。

（二）人口增长

2013年11省市常住人口的平均规模为5284.77万人。1992—2013年，该地带常住人口增加了5882万人，主要由上海、浙江、江苏三个省（直辖市）常住人口增长带动，其他省（直辖市）常住人口变动不大，显示出长江下游发达地区强大的人口吸引能力。近年来，长江经济带人口逐渐向省会城市、地区中心城市集聚，如南京、武汉、重庆、合肥、长沙、南昌、苏州、徐州、温州等城市。

（三）城镇化

长江经济带集中了《全国主体功能区规划》确定的1/3的特大城市群（长三角城市群），3/8的大城市群和区域性城市群（江淮城市群、长江中游城市群、成渝城市群），是我国"两横三纵"城镇化战略格局形成的重要支撑。但2013年长江经济带常住人口城镇化率为52.59%，低于全国53.73%的平均水平，贵州、云南、四川分别只有37.83%、39.31%和44.9%。长江经济带拥有2.76亿农村人口，占全国农村人口的43.77%，城镇化水平仍有待提高。

（四）交通建设

从交通线路营业里程来看，公路建设发展迅速。2012年公路里程达到1845973km，占全国总里程的比重从1992年的39.81%上升到2012年的43.56%；内河航道在全国举足轻重，2012年内河航道里程达到88964km，占全国的71.17%；相对来说，铁路建设需要加快发展速度，2012年铁路营业里程为27999km，仅占全国的28.68%，与经济带的人口、经济、幅员面积很不匹配。

（五）污染治理

长江经济带工农业发达，不可避免会对地区生态环境造成严重影响，尤其是废水、废气中排放的污染物危害较大。废水污染物中铅、汞、镉、六价铬、总铬、砷占全国份额大，2012年铅、汞、镉、六价铬排放均占全国的60%以上，铬、砷分别占41.82%、72.25%；废气中二氧化硫、氮氧化物、烟（粉）尘排放分别占全国的34.68%、32.45%和27.98%。针对生态环境破坏严重等问题，该地带的治理力度也在不断加大。2012年长江经济带工业污染治理完成投资中，治理噪声、废水和废气的投资额分别占到全国的53.95%、35.32%和35.74%。

二、地区差距的突出表现

（一）经济总量与水平差距突出

长江经济带经济总量与发展水平的地区差距不断拉大。1992年，长江经济带下、中、上游地区GDP总量占整个经济带GDP总量的比重结构为51.18：23.61：25.21，2013年转变为52.93：22.60：24.47，中、上游地区与下游地区之间的梯度差异进一步拉大。发展水平的差距也较明显，下、中、上游的人均GDP从1992年的2748元、1574元、1277元增加到2013年的62777元、37332元、30440元（见图1）。虽然在此期间，国家采取了一系列地区政策试图缩小地区差距，但下游地区凭借先发优势集聚了大量资本、技术、人力以及人才资源，且仍然不断通过极化效应加速中、上游地区的资本、自然资源和廉价劳动力向该地区非均衡集聚，进一步加剧了地区经济发展的不平衡。

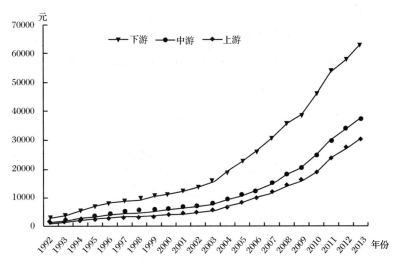

图1　长江经济带上、中、下游人均GDP变化（1992—2013年）

这种极化效应也反映在省（直辖市）际（见图2）、市（区、州、盟）际之间（见图3）。下游地区的经济总量主要集聚在发展水平较高的苏、浙、沪地区；中游地区经济总量和发展水平呈现湖北省＞湖南省＞江西省的分布格局；上游地区四川省和重庆市经济总量和发展水平远远高于云南省和贵州省。各个省域内部，经济发展优势也主要集中在优先开放开发的省会城市、地区中心城市。如湖北省的武汉"一城独大"，其周围城市经济发展则出现"灯下黑"的现象，再如苏南与苏北、浙南与浙北，同样差距明显。

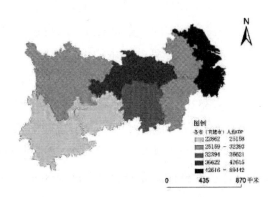

注：该图基于国家测绘地理信息局标准地图服务网站下载的审图号为GS（2016）2923号的标准地图制作，根据研究区域运用裁剪工具裁剪出长江经济带11省地图，底图无修改。

图2 2013年长江经济带各省（直辖市）人均GDP

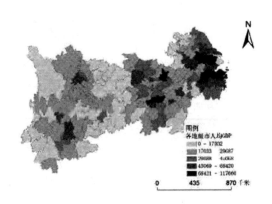

注：①该图基于国家测绘地理信息局标准地图服务网站下载的审图号为GS（2016）2923号的标准地图制作，根据研究区域运用裁剪工具裁剪出长江经济带11省地图，底图无修改。

②上海、重庆两个直辖市未列入统计范围。

图3 2013年长江经济带各地级市（区、自治州）人均GDP

（二）产业结构的梯度差异凸显

长江经济带地区间产业发展的阶段、层次与水差距明显。下游地区三产结构从1992年的18.29 : 55.25 : 26.46转变为2013年的5.86 : 48.92 : 45.22，产业结构逐渐向二、三产业并重发展转变。中游地区三产结构从1992年的32.57 : 39.03 : 28.40转变为2013年的14.26 : 49.13 : 36.60，第二产业比重逐年增长且增长幅度较大，第三产业也呈现持续上升的态势，产业结构形成"二三一"的格局。上游地区三产结构从1992年的33.93 : 40.90 : 25.17转变为2013年的12.94 : 48.44 : 38.62，二、三产业发展迅速，也形成了"二三一"格局。

近年来，国家试图通过下游地区部分发达省（直辖市）的产业转移不断调整、优化长江经济带产业结构。但由于产业转移存在区位黏着性、产业承接地区特定发展阶段所具有的吸收能力及其结构等的影响而进展缓慢，地区间产业结构的优化升级、分工与协作仍面临较大挑战。

（三）物流运输发展差距较大

整体来看，长江经济带上、中、下游物流运输发展的差距较大。通过对比1992年和2012年长江上、中、下游铁路、公路、水运、航空客货运量，不难发现：第一，无论是客运量还是货运量，相比1992年，上、中、下游在总量上都有大幅度增加。但下游地区客货运量占长江经济带客货运总量的比重约4个百分点的提升，而上、中游比重则都有所下降；第二，下游地区四种交通方式的客运量、货运量均远远超过中、上游地区，尤其是水运的货运量，这与下游地区处于入海口的地理位置、开放程度高、对外贸易频繁紧密相关。

总体来看，下游地区物流运输地位更加重要，凭借较小的空间范围、较密集的交通网络和较高的运输效率，承担着长江经济带近一半的客货运量。而中、上游地区，尤其是上游地区物流运输发展滞后，对地区经济发展的影响较大。

（四）人口文化水平分化明显

在科教兴国战略的推动下，长江经济带人口受教育水平均有了不同程度的提高，与全国相比也处于较高水平，但不同省（直辖市）人口受教育程度差别较大（见表1）。

表1　长江经济带各省（直辖市）人口受教育程度情况（第六次人口普查数据）

地区	大学以上文化程度人口比例（%）	初中以上文化程度人口比例（%）	文盲人口比例（%）
上海市	11.69	63.95	2.88
江苏省	4.55	60.49	4.34
浙江省	4.13	54.85	6.13
安徽省	2.57	52.87	8.56
湖北省	3.93	60.98	5.16
江西省	2.47	53.45	3.72
湖南省	2.68	58.75	3.01
重庆市	3.61	49.95	4.54
贵州省	2.05	40.72	9.46
四川省	2.61	49.77	6.12
云南省	2.28	38.59	7.28

人口受教育程度统计数据的模糊聚类结果表明：长江经济带各省（直辖市）人口受教育程度存在水平上的空间差异性。

根据模糊聚类谱系图（见图4），取 λ=1，可将11个省（直辖市）分成四类：

第1类（上海市），为受教育程度高的直辖市；

第2类（四川省、江西省、湖南省、浙江省、重庆市、江苏省、湖北省），为受教育程度较高的省份（直辖市）；

第3类（安徽省、云南省），为受教育程度较低的省份；

第4类（贵州省），为受教育程度低的省份。

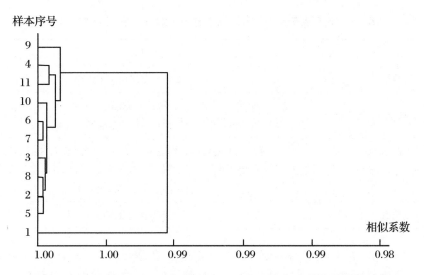

图4　长江经济带各省（直辖市）人口受教育程度模糊聚类谱系图

（五）城镇化发展等级体系鲜明

与1992年相比，长江经济带城镇化率有了大幅度提升，但区域之间差距仍较大。2013年，下游地区除安徽省以外，常住人口的城镇化率均超过62%，安徽省与江浙沪三省差距明显，呈现出上海＞江苏、浙江＞安徽的格局；中游地区湖北省为54.51%，分别超过江西省、湖南省5.64、6.55个百分点，地区差距较明显；上游地区除重庆达到58.34%之外，其余三省在40%左右，普遍较低。

由于各个城市产生区域经济联系的推动力和潜在可能性不同，城市的经济实力和规模也就不同。通过选取长江经济带全部111个地级及以上城市2013年非农业人口数、工业总产值、从业人员等指标计算各城市中心职能强度指数（K_{Ei}），将所得结果划分为四个等级（见表2）。长江经济带地级及以上城市等级数量分布呈金字塔结构，即一级城市数量＜二级城市数量＜三级城市数量＜四级城市数量。一级城市是上海、武汉、重庆，分别是"龙头""龙腰""龙尾"的中心；二、三级城市主要是各省省会城市和下游地区的部分中心城市；四级城市多是中、上游地区一些中小城市。

表 2　长江经济带地级市及以上城市等级划分表（2013 年）

等级	K_{Ei}	城市
一级城市	$K_{Ei} > 3.5$	上海市、武汉市、重庆市
二级城市	$2.5 < K_{Ei} < 3.5$	南京市、苏州市、无锡市、成都市、长沙市、常州市、杭州市、合肥市、南昌市、昆明市、贵阳市
三级城市	$1 < K_{Ei} < 2.5$	宁波市、温州市、南通市、徐州市、盐城市、扬州市、泰州市、镇江市、淮安市、连云港市、绍兴市、衡阳市、宿迁市、十堰市、金华市
四级城市	$K_{Ei} < 1$	其他地级市

注：依据各城市人口数（P_i）、工业生产总值（V_i）和从业人员数（S_i）分别计算各中心城市的城镇人口指数（K_{Pi}）、工业职能指数（K_{Vi}）和科技职能指数（K_{Si}），在分别计算的人口、工业生产和科技能力职能指数的基础上，进一步计算各城市的中心职能强度指数（K_{Ei}）。计算公式：$K_{pi} = \dfrac{P_i}{\dfrac{1}{n}\sum_{i-1}^{n} P_i}$（$K_{Vi}$ 和 K_{Si} 类推）；计算公式：$K_{Ei} = \dfrac{K_{Pi} + K_{Vi} + K_{Si}}{3}$。

三、地区协调发展的关键问题

（一）统筹黄金水道与综合交通建设

晚清与民国时期，中、下游主要港口城市依托长江通江达海的通航能力直接参与国际能源原材料和商品贸易，同时借助新兴的铁路、公路等交通设施辐射广大内陆腹地，开发资源和市场，推进了大批滨江城市的近代化进程。"二战"以后，在成本区位指向和集聚经济的作用下，工商业向沿海港口城市集聚，而长江航道上只有南京以下港口城市能够较好融入国际航运体系。当前，长江经济带建设逐步向全面开放开发的局面转变，但长江航运依然面临航道水深不足、浅险水道卡口众多、港口业务类型相似度高、港口物流联系比较薄弱等挑战。

在内河航运发展面临较大挑战的背景下，一方面需要通过航道、港口和集疏运体系建设，积极复兴"黄金水道"；另一方面更需要着重建设集空、水、铁、公、管等多种方式为一体的立体交通运输网络，特别是加强高速铁路建设，形成"黄金水道"基础上的"黄金通道"，保障长江经济带建设和地区协调发展。

（二）协调行政区经济与流域经济

计划经济时期，以省市为发展单元的"小而全"的经济体系，缺乏依据优势资源、要素、产业实现地区分工的基础，造成各个省份经济发展彼此孤立、经济效率普遍低下。20世纪90年代初实行分税制以来，地区之间通过GDP、财政收入等的竞争，促进了经济发展，但也导致了大量低水平重复建设、地方保护、协作乏力等问题。究其原因，主要是以行政区为单元构建的产业体系往往脱离流域资源的本底，没有依托流域交通、物流、资源、城乡发展的客观规律发展，造成行政区经济和流域经济的空间错位。

当前，站在国家视野，如何以流域经济为导向，打破行政壁垒，打造开放、合作、共赢的新型行政区经济，是长江经济带建设中迫切需要解决的问题。

（三）整合与升级产业结构体系

当前，产业发展差距与发展方向同质化的问题严重困扰长江经济带的发展。其一，东部沿海地区在产业层次、资源环境、土地空间等方面面临越来越严重的"瓶颈"制约，急需为经济产业发展调整升级置换空间、提供资源、开发市场，支持其经济转型；其二，沿海与内陆的经济差距仍然较大，区域间的"梯度推移"缺乏传导机制和途径，特别是缺乏支撑发展传导的区域载体，导致下游与中、上游之间的产业转移、产业带动和产业联动进展缓慢；其三，上、中、下游内部各地区之间发展水平和发展模式较为接近，不易实现精细分工。

长江经济带建设过程中，需要抓住知识经济的发展机遇，通过信息化提升工业化，提高经济带整体的产业层次和水平。在引导长三角产业结构走向高端化的同时，带动中、上游地区产业加速升级，发挥长江经济带在全国产业升级大潮中的引领作用。

（四）发挥新型城镇化支撑作用

长江经济带新型工业化的关键在于发挥城镇人力资本与农村剩余劳动力资源，壮大城镇产业规模，挖掘土地城镇化开发潜力，增强城镇交通枢纽功能与扩大城镇市场需求。农业现代化的关键在于减少农村人口，增强城镇非农产业对现代农业的支持，扩大城镇消费市场。城市群协调发展的关键在于促进跨地区的城镇之间、城乡之间的产业、人口、资源与市场联系。资源环境保护的关键在于城镇产业发展、人口集聚、空间扩展与流域生态系统的协调。因此，在沿海地区经济总量趋于饱和，国家发展重心转向内陆和内需、上中游城市发展落后的背景下，需要以新型城镇化为契机，不断引导人口有序集聚，提升城镇化水平和质量，推动城镇化对区域交通基建、产业体系、公共服务等协调发展的支撑作用。

（五）整合生态资源优势

长江流域集中了我国45.94%的淡水资源、36.6%的森林资源和35.07%的耕地资源，拥有众多在全国占有重要地位的水源涵养区、土壤保持区、生物多样性保护区、洪水调蓄区和农林产品提供区等多种生态功能区，生态优势十分突出。但同时，长江经济带是全国主要的环境负载与资源消耗区域之一，2012年电力消耗量占全国的38.6%，生态环境尤其是水环境受大规模城镇化和工业化的破坏和威胁也十分强烈，发展经济与保护环境的矛盾突出。

面对长江经济带显著的生态资源优势和突出的生态环境恶化形势，需要区域、各省市县之间通过科学的山水林田统筹保护、合理的产业布局、可操作的地区间生态补偿制度设计实现生态资源优势的整合，以便通过生态环境建设的联动促进地区协调发展。

四、地区协调发展的策略建议

（一）建立全方位开放的地区发展格局

充分发挥长江经济带沿海、沿江、沿边的区位优势，打造"海、陆、空"全天候对外开放合作新局面，在面向各个战略方向的全方位开放中促进地区协调发展。沿海对外开放上，面向亚太地区，利用自贸区和各类园区等，推动长三角深度开放，利用长江航道水运优势，推动中上游地区通江达海，融入全球化。陆路对外开放上，西北方向利用"渝新欧""汉新欧""苏满欧""蓉欧快铁"等铁路货运通道，对接新丝绸之路经济带；西南方向积极构建孟中印缅经济走廊，把云南等地打造成西南开放桥头堡。

航空对外开放上，利用国际机场群，打造空中经济走廊，积极开通国际货运航线，发展临港加工、货运中转、航空物流、通用航空等产业。

（二）建设立体化、城镇化、生态化流域经济

在长江干支流沿线地区及两侧广阔的腹地范围内，打造集"点—线—面"于一体的立体化流域经济带。以上海、南京、杭州、武汉、长沙、南昌、合肥、重庆、成都、昆明、贵阳等国家或区域性中心城市为核心，集聚高附加值产业和高端要素，强化其配置资源和服务周边区域的功能。以城市群为主体，构建多级城市体系，引导人口和产业不断向条件优越、承载能力强的地区集中，发挥其集聚要素的主体作用。以水运、铁路、公路、航空、管道等为重点，建设综合立体交通运输网络，连接和沟通各中心城市、城市群和经济区。以长江经济带广泛分布的河流、湖泊、耕地、山体等为基底，加强生态系统建设，保障其支撑社会经济发展的自然本底作用。

（三）统筹运用梯度、反梯度与地方化开发模式

依据经济发展的梯度规律，新兴产业和高技术产业应在下游高梯度地区优先发展，而传统产业应在中上游内陆低梯度地区发展。依据反梯度发展规律，部分新兴产业和高技术产业也可以在武汉、重庆、成都等低梯度地区的优越区域率先布局和发展。因此，在产业布局和产业转移过程中，高势能产业应优先布局在沿海高梯度地区的面状区域和内陆低梯度地区的点状区域，低势能产业应优先布局在内陆低梯度地区的面状区域和沿海高梯度地区的点状区域。还应充分发挥各区域的地方积极性，利用当地的资源禀赋和产业基础，推动产业体系的落地、生根、健康成长，提高经济活动的地方根植性，把外生动力转化为内生路径，实现地方化的发展。同时，鼓励各地区间产业合作和经济技术的交流，以推动长江经济带整体发展水平的不断提升。

（四）推进重点领域与重点地区的率先突破

以综合交通运输体系、企业跨界联盟体系、科技金融保障体系等为重点领域，以各经济体和城市群为重点地区，推动各主体互动合作。综合交通运输体系方面，重点建设以上海、南京、武汉、重庆为核心，以其他大中小型内河港口为主体的长江航运体系，同时积极建设以国际机场群为主

体的航空运输体系，以高铁、普铁、高速公路、干线国省道等为主体的陆路交通体系。企业跨界联盟体系方面，以汽车、船舶、钢铁、旅游、物流等为重点，打破行政和行业界限，完善配套体系，通过渠道共享、资源互补等，推动产业一体化。科技金融保障体系方面，以科研院校、企业技术中心等为主体，打造科技支撑体系，以基础设施建设、企业投融资、科研投资等方面为重点，组建各类投资开发基金。

（五）促进市场主导与政府引导的协同作用

长江经济带建设中，要顺应经济发展规律，尊重、培育、优化并充分利用市场机制，构建包括劳动力市场、能源原材料市场、资本金融市场、技术信息市场等在内的经济带统一大市场体系，发挥市场在地区间要素流动和资源配置中的主导作用。同时，为防止"市场失灵"，应积极发挥政府在长江经济带社会经济发展中的导向性作用，通过一系列政策措施的制定实施，调控完善市场，优化资源配置，促进基础设施统筹建设和维护、产业体系构建和转移、人口集聚和城镇化、公共服务和社会保障跨地区一体化。在市场与政府的关系中，要遵从市场的主体和主导作用，完善政府的辅助和服务作用，寻求最大限度发挥市场主导与政府引导的结合点，促进地区协调发展。

参考文献

[1]Alonso W.. *Five Bell Shapes in Development[J].Papers of the Regional Science Association*，1980，45：5-16.

[2] 林毅夫，蔡昉，李周. 中国经济转型时期的地区差距分析 [J]. 经济研究，1998（6）：3-10.

[3] 徐建华，鲁凤，苏方林，等. 中国区域经济差异的时空尺度分析 [J]. 地理研究，2005，24（1）：57-68.

[4] 陈秀山，徐瑛. 中国区域差距影响因素的实证研究 [J]. 中国社会科学，2004（5）：117-129，207.

[5]Tsionas E G.*Another Look at Regional Convergence in Greece[J].Regional Studies*，2002，36（6）：603-609.

[6]金相郁，郝寿义.中国区域发展差距的趋势分析[J].财经科学,2006(7)：110 -117.

[7]彭国华.我国地区经济的长期收敛性：一个新方法的应用[J].管理世界，2006（9）：19-29.

[8]杨敏.区域差距与区域协调发展[J].中国人民大学学报，2005,（2）：26 — 32.

[9]周少甫，亓寿伟，卢忠宝.地区差异、城市化与城乡收入差距[J].中国人口资源与环境，2010，20（8）：115 -120.

[10]詹新宇.区域经济发展战略转变与宏观经济波动[J].中国人口·资源与环境，2014，24（9）：141 — 146.

论坛二：长江经济带旅游发展与
美丽乡村建设互促

主持：李江风　中国地质大学公共管理学院　教授
嘉宾：徐伯阳　童建新　彭　胜　蒋海军　许贤棠

李江风：我们这个板块主题是长江经济带旅游发展与美丽乡村建设互促。论坛前半段专家和领导对于长江经济带的经济、社会、治安环节调节，做了一些解读。我们这个板块是讲美丽乡村和乡村旅游，这是从宏观到中观再到微观，然后在企业中如何去运作的主题，我们知道长江经济带的理念是"生态优先，绿色发展"。在这个大的理念下，我们的美丽乡村起到一个什么样的作用呢？

徐伯阳：现在的乡村整个来说问题很多，首先是产业的空心化导致人口外流，很多人到大城市去。产业空心化人口外流以后导致传统村落的衰落，村落越来越少，尽管我们在保护。在这里头旅游能做什么？我想旅游它有几个作用，我觉得和乡村结合起来，一个就是它可以产业盈利，乡村对城镇的吸引乡村旅游的发展看上去好，第二个就是吸引人口回流，最后激活乡村社区，最终会自觉地保护乡土文化。政府在旅游方面做了很多工作，最典型的是像我们省里做的旅游民政、旅游民村，我们主动示范把这个方面做好，大家都来学，这是一个做法。但是在这里一些地区在做美丽乡村旅游出现过一些问题，最大的问题就是，大规模的开发违背了乡土型，甚至用城市化工程，还有就是盲目地模仿，风格千村一面，所以美丽乡村的主要推动还是住建部门。住建部门的一系列举动值得我们旅游部门借鉴。比如住建部搞了一个农村人居环境建设指引，拿出一些指引的方案。其实我们旅游部门也可以做一些工作。还有民村建设，我还觉得美丽乡村应提高升级，美丽乡村只是看，光是美丽不能把人留下来，需要一个升级版。

李江风：徐教授从乡村旅游的一些问题当中引入自己对美丽乡村建设和乡村旅游的一些看法。实际上乡村旅游从国际上看也是一个可持续的发展，它对保护乡村环境、历史文化，增加居民的幸福感都有着重要作用。在这点上我省做了很多工作。

童建新：听了前面专家的高见，对长江经济带的发展建设，有了更深的认识。旅游发展和乡村建设是共生共鸣互相包容互相拥有的关系，也就是说旅游是美丽乡村建设的一个共体。浙江美丽乡村建设，包括下面我们要介绍的湖北民营乡村建设就把旅游景区的标准型纳入。浙江美丽乡村建设是一个山村的高品质的生产生活生态。在体验经济和消费经济的时代，娱乐要素和消费要素注入美丽乡村的生产生活生态，从这个角度可以理解全域旅游的概念，把全域旅游的概念进一步的拓宽。大家可能在农村工作过，农村那种繁重的体力劳动十分枯燥，比如割稻子等是十分枯燥繁重的。但是通过娱乐要素、消费悠闲要素的综合满足人们的一种心理体验，是一种快乐消费。从这个角度，旅游在提升美丽乡村品质完善，使美丽乡村从过去的宜居变成宜业怡游的乡村。提起长江这个话题很沉重，生态恶化，乡土文化的流失，人口流失，传统农耕文明衰败，这时候搞美丽乡村是在工业化中期向后期过渡的时候，因为后工业社会它是以服务为基础的社会，发展旅游正符合这种发展的大趋势。

李江风：美丽乡村还有一个乡村旅游这样话题，从我们学界来看，关注这个问题国际上有很多这样的文献。对于乡村系统的理论在上个世纪八九十年代出现比较多的文章。我们国家真正在九十年代末期才推出一个乡村旅游主题研究，我们乡村旅游的红红火火也是本世纪才随社会经济发展起步的。刚才我们谈到主题相关的武汉市作为中部特大城市，在整个长江经济带是一个具有举足轻重作用的特大城市。我们生在武汉都会感受到，除了武汉的城市旅游外，武汉周边的乡村旅游做的风生水起、红红火火。武汉居民到了节假日都会去乡村旅游，有很多个出名的乡村旅游点。在这里正好请武汉市旅游局彭处长，向我们介绍一下武汉市乡村旅游建设对武汉市旅游的贡献和长江经济带的促进作用。

彭胜：武汉的乡村旅游经历了三个阶段：第一阶段是打好基础，穿衣戴帽，第二阶段是美丽乡村，这个阶段是武汉市政府提出的生态小镇。三个阶段有不同的特征和亮点，经过这么多年的打造，武汉市的乡村旅游风生水起红红火火，成为武汉旅游的一个亮丽点。例如，以黄陂为代表的乡村旅游，黄陂原先的规划是打造成武汉的后花园，但是我们现在不这样谈。十三五规划是把它作为全域旅游示范点，国家级旅游度假区，已经打造成全国的品牌。木兰草原在黄金周最高峰一个晚上3000人露营，而且百分之七十的人是周边的，原来以武汉客源地为主要市场，现在已经影响到周边的湖南、安徽这些省份，客源市场以它为目的地为武汉市输入更多周边省份的游客。目前乡村游有几个趋势，产业空洞化的问题，人口转移的问题，这是我们目前的状况。但是从未来发展的趋势来说，乡村游是我们投资的一个热点，是旅游发展的一个聚焦点。所以我们今后乡村旅游大有发展前途，作为一个旅游规划从业者，我们现在不是缺少好的产品好的项目，而是缺乏旅游方面的人才。一个好的企业和项目要靠人才来支撑。第二是"旅游 +"和"+ 旅游"的问题。确实乡村旅游方面这个特点更为充分，我们在前一阶段发展城市旅游，旅游项目就是我们"+ 旅游"的概念，比如地产 + 旅游，欢乐谷、极地海洋世界和楚河汉街都是地产带动旅游。乡村旅游发展这个阶段的时候它是倒过来的，让旅游带动地产和其他产业的发展，包括文化、休闲产业。2016年武汉夏天比较热，很多市民到利川购买房产，它实际上是通过旅游带动的地产，武汉也有这样的例子。这种趋势可能是未来乡村旅游发展的一个特点。现在黄陂旅游投资项目已经开始排队，形成全域旅游趋势，形成很多产业的需求。从"+ 旅游"到"旅游 +"体现旅游实力和发展能力。近期主要做好大力发展自驾房车露营地，这是旅游发展的新业态。通过露营地建设把我们武汉周边一个小时的产品露营做好，把"1+8"两个小时包括长江中游城市群三个小时的汽车露营地旅游产品做好。通过政府主导，市场化运作的手段，实现我们乡村游的良性发展。

李江风：大家知道21世纪有两个重大的事情，一个是高科技，另一个是中国的城镇化。城镇化就是有大量的农村人口转移到城镇，一方面我们要大力发展乡村旅游建设美丽乡村，另一方面我们农村劳动力奇缺，我们搞旅游需要大量的服务，有一些什么好的想法和措施，在乡村转型中有什么好的举措？

蒋海军：其实我们乡村旅游的发展很重要的一个问题是要跟其他相关产业一个深入的融合，比如说大家都讲到乡村文化的回归和复苏问题，我想旅游产业也是一个文化产业，所以旅游消费是一种文化消费，怎样把乡村旅游做大让它解决更多人的就业，我想我们就是要很好地发挥旅游产业的动力产业的功能，我们业界有句话说"旅游业兴，百业旺"，也就是说旅游对于投资、消费、出口，经济增长"三驾马车"起一个全方位的拉动作用。我们怎样把乡村旅游做好做大呢，我觉得应首先转变一种观念，80年代开始的第一次改革主要是思想上解放，第二次我们是市场化运作，特别是从九二年开始，我们原来讲的这种旅游经济或者旅游产业本身就是文化经济及文化旅游的概念，从这个概念来看，首先我们要把这种人文精神视为旅游产业的灵魂和目标。然后第二个就是把文化资源作为一个主要经营的内容。第三个方面我们要去甄别什么是好文化，什么是坏文化，第四，我们要捍卫文化的尊严。我们可以做很多工作，比如说乡村的文化资源非常丰富，它里面有农区文化、农耕文化、山水文化以及我们一些特色民俗文化，可以让更多地游客体验到乡村旅游文化里面来。从现象学来看，为什么要去旅游，其实就是我们想逃离一下，比如逃离城市的压力或者比较焦虑的心态和气氛。所以人文旅游的目标要往这个方向契合。我想未来的旅游市场肯定是一个文化软实力竞争的市场，谁能掌握乡愁掌握强大的文化力量谁就能成功。旅游作为一个文化产业，这个产业是没有天花板的，可以打造的东西非常之多。如果能把乡土文化，把乡土的诗性，乡情乡风重新营造起来，真正能够做到看得见山望得见水记得住乡愁。让大家能够从里面找到自己心灵的需求，我想我们作为业界也好作为学者也好就能大有作为。

李江风：我们刚才谈到很多乡村旅游的一些概念和意义、作用、做法，现在看来乡村旅游搞得风生水起红红火火，想请许博士谈一下对乡村旅游乡村未来有怎样的展望。

许贤棠：对于长江经济带旅游发展美丽乡村建设互促这样一个问题我

从这三个方面来论述：首先我们要一条什么样的母亲河这样的问题，这个问题每个人或多或少都有自己的答案，这是一个多选题。但是现在在明确不搞大开发的前提之下，生态优先是我们这个问题不可或缺的答案要点，作为展望的话，未来天蓝水清山绿的景象是我们共同憧憬和向往的。那么提到乡村旅游发展和美丽乡村建设互促，它们要有自己的互通点，或者说相同的交流地方，我想是这三方面：第一个是统一的空间场所，无论是长江经济带范畴下的乡村旅游发展也好，美丽乡村建设也好，都立足于乡村这样一个大背景。中国沿海经济带城市化率大概为61.67%，沿江经济带差10个百分点是51.65%。可能这两年城镇化率在提高，这个差距会缩小。但是长江经济带范围里面农村有很大的空间，另外从农业参与主体来讲，主要是农民谁来做这个主体的责任。然后统一的产业依托立足于农业，而且我们现在讲的乡村旅游也好，还是休闲农业、生态农业，这三个有共同点。另外从两个方面相互促进作用来讲，乡村建设对乡村旅游的促进我想第一个方面可以说美丽乡村建设与国家出台一系列战略部署，包括生态文明建设和美丽中国建设等，也为旅游提供了很多机率。就像2016年1号文件第15条里面专门提到了大力发展休闲农业与乡村旅游发展，从美丽乡村建设的角度为旅游提供了表现的舞台。第二个是为旅游的发展提供了基础的平台，我理解这个平台就是美丽乡村建设当中所要求的水、电、气、路、邮电、通讯等等的公共设施包括公共卫生要求来说，也为旅游发展提供了一个很好的基础。第三个是乡村建设也为旅游发展提供了特色的展台和载体，在整个美丽乡村建设的过程当中，这个农区变成潜在的景区，田园变成潜在的公园，农房变成客房等等，这些是对旅游的促进。反过来，旅游对于乡村建设的促进就是一个转换的问题，我所理解的第一个方面是乡村旅游作为美丽乡村建设的一面镜子，镜子可以照亮到乡村建设的美丽程度，呈现它绿色方式和生活方式、销售方式，第二是旅游作为乡村建设的一把尺子，我理解的就是旅游发展水平能够检验乡村的社会化水平或者是文明程度，因为村容村风都是旅游活动中可以强调的，也是乡村建设的一个主要内容。第三个旅游是乡村建设的一条纽带，可以牵动在乡村空间里关于旅游要素的整合发力。包括对农村的用地、农业资源的增殖、农民的闲暇时间的利用等等。

第三篇 长江经济带绿色发展与旅游经济时空差异的分析与研究

长三角城市群乡土—生态空间：
新的发展战略空间、新的人地关系

陆林

（安徽师范大学国土资源与旅游学院，旅游发展与规划研究中心，芜湖241002）

我们现在比较关注城市的密集区，其实城市群的周边和城市群之间还有大量的乡土资源空间，这样的空间的利用，我认为，在中国目前是非常重要的一个问题。

中国的经济这么多年一个非常重要的特点就是从行政区经济向城市群经济转型发展，这个我没有深入研究，只是参考已有研究的成果，但我个人是认同的，也认为这是一个趋势，这里有一些数据，我们列了一些，事实上还有很多数据可以支撑这个观点，发展城市群经济的意义，这里也有很多数据和观点可以支撑它。我们国家现在已经形成或正在形成一些主要的城市群，有些城市群还在世界上有一定的地位，或者说未来在世界上有很大的地位，比如以武汉为中心的中国中部城市群应该未来在国际上会有重要的地位。城市群应当讲，已经成为重组城市化中一个最高空间的组织，它事实上是国际竞争的基本概念，国家发展的主要平台，因为城市群的发展可以实现资源的优化配置。刚才领导讲了，我们现在有一个资源配置问题，尤其在旅游资源的配置上，因为我们的旅游资源容易被看见，也容易被改造、被开发，所以现在在全国出现一个问题，一个阶段性的问题，就是优秀、优质的资源配置在资本、科技、人才实力相对比较小的企业上，但又签有契约，怎么办？这是中国旅游发展到今天应该面临的一个非常重要的问题。城市群的发展是实行资源配置的一个非常重要的途径，在这里面长三角城市群在我国旅游中有非常重要地位。我们最近6月份出台了长三角城市群的规划，安徽的一些城市被纳入到这样一个城市群的体系，现在开始按照国家的规划，是26个市，国土面积是21万、22万平方公里左右，从它的产值、它的总人口、它的面积，可以看出它在全国的地位，如果我们拿到国际上看，它实际上与国际上主要城市群之间还是有一定的差异。

我国面临着城市群发展的阶段问题，我们对城市群空间的认识是要去认真对待的。比如说，我们可能更加关注城市群的城市密集区，我们对城市群的周边，也就是城市群之间，它的主体功能区这样一个积极作用，主体功能区的这样一种乡土生态空间，我们关注还不是很够，或者说我们还没有认真地去关注它。城市群的周边地区存在大量的这样一种限制开发区，在长三角城市群规划文本上，我国城市群与城市群之间也有一系列这样比较大的战略空间，长三角和珠三角之间就有一个浙皖闽赣国家生态实验区，在这个国家生态实验区里面，比如说包括安徽的皖南、浙江的西部、江西的南部、福建的北部，大面积的这样一种区域。这样一种区域，按照国家主体功能区来说，许多是属于限制性开发区或者是叫禁止开发区，那么在这样一个区域，怎么办？我想有几个问题，可能要我们去思考。我们是一个发展中大国，其实中国做的事情是许多人类历史上从来没有过的，习总书记讲，每一代人有每一代人的长征，我们这一代人有我们这一代人的长征。中国是一个大国，在城市群发展的背景下，怎么去看待我们的空间，看待我们的国土，如何去看待我们新型的人地关系的演化和它的调控，在这样一个过程中，在产业转型和新型城镇化背景下，经济、社会、空间结构的重构和演变，它的有效方式是什么？大家知道，这个动机形态有很多，思考的方式也肯定很多，我们这里提出一个概念，叫乡土生态空间，这可能是一个更好地认识我们国土空间的一个角度。

乡土生态空间的内涵，我们认为它是重要的城市群战略空间，我们给它起了一个概念，实际上就是城市周边、城市群周边与城市群之间的这样一种经济自然或者说接近自然状态的一种维持了传统的人文，承担着生态保障功能，维持着城市群生态系统健康的这样一种区域。城市群发展的生态基底，生态基底这个词也是长三角城市群规划里面用的词，我们在这里借鉴了。它的构成主要是包括两段，一个是生态的基础，一个是文化的沉淀，我们大家都比较清楚的是生态的一些要素、文化的一些要素，那么我们说，这个乡土生态空间是城市群生态优化的战略空间，是城市群之间的一个生态屏障，它有很强的这样一种自净作用，它可以承担整体地保证系统修复，维持生态的平衡，特别是随着城市化进程的不断发展，人口的高度密集，城市的战略中生态承载力的问题，这都会对城市，对其中更高的一些作用提出更高的一些要求。国家最近提出了叫森林城市群的问题，并正在编制森林城市群的一些规划，那么乡土生态空间它不仅在生态上，从文化上是城市群文化传承的战略空间。大家知道，我们整个的文明经历了农业文明、工业文明，我们中国现在整体上属于工业文明的中后期，我们很多地方已经有后工业文明的这样一些特点，乡土生态空间是城市群城乡发展统筹的战略空间，它是消除城乡二元结构，促进城乡生产生活方式演化的一个非常重要的基本计策，这个空间的提出它有可能是一个实践渠道，它要求我们从内容上而非形式上进行城乡统筹，乡土生态空间将会成为城市文明和乡村文明相互交流传承的一种载体，我们说，这个乡土生态空间它许多是限制性或者是禁止的开放空间，我们怎么去利用呢？我想一个非常重要的利用方式，可能就是旅游。乡土生态空间的旅游利用可能是一种新型的城市群人地关系的这样一种构造特点。大家知道，居民的消费有这样一种消费规律，国际上有这样一种经验，到达人均多少多少钱的时候，会有一些消费的特点，一般来说，在达到5000美元的时候，就会进入一个成熟的附加经济的特点，在2015年，我们人均是7000多美金，将近8000美金，所以说中国正在迈向一个旅游社会，但是中国的旅游社会和发达国家是不一样的，因为中国内部的差异非常大。中国是一个大国，大国有大国的特点，大国的特点有些学者总结为三个特点，这里我借用其他学者的研究成果，他认为有规模特征、内涵特征和多元特征，大家应该说是非常有体会的。那么具体到旅游来讲，我们旅游的需求是非常巨大的，比如说从改革开放以来我们是怎么变化的，从1985年以来我们又是怎样变化的，我们有一些数据来支撑这样的观点，比如说，2016年国庆节我们有6

亿人在出行，所以有报纸说，国庆节有一半的国人在路上。在这样一个背景下，一个是消费，再一个是生活压力比较大，比较紧张。还有一个非常重要的，就是高速公路网和互联网的作用，把城市密集区与城市周边，乃至城市群之间的乡土生态空间和城市空间网在一起，我们认为，这两张网，一个是高速交通网，一个是互联网，把大家捆在一起。再一个，我们国民的文化需求，大家知道，我们国民在我们的心里是富有这样一种桃花园林人家、香格里拉这样一种心理的，这样一种需求，田园风光、浓厚乡情这样一种乡村印象和乡土情结，这是咱们中华文化里面一个非常重要的特点。那么在这样一种背景下，我们庞大的需求跟有限的空间，怎么去平衡，我们怎么去构建一个城市群的新型的人地关系，特别是随着工业化和城镇化的发展，休闲游憩空间的重要性不断地增加，乡土生态空间的利用和重构旅游格局这样一种转化，可能会提供一种新的供需平衡。我想可能会有这样几点做的，一个是构建新的旅游空间格局，大家知道最近我们国家提出了全域旅游，全域旅游可能是我们构建新的旅游格局的一个非常重要的抓手，大家知道全域旅游有一个非常重要的特点，就是旅游是国民经济的优势产业，它已经从国民经济的边缘走到国民经济的中心来，那么这样的一个作用，这样的一个地位，可能会加速加快更好地利用城市群的乡土生态空间，它可能会是经济结构转型和改革的一个有效的方式。我们可能会经历跨二进三这样一个今后的转型模式，我们跨过传统制造业这样一种阶段，在中国制造业阶段，我们取得了很好的成绩，但是我们也付出了非常大的资源环境的代价，那么乡土生态空间的旅游利用有可能会跨二进三，旅游的利用，它很显然会实现生产、生态、生活的供应，可能会形成一种新的城乡格局，一种新型城镇化的崭新的形式。大家知道，推进城镇化和新型人的城镇化提高了质量，造福百姓和富裕农民，这样的乡土生态空间的利用可能会使农业生产转为的旅游服务，跨过这样一个过程，我们希望，乡土生态空间的提出或许会为解决上述问题提出新的思路，有利于拓展旅游学术研究对当前中国社会经济转型背景下，旅游发展的洞察力、解释力、预见力和指导力，这是我们这段时间在一些项目的支持下的一些思考。

长江经济带旅游产业空间发展差异研究

刘超群

（华中师范大学城市与环境科学学院 武汉 430079）

摘要："旅游长江"作为长江经济带的重要组成部分，旅游产业的协调发展对长江经济带起到重要的推动作用。文章通过对长江经济带旅游产业的旅游机构数量、旅游产业从业人员、旅游产业经营情况三项旅游产业相关数据进行统计分析，对长江经济带11省市旅游产业之间的变化以及空间差异进行对比。结果表明：长江经济带酒店行业、旅游景区营业收入、旅游业营业收入、旅游酒店营业收入等均是上海等下游城市发展水平高，上游城市旅游产业发展水平相对较低，旅游产业的空间发展水平存在梯度差异性。

关键词：长江经济带；旅游产业；区位熵

一、引言

2014年4月，随着《关于依托黄金水道推动长江经济带发展的指导意见（国发〔2014〕39号》）（简称《指导意见》）的发布，长江经济带正式上升为国家战略。[1] 在《指导意见》关于旅游业的论述中，强调"充分发挥长江沿线各具特色的历史文化、自然山水和民俗风情等优势，打造旅游城市、精品线路、旅游景区、旅游休闲度假区和生态旅游目的地，大力发展特色旅游业，把长江沿线培育成为国际黄金旅游带"。建设长江旅游带也成为长江经济带的重要战略目标和组成部分。因此对长江经济带各省市旅游产业发展水平差异的分析，有利于长江经济带旅游产业发展规模和国民经济发展水平相匹配[2]，从空间角度分析长江经济带的旅游产业发展水平分异程度，在全域旅游视角下，努力构建长江经济带旅游产业一体化发展战略，以此促进长江经济带旅游产业的快速发展。从目前的文献研究来看，对长江经济带旅游产业的研究多集中于旅游产业结构概念与内涵等基础性研究[3-7]、旅游产业结构的调整优化研究[8-9]、旅游产业结构的方法与测度研究[10-11]、旅游产业的关联性研究[12-13]等方面，对区域性旅游产业的研究还处于初级阶段，与之相关的研究性文章相对较少。长江经济带的旅游产业在全国占有重要地位，对长江经济带旅游产业的研究也彰显其重要的研究价值和地位。本文引入地理学的相关理论，以旅游机构数量、旅游产业从业人员、旅游产业经营情况为研究对象，对收集到的数据进行统计，对长江经济带各省市旅游产业的空间经济结构变化进行空间差异分析，通过对长江经济带各省市发展现状的差异性分析，促进长江经济带旅游一体化，最终实现区域旅游的一体化发展，从而带动长江经济带旅游业的整体发展。

二、研究区域概况以及数据来源

（一）研究区概况

长江是中国第一大河，世界第三长河，干流流经青、藏、川、滇、渝、鄂、湘、赣、皖、苏、沪九省二市，干流全长6300km，流域面积180万 km²，约占全国总面积的1/5。它自西向东横贯中国中部，战略地位十分重要。截至2014年年末，区域内人口约有58425万人，国内生产总值接近28.5万亿，约占全国的44%。人口和国内生产总值均占全国的40%以上，是中国新一轮改革开放转型实施新区域开放开发战略区域[14]，长江经济带横跨我国东中西三大自然区，区内地形起伏变化明显，自然及人文旅游资源丰富，与之相关的旅游产业发展迅速。

（二）数据来源与处理

统计数据来源于2011-2015年的《中国统计年鉴》《中国旅游年鉴》《中国旅游统计年鉴》以及相关省份历年统计年鉴、《国民经济和社会发展统计公报》等。

三、研究方法

（一）研究方法

文章利用区位熵指数法对长江经济带旅游产业集聚水平进行测算，通过星级酒店营业收入区位熵、旅行社营业收入区位熵、旅游景区营业收入区位熵和旅游业营业收入区位熵等四个模型对长江经济带三大旅游产业之间的变化以及空间差异进行分析。哈盖将区位熵称作专门化率。在经济学中，来表示在一定的区域中，某一行业的专业化的程度。公式为：

$$LQ_{ij} = \frac{e_{ij}}{e_j} \left/ \frac{E_i}{E_i} \right.$$

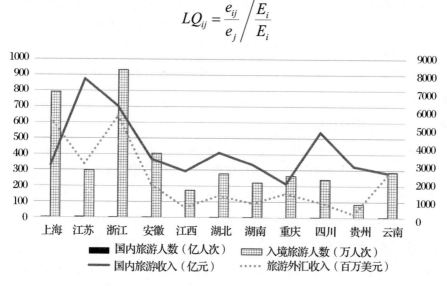

- ■ 国内旅游人数（亿人次）
- ▥ 入境旅游人数（万人次）
- —— 国内旅游收入（亿元）
- ‥‥ 旅游外汇收入（百万美元）

（二）数据来源

按照上述分析，本文将采用 2004—2013 年的国内生产总值，长江经济带 11 省市的生产总值、国内旅游收入、11 省市的旅游收入，以及三大旅游产业的相关数据，即旅行社、星级酒店、旅游景区三大核心产业的营业收入、旅游产业总收入等作为指标。按照经济地理联系，将长江经济带划分为上游、中游和下游三大区块，上游地区包括：云南、四川、重庆、贵州；中游地区包括：湖南、湖北、安徽、江西；下游地区包括：江苏、浙江、上海。相关数据均来源于 2005—2014 年《中国旅游统计年鉴》《中国旅游统计年鉴（副本）》《中国统计年鉴》等。

四、结果及分析

（一）旅行社营业收入区位熵

通过计算得出 2004—2013 年中国长江经济带 11 省市旅行社行业营业收入区位商指数，可以看出 11 个省市的旅行社营业收入区位熵的集聚效果不显著，大部分省市区位熵指数低于1。其中，上海市和云南省的旅行社营业收入区位熵远远高于其他省市，重庆市和浙江省的区位熵指数大致保持在1左右。上海市的旅行社营业收入区位熵处于逐渐上升的势头，但在2008年，有个大幅下降的过程。云南省的旅行社营业收入区位熵处于平缓下降的态势，但是仍然保持着较为显著的旅行社营业收入集聚态势。得分较高的城市分别为上海、浙江、云南和重庆。得分较低的城市分别为安徽、湖北、四川和贵州。可以看出长江经济带旅行社区位熵指数的空间分布呈现明显的区域特征，上游地区的明显较高，下游地区相对居中，中间位置普遍较低。

（二）旅游景区区位熵

通过2004—2013年中国长江经济带11省市旅游景区营业收入区位商指数计算结果，可以看出，长江经济带11省市旅游景区营业收入区位商指数曲线变化幅度较大，规律不明显。但从整体上来看，上海、江苏、浙江、云南的区位熵指数较小，基本都在1以下，只有2010年、2011年，浙江省的区位熵值有一定的上升趋势，2011年达到3.18，但很快区位熵又下降到1以下，整体来看，集聚水平不高。另外，安徽、江西、四川的区位熵值较于其他省市偏高，且区位熵值基本保持在1以下，具有较为稳定的集聚优势。从地理区位来看，长江经济带下游省市旅游景区营业收入区位熵值较低，集聚优势不明显，中游城市区位熵值较大，集聚优势大，上游城市区位熵值有高有低，四川的最高，云南的最低，贵州的波动性较大。

（二）旅游产业营业收入区位熵

通过计算得出2004—2013年中国长江经济带11省市旅游产业营业收入区位熵指数。从整体上来看，旅游产业营业收入的区位熵整体波动幅度不大，值得注意的是，2007年除了浙江省以外，所有省市区位熵都有明显的下降趋势，且区位熵值均低于1，而浙江省2007年的区位熵值达到10年的最高值3.92，与其他城市差异明显。上海、浙江、云南、贵州的旅游产业营业收入的区位熵较高，基本都在1以上，有着较为显著的产业集聚优势，江西、湖南、湖北的区位熵值普遍较低，且波动范围较小，区位熵值均在1以下，集聚优势不明显。整体表现为长江经济带上游和下游城市区位熵值较高，具有一定的产业集聚优势，中游城市区位熵值地，没有集聚优势。

五、结论与讨论

通过研究我们发现长江经济带旅游产业发展水平还存在着较大的差异，上海市因其优越的地理位置、政府政策及开发较早等原因旅游产业发展水平最高，长江下游城市经济实力强，旅游产业的发展水平也相对较高，长江上游地区如重庆四川等资源禀赋高，旅游产业具有自身特色，但经济基础较为薄弱。长江经济带各省市旅游产业发展水平不同，具有一定的空间差异，也存在许多不合理之处，不利于长江经济带区域旅游一体化发展，应努力完善市场调控机制，优化旅游产业结构，政府出台相应政策，构建社会调控机制，如对长江上游地区旅游产业的开发应加大扶持力度，充分发挥旅游资源的优化配置和隐性资源，同时长江经济带各政府之间应加强合作，横向联合，开发跨区域的旅游产品，通过改善旅游区域内部结构逐渐形成区域旅游集聚规模经济效益。

因此，针对上述结论，应积极探索和寻找缩小长江经济带内部东、中、西区域旅游发展差异的措施和对策，建议从以下几方面进行实施：（1）对长江经济带区域实施整体的旅游发展规划。（2）经济带区域中西部区域要充分地依托自有的资源优势，挖掘自身的发展潜力，借鉴东部地区和世界各地旅游发达地区的旅游发展的成功经验，借助国家西部地区开发的政策，发挥自己的优势，加快发展本区域的旅游产业。（3）经济带东部地区要深挖产品的内涵，不断提升产品的品质，提高创新创造意识，充分利用现代化信息系统，朝着旅游产业协调发展方向努力。

参考文献

[1] 郭家轩，姚永梅.长江经济带升至国家战略 [N]. 南方日报，2014-04-30.

[2] 席建超，葛全胜.长江国际黄金旅游带对区域旅游创新发展的启示[J].地理科学进展，2015.11.34.1449-1457.

[3] 王云龙，区域旅游产业结构基本研究框架构建[J].企业活力，2013

（5）：34-37.

[4] 张瑞真，马晓冬，我国旅游新业态及展望 [J]. 旅游论坛，2015（11）：46-50.

[5] 马晓龙，卢春花 . 旅游产业集聚：概念、动力与实践模式——嵩县白云山案例 [J]. 人文地理，2015（12）：78-83.

[6] 王润，刘家明 . 旅游产业研究综述 [J]. 地理科学研究进展，2014（12）：45-47.

[7] 谢春山，孟文，李琳琳，朱易兰 . 旅游产业转型升级的理论研究，辽宁师范大学学报 [N].

[8] 庄小丽，康传德 . 湖北省旅游产业结构分析与优化 [N]，中国地质大学学学报，2006（11）：50-54.

[9] 靳诚，陆玉麒，徐菁 . 基于域内旅游流场的长三角旅游空间结构探讨 [J]. 中国人口资源与环境，2009：114-119.

[10] 王建喜，一体化条件下长三角旅游产品群开发与优化研究 [J]. 旅游经济，2012（8）：110-113.

[11] 梁美玉，史春云，长三角旅游城市核心—边缘空间结构的演变 [J]. 旅游论坛，2009（4）：229-233.

[12] 廖甜甜，智慧旅游背景下深化中三角旅游联合开发路径研究 [J]. 旅游论坛，2014（4）：46-47.

[13] 张琛 . 长江三角洲区域旅游合作初探 [J]. 资源开发与市场，2003（1）.

[14] 刘名俭 . 中部地区旅游大开发战略构想 [J]. 经济地理，2004（9）.

长江国际黄金旅游带气候舒适度及其时空演变分析

兰琳　龚箭

（华中师范大学城市与环境科学学院，中国旅游研究院武汉分院，中国湖北武汉　430079）

摘要：本文利用1985—2014年逐日的气候数据，选用 UTCI 模型，研究长江国际黄金旅游带11个城市的旅游气候舒适度与时空演化特征。结果表明：①研究区气候舒适度纬向分布规律和经向地带性规律明显，长江上游低纬度地区的舒适程度明显优于的长江中下游地区，气候舒适度随海拔高度的下降而下降。②长江上游地区的昆明和贵阳的年舒适日数最长，分别为225天和192天，下游高纬度地区的合肥与南京最短各为133、134天。③气候舒适期主要集中在春秋两季，而上游低纬度地区春秋冬季皆舒适。④1985—2014年，除上游的贵阳与下游的南京以外，长江国际黄金旅游带大部分城市的 UTCI 指数呈明显上升趋势，整体上升趋势达到0.6℃/10a；其中合肥、成都的上升幅度最大（分别为1.1℃/10a、1℃/10a），重庆、长沙、武汉增幅较小（分别为0.1℃/10a、0.3℃/10a、0.07℃/10a）。

关键词：长江经济带；旅游气候舒适度；通用热气候指数；

一、引言

气候舒适度，也称适宜性气候，表征在外界气象因素的综合作用下人体感受舒适与否的程度，对人体健康[1]、建筑规划[2]、能源消耗[3]等方面均有重大影响。同样，其对于旅游活动的影响也是不言而喻的。从游客的角度来看，气候资源优质的目的地不仅能提升旅游体验，有些更是具备疗养功能[4]，进而成为游客旅游目的地决策的重要考量之一；另外从旅游地经营者的角度来说，气候舒适期的客流量远大于气候不舒适期，因时制宜的配置旅游资源，会使得旅游投资的效益显著提升[5]。因此，随着旅游市场的日益旺盛，旅游气候舒适度的研究需求也更加迫切。

2014年国务院发布《关于依托黄金水道推动长江经济带旅游发展的指导意见（国发〔2014〕39号）》等一系列相关文件，意见指出把建设"长江黄金国际旅游带"作为长江经济带旅游发展的战略目标[6]。在国家政策的利好扶持下，依托长江流域丰富多样的自然人文旅游资源，长江国际黄金旅游带充满了无限的发展机遇。但是旅游带在空间位置上，横跨中国大陆三大阶梯，涵盖多种气候类型，使得气候舒适度在时空上呈现差异性。

气候舒适度的研究始于20世纪初叶，近百年的研究历程中[7][8]，大约出现过160种以上的评价模型[9]，早期的经验模型，如有效温度[10]、温湿指数[11]、风寒指数[12]等模型，在国家气象预报[13][14]、军事防范[15]、公众御寒指导[16]等领域被广泛应用；随着人体热平衡方程的提出，机理模型在学界大放异彩[17]。步入21世纪之后，多元的学科背景及其相互之间的交叉融合使得学界对于人体与冷热环境之间交换过程的表达更加准确全面。2000年，国际生物气象学协会（International Society on Biometeorology，ISB）第6委员会整合热生理学、数学建模、医学、气候环境等多学科专业知识，建立了一个基于多节点热交换的通用热气候指数（Universal Thermal Climate Index，UTCI）[18]。UTCI指数对气候因素改变的反应更加灵敏、适用的气候类型更为广泛，被认为是当前考虑因素最全面，普适性最强的人体热平衡机理模型。因此，本文采用UTCI指数，对上长江国际黄金旅游带的气候舒适度进行研究分析，揭示其30年的时空演变规律，以期为长江流域的旅游可持续发展与开发提供科学依据。

二、数据来源与研究方法

（一）数据来源

本研究所需的气候数据检索收集自中国气象数据网（http：//cdc.cma.cn/）地面国际交换站气候资料日值数据集。主要包括长江流域昆明、贵阳、成都、重庆、长沙、武汉、南昌、合肥、南京、杭州、上海11个地面站点1985—2014年30年逐日的气候数据，核心气象指标为平均气温、日

最高温度、日最低气温、平均水汽压、10m 平均风速、平均相对湿度、日
照时数等，其中上海市 1985—1991 年缺失数值作抛弃处理。选取典型城市
时所需的旅游数据以国家旅游局出版的《中国旅游年鉴 2014》为依据。

（二）UTCI 模型以及地域参数

　　UTCI 模型使用人体辐射和热传播特征，结合了包含着装、情绪等因素
在内的生物气象学原理而得出的六阶非线性模型，被认为是当前考虑因素
最全面，普适性最强的人体热平衡机理模型。图 1 为现实条件下，UTCI 计
算过程的概念图，由于其计算过程复杂繁琐，本文不作详尽的描述，相关
公式表达可参见 UTCI 官方网站（www.utci.org）。

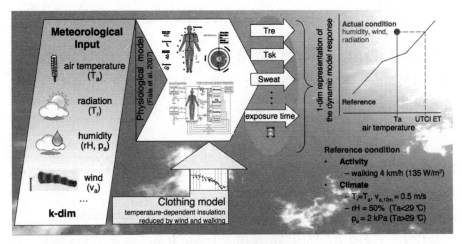

数据来源：UTCI 官方网站（www.utci.org）

图 1　现实条件下计算 UTCI 的概念图

　　根据不同的生物行为和气象特征，研究中心将 UTCI 指数分成了 10 种
舒适度等级表 3.1，便于业务使用。

表 1　UTCI 指数等级划分标准

UTCI 指数范围	热应力等级	舒适度等级
UTCI ≥ 46	极强热应力	极热
38 ≤ UTCI < 46	很强热应力	很热
32 ≤ UTCI < 38	强热应力	热

UTCI 指数范围	热应力等级	舒适度等级
26 ≤ UTCI < 32	较强热应力	较热
9 ≤ UTCI < 26	无热应力	舒适
0 ≤ UTCI < 9	轻微冷应力	凉
–13 ≤ UTCI < 0	较强冷应力	较冷
–27 ≤ UTCI < –13	强冷应力	冷
–40 ≤ UTCI < –27	很强冷应力	很冷
UTCI < –40	极强冷应力	极冷

计算 UTCI 时，大多数气象要素可以直接观测，只有平均辐射温度不能够直接获取，美国学者 Thorson 曾提出，可以通过计算人体裸露吸收太阳辐射的大小值评估平均太阳辐射值[19]。

$$T_{mrt} = \left[\frac{R}{5.39 \times 10^{-8}} + (273+t)^4 \right]^{0.25} - 273 \tag{1}$$

其中 T_{mrt} 为平均辐射温度，t 为日平均温度（℃），R 为日总辐射。

由于在计算 UTCI 模型时所使用的平均辐射温度需要日总辐射值，故需要使用太阳常数、太阳赤纬、各站地理纬度、日落时角、日地距离订正因子等因素来计算日总辐射。

$$R = S_0 [AS_1 + B \ln D + C] \tag{2}$$

其中 R 为日总辐射，S_0 为天文辐射，D 为日较差，其中 A、B、C 的值是依据为各个城市所处的地理位置，所设的参数系数。故讲11个城市分为三组（如表2），计算日总辐射值 R[20]。

最后，将平均温度、平均湿度或者是平均水汽压、平均风速、平均辐射温度四个气候指标输入由波兰科学院开发的 BioKlima2.6软件，得到 UTCI 指数[21]。

表2　各城市A、B、C参数值

分区	A	B	C	城市
上游区	0.412	0.118	-0.027	昆明、贵阳、成都、重庆
中游区	0.455	0.089	0.027	长沙、武汉、南昌
下游区	0.479	0.075	0.025	合肥、南京、杭州、上海

三、研究结果与分析

（一）旅游气候舒适多年平均特征

长江黄金国际旅游带整体的气候舒适度呈现一定的纬向分布规律和由海拔因素导致的经向地带性规律，研究区低纬度地区的舒适度指数比高纬度地区要高，整体随纬度的升高而降低；长江上游低纬度地区的舒适程度明显要优于的长江中下游地区，气候舒适度随海拔高度的下降呈下降趋势。

图2表示了研究区11个省会城市30年逐月的UTCI指数，表3给出了研究区30年来气候舒适度的平均特征。可看出，长江流域旅游舒适日数至西南向东北随纬度的升高而减少，至西向东随海拔高度的降低而降低，最长为上游地区的225天，最短为下游地区的133天。舒适月份最长为上游地区的9个月，最短为下游地区的5个月。其中，上游低纬地区的昆明年"舒适"日数最长，达到225天，除了6月、7月、8月份以外，气候皆舒适宜人，尤其在9月中旬至4月中旬适合游玩；上游高纬度的重庆、贵阳、成都等地舒适天数全年过半分别为196天、192天、179天，在1—4月、10—12月适宜作为旅游目的地；中下游中纬地区的武汉、南昌、杭州、长沙、上海等城市次之，分别为169天、166天、161天、156天、154天，适宜在春季2—4月与秋季10—12月游玩；长江下游高纬度地区的合肥与南京舒适天数最短，仅为133天与134天，适合在3—4月与10—12月出游。另外，从不适游的角度来看，整个长江国际黄金旅游带的旅游气候不舒适度时段主要集中在夏季的6—8月，以及长江下游地区的冬季，具体差异随纬度海拔变化存在差异。

各城市气候舒适度总体表现出不同程度的季节性差异特征，根据UTCI指数和"舒适"频率的年内分布为依据并据此将11个城市分为春秋适宜与春秋冬适宜两种类型。从中可以看出，整个长江国际黄金旅游带春、秋两个季节均较为舒适；其中上游地区的重庆、昆明由于纬度较低，而四川盆地北部的山岭屏障阻挡了冬季冷空气的侵袭，加上印度洋西南暖流的影响使得长江上游地区的重庆和昆明等地在冬季也较为舒适；另外昆明由于海拔高度较高，夏季也较为舒适。而长江中下游地区，特别是武汉等临江城市，长江径流量较大，城市水汽充足，加之气温较高，使得夏季气候舒适程度较差。

表 3　长江国际黄金旅游带各省会城市的旅游气候舒适期

	城市	年"舒适"日数	"舒适"月	"舒适"旬	类型
上游	昆明	225	1–5、9–12	9 月中旬 –4 月中旬	春秋冬
	贵阳	192	2–5、9–12	2 月下旬 –5 月下旬、9 月下旬 –12 月上旬	春秋
	成都	179	2–4、10–12	2 月下旬 –4 月下旬、9 月下旬 –12 月上旬	春秋
	重庆	196	1–4、10–12	10 月上旬 –4 月上旬	春秋冬
中游	长沙	156	2–4、10–12	2 月下旬 –4 月中旬、10 月中旬 –12 月中旬	春秋
	武汉	169	1–4、10–12	1 月下旬 –4 月上旬、10 月中旬 –12 月下旬	春秋冬
	南昌	166	2–4、10–12	2 月上旬 –4 月中旬、10 月下旬 –12 月下旬	春秋
下游	合肥	133	3–4、10–12	3 月上旬 –4 月下旬、10 月上旬 –11 月下旬	春秋
	南京	134	3–4、10–12	3 月上旬 –4 月卜旬、10 月中旬 –12 月上旬	春秋
	杭州	161	2–4、10–12	2 月上旬 –4 月下旬、10 月中旬 –12 月下旬	春秋
	上海	154	3–5、10–12	3 月上旬 –5 月中旬、10 月上旬 –12 月上旬	春秋

　　注：年"舒适"日数定义为一年中逐日 UTCI 处于"舒适"范围的日数；"舒适"月指月均 UTCI 值处于舒适范围的月份；"舒适"旬是指舒适频率大于70% 的旬。

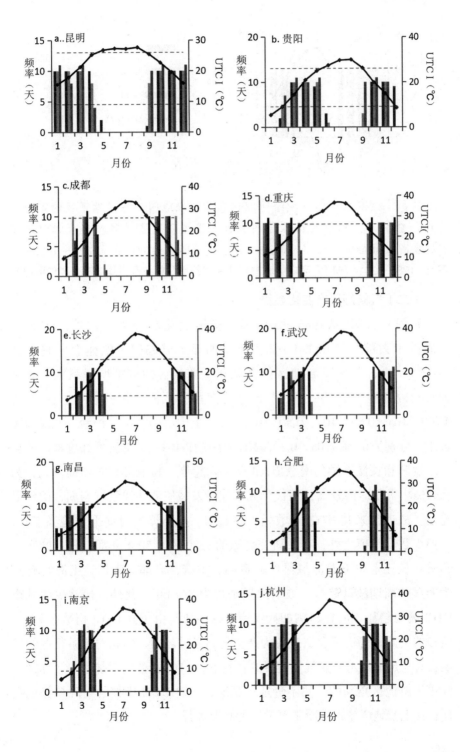

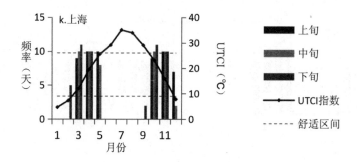

注：①该图基于国家测绘地理信息局标准地图服务网站下载的审图号为 GS（2016）2923 号的标准地图制作，根据研究区情况，将长江中游城市群底图裁剪绘制，底图无修改。②虚线范围内为舒适区间 9℃~26℃。

图2 1985—2014 年研究区省会城市各旬的"舒适"频率及月均 UTCI 多年平均值

（二）气候舒适度变化趋势

如图3所示，从1985—2014年的整体变化趋势来看，长江国际黄金旅游带大部分城市的 UTCI 指数呈明显上升趋势，整体上升趋势达到0.6℃/10a；其中下游地区的合肥和上游地区的成都增幅最大，分别为1.1℃/10a、1℃/10a，长江下游的南昌、上海、杭州次之，分别为0.76℃/10a、0.6℃/10a、0.5℃/10a，长江上中游的重庆、长沙、武汉增幅较小，分别为0.1℃/10a、0.3℃/10a、0.07℃/10a；而上游低纬度地区的昆明、贵阳和长江下游的南京 UTCI 呈下降趋势，其中贵阳的降幅最大，为1.2/10a。贵阳地势较高，现代化城市建设发展使紫外线强度变弱，雨水更充足，故近年来其 UTCI 指数呈下降趋势。从整体的滑动平均趋势来看，除掉少数异常值之外，本文研究区域的11市在近30年来都有相似的变化趋势，长江上中下游流域昆明、贵阳、重庆、成都、南昌、上海均有较为明显的周期波动趋势，波动周期平均为 8~10年。此外，虽然少数城市 UTCI 增幅趋势不明显，例如武汉市，这主要是由于其 UTCI 指数基数大，缓慢的上升趋势仍然会造成较为严重的高温破坏力，因此对旅游行业的发展会有一定的冲击。在气候变暖的背景下，UTCI 指数的增加趋势会加剧长江中下游地区夏季的"热不舒适"状况，同时 UTCI 指数的下降趋势也会使长江上游地区冬季"冷不舒适"的状况加强。

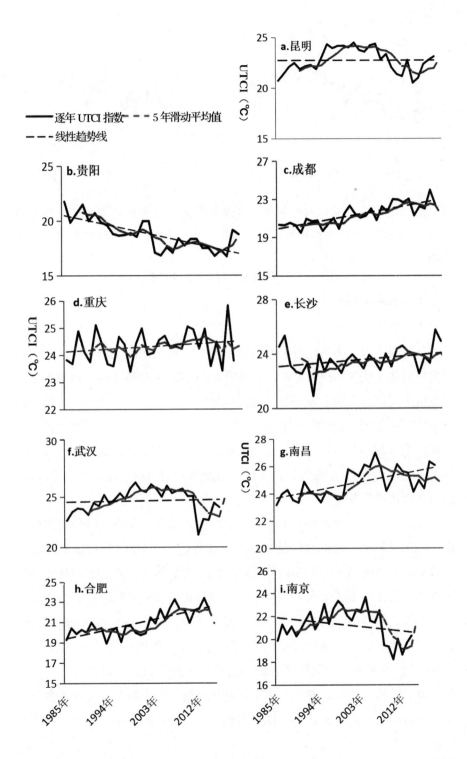

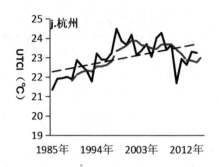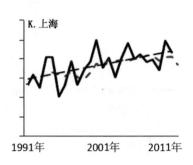

注：该图基于国家测绘地理信息局标准地图服务网站下载的审图号为GS（2016）2923号的标准地图制作，根据研究区情况，将长江中游城市群底图裁剪绘制，底图无修改。

图3　研究区各省会城市年均UTCI指数的年际变化

三、结论与讨论

（一）结论

本文对比以往多种气候舒适度评价模型，选用国际生物气象学协会研究多年的通用热气候指数UTCI，，利用1985—2014近30年的气候数据，研究分析了长江国际黄金旅游带的旅游气候舒适度与时空演变特征。首先利用UTCI指数对研究区月度旅游气候舒适度进行评价，最后利用评价结果对长江流域的适游时段与期长进行总结，并以此为依据区划出流域的适游类型。之后对长江流域上中下游11个省会城市近30年来旅游气候舒适度的时空变化进行系统分析。

①长江国际黄金旅游带的UTCI指数整体呈现一定的纬向分布规律和由海拔因素导致的经向地带性规律，低纬度地区的UTCI指数比高纬度地区要高，整体随纬度的升高而降低；长江上游低纬度地区的舒适程度明显要优于的长江中下游地区，气候舒适度随海拔高度呈下降趋势。②研究区的适游期长至西南向东北随纬度的升高而减少，至西向东随海拔高度的降低而降低，长江上游地区的昆明和贵阳的年舒适日数最长，分别为225天和192天，下游高纬度地区的合肥与南京最短各为133天、134天。另外长江流域的旅游气候舒适期主要集中在春秋两季，而上游低纬度地区春秋冬季皆舒适。③1985—2014年，除上游的贵阳与下游的南京以外，长江国际

黄金旅游带大部分城市的 UTCI 指数呈明显上升趋势，整体上升趋势达到 0.6℃/10a；其中合肥、成都的上升幅度最大（分别为 1.1℃/10a、1℃/10a），其次为长江下游的南昌、上海、杭州（分别为 0.76℃/10a、0.6℃/10a、0.5℃/10a），重庆、长沙、武汉增幅较小（分别为 0.1℃/10a、0.3℃/10a、0.07℃/10a）；以 10a 为单位，对比各阶段 UTCI 指数，最大值的主要集中在长江中游地区的武汉、南昌、长沙。在气候变暖的背景下，UTCI 指数的增加趋势会加剧长江中下游地区夏季的"热不舒适"状况，同时 UTCI 指数的下降趋势也会使长江上游地区冬季"冷不舒适"的状况加强。

（二）讨论

本文运用了国际领先的 UTCI 评价模型指数，从宏观尺度探讨长江国际黄金旅游带的旅游气候舒适度及 30 年来的时空演变规律，有别于以往忽略太阳辐射、人体自身代谢、服装等客观因素的气候舒适度评价模型，扩展了旅游气候舒适度研究的尺度与方法。还存在许多的不足之处：①在模型的设计上，部分参数是直接通过城市的气象资料估算的，在一定程度上降低了旅游气候舒适度和舒适度计算的准确性。②本文所研究的对象区域为长江国际黄金旅游带，由于资料局限的原因，仅选取了省会城市的气象站点，没有大规模的选取研究区的城市，所研究的舒适度模型具有一定的局限性。在今后的研究中应该对全国各大城市进行系统性的评价。此外，在今后的研究中，应该结合季节特征，应用更多的站点数据，结合 GIS 软件分别对夏季和冬季的气候特征分别作出评价。

参考文献：

[1] Laschewski G, Jendritzky G. Effects of the thermal environmenton human health: An investigation of 30 years of daily mortalitydata from SW Germany[J]. Climate Research, 2002, 21（1）: 91-103.

[2] Tahbaz M. Psychrometric chart as a basis for outdoor thermalanalysis[J]. International Journal of Architectural Engineering& Urban Planning, 2011, 21（2）: 95-109.

[3] De Freitas C R, Scott D, McBoyle G. A second generationclimate index

for tourism（CIT）：Specification and verification[J]. International Journal of Biometeorology，2008，52（2）：399-407.

[4] 从晓男，王秩．中国城市旅游气候舒适度及时空演变分析 [J]．测绘科学，2015，40（6）：84-91．

[5] Tzu-Ping Lin, Andreas Matzarakis. Tourism climate information based on human thermal perception in Taiwan and Eastern China [J]. Tourism Management，2011，32：492-500.

[6] 国务院．2014国务院关于依托黄金水道推动长江经济带发展的指导意见 [R/OL].〔2014〕39号国发．

[7] Hill L，Griffith O W，Flack M. The measurement of the rate of heat loss at body temperature by convection，radiation and evaporation [J].Philosophical Transaction of Royal Society，1916，20（7）：183-220.

[8] De Freitas C R, Grigorieva EA.A comprehensive catalogue andclassification ofhuman thermal climate indices[J]. InternationalJournal ofBiometeorology，2015，59（1）：109-120.

[9] 闵业超，岳书平，刘学华等．国内外气候舒适度评价研究进展 [J]．地球科学进展，2013（10）：1119-1125．

[10] Houghten F C, Yaglou C P.Determining lines of equal comfort[J]. Transactions of the American Society of Heating andVentilating Engineers，1923，29：165-176.

[11] Barradas V L. Air temperature and humidity and human comfortindex of some city parks of Mexico City[J]. InternationalJournal of Biometeorology，1991，35（1）：24-28.

[12] Siple P A，Passel C F. Measurements of dry atmospheric coolingin subfreezing temperatures[J]. Proceedings of the AmericanPhilosophical Society，1945，89（1）：177-199.

[13] Bedford T. Environmental warmth and human comfort[J]. British Journal of Applied Physics，1950，1（2）：33.

[14] Jauregui E, Cervantes J, Tejeda A. Bioclimatic conditions inMexico city：

An assessment[J]. International Journal ofBiometeorology, 1997, 40（3）: 166-177.

[15] Yaglou C P, Minard D. Control of heat casualties at military training centers[J]. American Medical Association Archives of In-dustrial Health 1957, 16: 302-316.

[16] Dixon J C. Wind chill——It's sensational[J]. Weather, 1991, 46（5）: 141-144.

[17] Fanger P O. Thermal Comfort.Analysis and Application in Environment Engineering[M]. Copenhagen: Danish Technical Press, 1970.

[18] Jendritzkyde G, Dear R, Havenith G. UTCI-why another thermal index?[J] Intemational Journal of Biometeorology, 2012, 56: 421-428.

[19] Thorsson S, Honjo T, Lindberg F, etal. Thermal comfort and outdoor activity in Japanese Urban Public Places[J]. Environment and Behavior, 2007（39）: 660-684.

[20] 曹雯, 申双和. 我国太阳日总辐射计算方法的研究 [J]. 南京气象学院学报, 2008, 31（4）: 587-591.

[21] Blazejczyk K. BioKlima-universal tool for bioclimatic and thermophysiological studies.http: //www.igipz.pan.pl/bioklima.html, 2011-11-18.

长江中游城市群森林公园空间分布格局及可达性评价

杨丽婷[1,2]，刘大均[3]，赵越[1,2]，胡静[1,2*]，张祥[1,2]

（1.华中师范大学城市与环境科学学院，湖北武汉 430079；2.中国旅游研究院武汉分院，湖北武汉 430079；3.西华师范大学管理学院，四川南充 637002）

摘要：本文运用空间分析方法，对长江中游城市群森林公园的空间分布及其可达性进行综合分析，并对不同等级森林公园的空间分异进行比较研究。结果表明：（1）长江中游城市群森林公园在空间上表现为聚集分布，且具有"东密西疏"的空间分布格局，国家级和省级森林公园的分布模式分别为随机分布和聚集分布。（2）长江中游城市群森林公园的空间可达性较好，区域内平均可达性时间为38.84分钟，且具有明显的交通指向性，省级森林公园的可达性要优于国家级森林公园。（3）基于县级单元的整体可达性在空间上呈聚集格局，森林公园可达性的热点区域分布自东向西表现为热点区、次热区、次冷区和冷点区，省级森林公园可达性与之表现出较强的相似，而国家级森林公园可达性的热点区域分布相对随机。在此基础上提出相应的对策措施，为长江中游城市群森林旅游的发展提供了依据。

关键词：长江中游城市群；森林公园；空间结构；可达性；森林旅游

近年来，随着人们收入的增加以及对健康重视程度的不断提高，户外休闲旅游需求呈明显的上升趋势[1]。森林公园作为主要的休闲旅游目的地之一，也越来越受到旅游者的青睐。为此，森林公园旅游的研究也受到了国内学者的广泛关注，研究内容主要集中于森林公园旅游开发的现状、问题及策略探讨 [2, 3]；森林公园的旅游市场分析 [4, 5]；森林公园旅游环境承载力评估 [6]；森林公园旅游产品的开发 [7]；森林公园旅游业发展的影响 [8] 等。上述研究成果为我国森林公园旅游发展提供了一定的研究基础，但当前学界对森林公园的空间分布格局、空间结构等方面的研究还不多，研究方法也缺乏 GIS 空间分析手段的引入。森林公园是充分发挥森林功能特别是森林生态系统服务功能的主要载体，也是森林旅游事业发展最重要的阵地 [9]。

森林公园的空间结构，不仅可以直接引发旅游者的空间行为，而且对森林旅游资源的开发速度、规模效益、时空安排都有重要的影响 [10]。可达性这一概念由 Hansen 于1959年首次提出，并定义交通网络中各个节点相互作用的机会大小即为可达性 [11]。此后可达性概念被广泛应用于交通规划、城市规划和地理科学等领域的研究 [12]。研究森林公园的空间结构及可达性问题，对于提高森林资源利用率，调整森林公园旅游的战略布局，形成一个区域性、高效率的森林公园体系，有着重要意义。

推动长江经济带发展是国家一项重大区域发展战略，长江中游城市群是长江经济带的重要组成部分，也是实施促进中部地区崛起战略、全方位深化改革开放和推进新型城镇化的重点区域，在我国区域发展格局中占有重要地位，它被定位为我国经济发展的新增长极。本研究从森林公园入手，以长江中游城市群为例，基于地理信息系统软件分析长江中游城市群区域内省级及以上森林公园的空间分布格局并计算可达性，对比不同等级森林公园的区别与联系，尝试在定量上把握区域森林公园的空间结构并揭示其内在规律，以期为区域森林公园的规划布局提供参考并丰富森林公园旅游研究体系。

一、研究区概况与方法

（一）研究区概况

根据2015年《长江中游城市群发展规划》，长江中游城市群是由武汉城市群（圈）、环长株潭城市群、环鄱阳湖城市群组成的特大型城市群，三大子城市群之间合作交流密切。其中武汉城市群以湖北省武汉市为中心，同时涵盖黄石市、鄂州市、黄冈市、孝感市、咸宁市、仙桃市、潜江市、天门市、襄阳市、宜昌市、荆州市、荆门市，共包含13个城市；环长株潭城市群以湖南省长沙市为中心，同时涵盖株洲市、湘潭市、岳阳市、益阳市、常德市、衡阳市、娄底市，共包含8个城市；环鄱阳湖城市群以江西省南昌市为中心，同时涵盖九江市、景德镇市、鹰潭市、新余市、宜春市、萍乡市、上饶市、抚州市、吉安市，共包含10个城市。长江中游城市群范围覆盖湖北、湖南、江西3省的31个城市。

（二）数据来源

长江中游城市群区域森林资源丰富，其中省级及以上森林公园资源禀赋好，影响力大，森林旅游大多集中于这些公园，因此本研究以省级及以上森林公园为研究对象。截至2014年底区域内共有省级及以上森林公园258个，其中国家级森林公园85个，省级森林公园173个。长江中游城市群森林公园名单及相关资料来源于国家林业局网（http：//www.forestry.gov.cn/）、湖北省林业厅网（http：//www.hbly.gov.cn）、湖南省林业厅网（http：//www.hnforestry.gov.cn/）、江西省林业厅网（http：//www.jxly.gov.cn/），以及其他相关网站公布的数据。交通网络数据主要来源于中国地图出版社的中国交通地图册（2015），在 ArcGIS 10.2环境下进行矢量化。

（三）研究方法

1. 点模式分析

点模式分析一般是基于一系列在空间上分布的点，采用基于距离的最邻近指数（nearest neighborindex，NNI）方法和基于密度的核密度估计（kerneldensity estimation，KDE）方法，分析点状目标的空间分布规律[13]。最邻近指数法的计算公式如下[14]：

$$NNI = \frac{r_{obs}}{r_{\exp}}, r_{obs} = \frac{\sum d_i}{n}, r_{\exp} = 0.5\sqrt{A/n} \tag{1}$$

式中：r_{obs} 为最邻近点对之间平均距离的实际观测值；r_{exp} 为理论模式下最邻近点对之间平均距离的预期值；d_i 为点 i 的最邻近距离；A 为研究区面积；n 为点状目标的总数。核密度估计表达式如下[15]：

$$f(x) = \frac{1}{nh^d} \sum_{i=1}^{n} K\left[\frac{x - x_i}{h}\right] \tag{2}$$

式中：K 为核密度；h 为宽度；n 为宽度范围内的点数；d 为数据维度。采用核函数通过对搜索区内点赋以不同权重而使结果分布更为平滑，通过密度估算可以获得未知区域的密度属性[16]。

2. 变异系数

变异系数（Coefficient of Variation，CV）是 Voronoi 多边形面积的标准差与平均值的比值，用于衡量现象在空间上的相对变化程度[17]，具体计算公式为：

$$CV=S/M \tag{3}$$

式中：S 和 M 分别为 Voronoi 多边形面积的标准差与平均值。

3. 可达性评价

当前有多种用于可达性评价的模型，根据本研究的目的，以区域内一点到最近森林公园所需要的时间刻画该点居民到达森林公园便利程度，有利于把握森林公园和交通网络之间的关系，具体公式[18]如下：

$$A_i=\min\left(M_jT_{ij}\right) \tag{4}$$

式中：i、j 为区域内的森林公园；T_{ij} 为点 i 在交通网络中通行时间最短的线路到达森林公园 j 的通行时间；M_j 为森林公园 j 的权重，如果只研究交通通达性则为常数1；A_i 为区域内点 i 的森林公园可达性。长江中游城市群受自然地理环境的约束和社会经济发展水平的影响，当前公路交通是区域内外交通的主要方式，也是游客前往旅游景点的主要方式。因此，本研究基于公路交通网络测算区域内森林公园的可达性水平及其空间格局。可达性算法的实现是用 1 km×1 km 栅格网将原矢量底图栅格化，整个长江中游城市群区域有效网格共353085个。根据国家公路网对不同等级行车速度的要求，并参考前人成果[19, 20]，高速公路、国道、省道及其他等级公路行车速度分布采用100km/h、80km/h、60km/h 和20km/h，计算道路通行时间，进而对栅格赋以相应的时间成本值。最后对路网成本栅格图像运用最短成本加权距离[21]，获得区域内各点到森林公园的可达性。进一步分析县级单元内森林公园的整体可达性评价，通过计算县级单元内网格森林公园可达性的平均时间来反映整个县级单元的森林公园可达性。具体公式为：

$$R_j = \sum_{i=1}^{n_j} A_i / n_j \tag{5}$$

式中：n_j 为落在第 j 个县级单元范围内网格的总数；A_i 为县级单元第 i 个网格的森林公园可达性；R_j 为第 j 个县级单元的整体景点可达性。

4. 空间关联性分析

以上述计算的县级单元整体可达性为研究数据，计算长江中游城市群森林公园的 Global Moran's I 估计值及相关指标，具体公式为：

$$i = \frac{N \sum_{i=1}^{n} \sum_{j=1}^{n} \left[W_{ij} (X_{ij} - \overline{X})(X_j - \overline{X}) \right]}{\sum_{i=1}^{n} (X_i - \overline{X})^2 (\sum_{i=1}^{n} \sum_{j=1}^{n} W_{ij})} \tag{6}$$

式中：N 为样本数量；X_i 为区域 i 的观测值；为全部样本的平均值；W_{ij} 为空间权重矩阵，空间范围相邻则为1，不相邻则为0。Moran's I 指数只能评估所表达的模式，不能识别显著性的热点或冷点，因此运用 Getis-OrdG*i 进行热点分析，

$$G_i^*(d) = \sum_{j=1}^{n} W_{ij}(d) X_j / \sum_{j=1}^{n} X_j \tag{7}$$

对 $G_i^*(d)$ 进行标准化处理：

$$Z(G_i^*) = \frac{G_i^* - E(G_i^*)}{\sqrt{V_{ar}(G_i^*)}} \tag{8}$$

式中：$E(G_i^*)$ 和 Var (G_i^*) 为 G_i^* 的数学期望和方差；W_{ij} 为空间权重，空间范围相邻则为1，不相邻则为0。如果 $Z(G_i^*)$ 显著为正，则表示位置 i 周围的值相对较高（高于均值），属高值空间集聚；如果 $Z(G_i^*)$ 显著为负，则表示位置 i 周围的值相对较低（低于均值），属低值空间集聚。

二、长江中游城市群森林公园空间分布格局

（一）空间分布类型

根据公式（1）基于地理信息系统软件计算最近邻距离指数 NNI，结果如表1所示。如果 NNI<1，点状目标趋于聚集分布；如果 NNI>1，点状目标趋于均匀分布；当 NNI=1 或接近于1时，点状目标呈随机分布。

（1）长江中游城市群森林公园最近邻点对之间的平均观测距离为18.95 km，期望平均距离为22.13 km，两者比值即最近邻指数 NNI ≈ 0.86<1，并且 Z 检验值和 P 检验值高度显著，说明长江中游城市群森林公园表现为聚集分布的特点。

（2）长江中游城市群国家级森林公园最近邻点对之间的平均观测距离为37.36 km，期望平均距离为37.60 km，两者比值即最近邻指数 NNI ≈ 0.99接近于1，根据 Z 值和 P 值无法拒绝原假设，说明区域内国家级森林公园呈随机分布。长江中游城市群省级森林公园最近邻点对之间的平均观测距离为22.81 km，期望平均距离为26.49 km，两者比值即最近邻指数 NNI ≈ 0.86<1，并且 Z 检验值和 P 检验值高度显著，说明区域内省级森林公园呈聚集分布。

表 1　森林公园最近邻距离指数

森林公园类型	平均观测距离（km）	预期平均距离（km）	NNI	Z 值	P 值	分布类型
森林公园	18.95	22.13	0.86	-4.42	0.00	聚集
国家级森林公园	37. 36	37.60	0.99	-0.11	0.91	随机
省级森林公园	22.81	26.49	0.86	-3.49	0.00	聚集

（3）国家级和省级森林公园的分布模式不同，分别表现为随机分布和聚集分布。两者空间分布的差异主要是由不同等级森林公园对森林旅游资源等级质量要求不同造成的，根据《森林公园管理办法》，国家级森林公园代表了国内森林公园的最高水平，对森林旅游资源等级质量的要求最高，这一特性减少了国家级森林公园的数量及其在空间上呈聚集分布的可能，而省级森林公园的评定要求相对较低，在森林资源丰富的地区省级森林公园数量增多并形成聚集态势。

由于利用最邻近指数测定点状目标空间分布类型时的界定标准存在一定的争论[22]，故进一步采用测算 Voronoi 多边形的面积变异系数 CV 的方法检验以上结果。Duyckaerts 在他的研究中表明，当点状目标聚集分布时，

CV为92%（包括大于64%的值）；当点状目标随机分布时，CV为57%（包括33%到64%之间的值）；当点状目标均匀分布时，CV为29%（包括小于33%的值）[23-25]。

　　分别以长江中游城市群森林公园、国家级森林公园和省级森林公园为发生元，生成普通Voronoi多边形（图1），并计算3种类型的面积变异系数CV见表2。长江中游城市群森林公园CV=67.08%>64%，验证了其聚集分布的空间态势；国家级森林公园CV=55.42%，介于33%到64%之间，验证了其随机分布的空间态势；省级森林公园CV=81.33%>64%，验证了其聚集分布的空间态势。

　　注：该图基于国家测绘地理信息局标准地图服务网站下载的审图号为GS（2016）2923号的标准地图制作，根据研究区情况，将长江中游城市群底图裁剪绘制，底图无修改。

图1　森林公园 Voronoi 图

表2　森林公园变异系数

森林公园类型	标准差（km2）	平均值（km2）	CV（%）	分布类型
森林公园	921.58	1373.77	67.08	聚集
国家级森林公园	2301.77	4153.65	55.42	随机
省级森林公园	1659.71	2040.81	81.33	聚集

（二）空间分布的核密度

　　采用核密度估计，将区域内的森林公园、国家级和省级森林公园的数量值作为规模变量，以35km为搜索半径，输出1km×1km大小的栅格（图2）。

（1）从整体上来看，长江中游城市群区域内森林公园的空间分布结构表现为"东密西疏"。这主要是因为自然界客观存在的森林资源是森林公园开发建设的根本要素，森林资源对森林公园的空间分布产生影响，长江中游城市群东部多丘陵山地，如位于上饶市的三清山、鹰潭市的龙虎山、九江市的庐山等都分布于东部地区，因此东部森林资源比较丰富，在长江中游城市群区域内形成"东密西疏"的森林公园空间分布格局。

（2）区域内国家级森林公园的空间分布整体上较为分散，明显的高密度区域只有一个，位于环鄱阳湖城市群北部，其他区域均没有出现高密度区域。国家级森林公园在空间上随机分布的态势限制了核密度估计中高密度区域的存在。

（3）省级森林公园的空间分布具有明显的聚集特性。从整体上来看，区域内省级森林公园的空间分布结构表现为"东密西疏"。高密度区域主要分布在环鄱阳湖城市群的西部及东北部、武汉城市群东部和环长株潭城市群东北部。

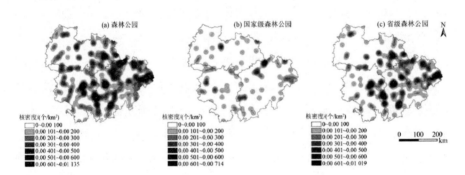

注：该图基于国家测绘地理信息局标准地图服务网站下载的审图号为GS（2016）2923号的标准地图制作，根据研究区情况，将长江中游城市群底图裁剪绘制，底图无修改。

图2 森林公园分布密度图

三、长江中游城市群森林公园可达性评价

（一）可达性扩散结果分析

森林公园可达性可以说明森林公园的现实服务情况，从另一个角度反映了森林公园的空间分布格局。分别将区域内森林公园、国家级森林公园

和省级森林公园作为扩散的源点，计算每一个森林公园通过交通网络到达长江中游城市群区域内任意栅格所花费的时间，根据交通线路通行的可逆性，可知这一栅格到森林公园的可达性就是每一个森林公园通过交通网络到达长江中游城市群区域内任意栅格所花费时间的最小值。通过计算，得到森林公园可达性的扩散结果（图5）。以15min为分段点，将森林公园可达性划分为7个时间段，即0~15min、15~30min、30~45min、45~60min、60~75min、75~90 min和>90 min，并分别计算7个时间段在空间上的分布频率及累计频率，结果如表3所示。

（1）长江中游城市群区域内森林公园的平均可达性时间为38.84 min，森林公园可达性在长江中游城市群的分布差异十分明显。可达性最差的区域主要分布在宜昌市西部、襄阳市南部、常德市北部、荆门市北部、益阳市东部、娄底市西部、岳阳市西部、上饶市西部、南昌市东北部、吉安市边缘等地，最差可达性达到166.00 min。可达性较好的区域具有明显的交通指向性，主要沿武汉六环线、长潭西线、景鹰线等交通干线分布。区域内武汉、长沙、南昌三大核心城市周边交通网络相对发达，森林公园可达性具有更好的延伸性，衰减幅度小于一般城市。

（2）长江中游城市群区域内国家级和省级森林公园的平均可达性时间分别为56.75 min和46.12min，这意味着区域内所有居民点通过路网到达其最便捷的省级森林公园所花费的平均时间比到达其最便捷的国家级森林公园所花费的平均时间短，省级森林公园的可达性要优于国家级森林公园。这主要是因为不同等级森林公园的空间分布差异对其可达性差异起着决定性的作用，区域内某种等级的森林公园分布越密集，可达性就越好。区域内省级森林公园共173个，是国家级森林公园85个的2.04倍，区域内低等级森林公园的大量分布，缩短了各个居民点通过路网到达其最便捷的省级森林公园所花费的时间。

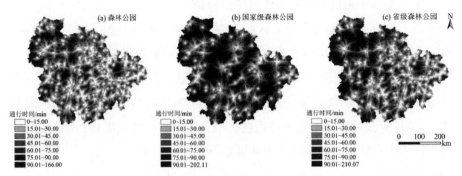

注：该图基于国家测绘地理信息局标准地图服务网站下载的审图号为GS（2016）2923号的标准地图制作，根据研究区情况，将长江中游城市群底图裁剪绘制，底图无修改。

图 4　森林公园的可达性分布

表 3　森林公园可达性分布频率和累计频率（%）

0–15		时间（min）						
		15–30	30–45	45–60	60–75	75–90	> 90	
森林公园	分布	11.32	27.37	27.77	18.59	8.88	3.46	2.61
	累计	11.32	38.69	66.46	85.05	93.93	97.39	100.00
国家级森林公园	分布	3.78	12.48	20.02	22.24	18.21	11.90	11.37
	累计	3.78	16.26	36.28	58.52	76.73	88.63	100.00
省级森林公园	分布	8.34	21.59	24.95	19.91	12.39	6.52	6.30
	累计	8.34	29.93	54.88	74.49	87.18	93.70	100.00

从可达性分布频率来看，国家级和省级森林公园可达性在45 min以内的区域分别达到36.28%和54.88%，可达性在90min以上的区域分别为11.37%和6.30%，最差可达性分别为202.11min和210.07min，都超过了3个小时，可见内部可达性差异性大。森林公园、国家级森林公园和省级森林公园可达性分布频率随着时间的增长都表现为先上升后下降，呈现倒"U"型的分布结构。

（二）基于县级单元的整体可达性分析

为了更好地从宏观上把握区域内森林公园的可达性差异和区域效应，本研究对长江中游城市群进行小范围划分。县级是我国最基本的区域经济单元，因此本研究按照县域单元对长江中游城市群进行划分，考虑到一些城市的主城区面积较小对其进行了合并，共划分出178个单元，并利用公式（5）计算县域单元的整体可达性。结合给定的时间段将178个单元划分为7个等级（图4），各个等级的区域数量如表4所示。

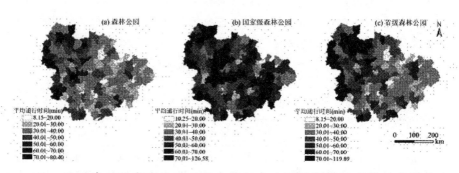

注：该图基于国家测绘地理信息局标准地图服务网站下载的审图号为GS（2016）2923号的标准地图制作，根据研究区情况，将长江中游城市群底图裁剪绘制，底图无修改。

图4　森林公园的县级单元可达性等级分布

（1）森林公园基于县级单元的整体可达性在20min以内的县级单元共19个，呈分散分布，其中11个分布于环鄱阳湖城市群，占比57.89%；整体可达性在40min以内的县级单元共124个，其中64个分布于环鄱阳湖城市群，占比51.61%。整体可达性在空间上表现为环鄱阳湖城市群优于另外两个城市群，这是因为长江中游城市群森林公园多集中于森林资源禀赋突出的东部地区。整体可达性最好的地区是吉安市区，整体可达性仅为8.15min。整体可达性最差的是宜昌市的秭归县，整体可达性为80.40min，这主要是因为秭归县位于武汉城市群的西部边缘处，且交通区位较差。

（2）国家级森林公园整体可达性在20min以内的县级单元共5个，呈分散分布；可达性在40min以内的县级单元共43个。整体可达性最好的地区是上饶市区，整体可达性仅为10.25min，其次是九江市区，整体可达性为12.43min。整体可达性最差的是益阳市的沅江市，整体可达性为126.58min。

（3）省级森林公园整体可达性在20min以内的县级单元共15个，呈分散分布；可达性在40min以内的县级单元共99个。整体可达性最好的地区是吉安市区，整体可达性仅为8.15min，其次是上饶市区，整体可达性为8.58min。整体可达性最差的是宜昌市的五峰土家族自治县，整体可达性为119.89 min。

表4　县域单元的整体可达性等级分布（个）

0-20		时间（min）						
		20-30	30-40	40-50	50-60	60-70	〉70	
森林公园	武汉城市群	4	6	20	13	6	6	2
	环长株潭城市群	4	8	18	10	5	2	1
	环鄱阳湖城市群	11	25	28	7	3	0	0
国家级森林公园	武汉城市群	0	1	4	15	12	8	17
	环长株潭城市群	1	2	10	12	6	6	11
	环鄱阳湖城市群	4	8	13	11	22	5	10
省级森林公园	武汉城市群	4	4	13	13	4	8	11
	环长株潭城市群	3	6	11	14	8	2	4
	环鄱阳湖城市群	8	18	32	8	6	1	0

（三）可达性分布的空间关联性分析

进一步运用空间关联分析，基于县级单元探求森林公园可达性的空间分布格局。利用公式（6）计算森林公园、国家级森林公园和省级森林公园整体可达性的 Global Moran's I 估计值及相关指标，结果如表5所示。在给定显著性水平下，如果 Moran's I 显著为正，则表示可达性较高（或较低）的区域在空间上显著聚集；如果 Moran's I 显著为负，则表示区域与周边地区的可达性有显著的空间差异。为了更有效地研究可达性演化情况，计算县级单元整体可达性的局域空间关联指数 Getis—OrdG*i，并进行空间可视化，利用 Jenks 自然断裂法将 G*i 统计量分成5类，生成长江中游城市群森林公园可达性空间格局的热点地图（图5），数值从低到高分别为可达性分布的热点区、次热区、中间区、次冷区和冷点区。

（1）长江中游城市群森林公园、国家级森林公园和省级森林公园可达性的 Moran's I 估计值都为正，且检验结果显著，这表明县级单元可达性在空间上显著聚集。省级森林公园可达性的估计值比国家级森林公园可达性的估计值大，说明省级森林公园可达性的空间分布较为集中，而国家级森林公园可达性分布相对分散，这与实际情况相符合。

（2）在考虑空间关联的情况下，森林公园可达性热点区域的分布自东向西表现为热点区、次热区、次冷区和冷点区。冷点区和次冷区主要聚集在武汉城市群，次热区环绕在热点区的外围，主要聚集在环鄱阳湖城市群，这与森林公园"东密西疏"的空间分布格局有关。

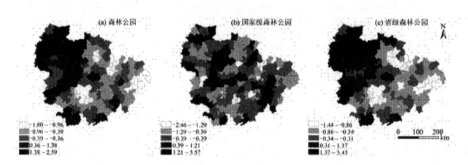

注：该图基于国家测绘地理信息局标准地图服务网站下载的审图号为 GS（2016）2923号的标准地图制作，根据研究区情况，将长江中游城市群底图裁剪绘制，底图无修改。

图5　县级单元整体可达性热点区分布

表5　县级单元整体可达性的 Moran's I 估计值

分量	森林公园	国家级森林公园	省级森林公园
Moran's I	0.45	0.46	0.56
P 值	0.00	0.00	0.00
Z 值	7.94	7.99	9.75

（3）在考虑空间关联的情况下，省级森林公园可达性热点区域的分布自东向西表现为热点区、次热区、次冷区和冷点区，而国家级森林公园可达性热点区域的分布相对随机，这与国家级森林公园空间分布相对分散有关。

四、结论与建议

本研究运用空间分析方法对长江中游城市群森林公园的空间结构和可达性进行综合分析，并对比不同等级森林公园的区别与联系，结果表明：①长江中游城市群森林公园在空间上表现为聚集分布，且具有"东密西疏"的空间分布格局，国家级和省级森林公园的分布模式分别为随机分布和聚集分布；②长江中游城市群森林公园的空间可达性较好，区域内平均可达性时间为38.84 min，且具有明显的交通指向性，省级森林公园的可达性要优于国家级森林公园；③基于县级单元的整体可达性在空间上呈聚集格局，森林公园可达性的热点区域分布自东向西表现为热点区、次热区、次冷区和冷点区，省级森林公园可达性与之表现出较强的相似，而国家级森林公园可达性的热点区域分布相对随机。

长江中游城市群森林公园空间布局的好坏将直接影响区域内森林游憩空间布局的平衡和旅游业的平衡发展，因此研究森林公园的空间格局具有重要的理论和实践意义。森林公园可达性以定量的数据说明森林公园的现实服务情况，从另一个角度反映了森林公园的空间分布格局。为了进一步提高长江中游城市群森林资源的利用率，优化区域森林公园旅游的战略布局，本研究提出以下建议：①大力保护和扶植长江中游城市群西部的森林旅游资源，对西部地区拥有良好资源条件而未申报建设的森林加以积极引导和支持，使森林旅游布局在区域内渐趋均衡。②针对东部地区森林公园数量众多而旅游投入有限的情况，可选择区位条件好、景观质量高的森林公园进行区域合作共建，集中人力物力共同建设经营森林公园，同时在比邻的长三角地区加大宣传力度，积极开拓客源市场。③森林公园可达性对旅游者的出行意愿产生影响，国家级森林公园影响力大，对旅游者吸引力强，当前可达性与省级森林公园相比较差，地方政府应加大旅游交通专线建设，提高国家级森林公园可达性，为公众提供良好的森林游憩服务。

参考文献：

[1] 王尔大，韦健华，周英. 基于 CEM 的国家森林公园游憩环境属性价值评价研究 [J]. 中国人口·资源与环境，2013，23（11）：81–87.

[2] 杨洪，谢庭生，何俊阳. 湖南森林旅游开发与森林公园保护 [J]. 经济地理，2002，22（4）：501–505.

[3] 刘静艳，韦玉春，刘春媚，等. 南岭国家森林公园旅游企业主导的社区参与模式研究 [J]. 旅游学刊，2008，23（6）：80–86. 80–86.

[4] 罗明春，罗军，钟永德，等. 不同类型森林公园游客的特征比较 [J]. 中南林学院学报，2006，25（6）：110–115.

[5] 谷晓萍，李岩泉，牛丽君，等. 本溪关门山国家森林公园游客行为特征 [J]. 生态学报，2015，35（1）：204–211.

[6] 尹新哲，李菁华，雷莹. 森林公园旅游环境承载力评估——以重庆黄水国家森林公园为例 [J]. 人文地理，2013，28（2）：154–159.

[7] 谢哲根，刘安兴，许祖福，等. 森林公园旅游产品的研究 [J]. 北京林业大学学报，2000，22（3）：72–75.

[8] 柯水发，潘晨光，潘家华，等. 中国森林公园旅游业发展的就业效应分析 [J]. 中国人口·资源与环境，2011，21（3）：202–205.

[9] 李柏青，吴楚材，吴章文. 中国森林公园的发展方向 [J]. 生态学报，2009，29（5）：2749–2756.

[10] 耿丽娟，孙虎，薛瑞芳. 洛阳市旅游资源空间分布特征分析 [J]. 江西农业学报，2008，20（6）：130–132，136.

[11]Hansen W G. How accessibility shapes land use[J]. Journal of the American Institute of Planners, 1959, 25（2）: 73–76.

[12] 陈刚，黄翔，刘大均，等. 湖北省旅游交通可达性及旅游经济联系空间分析 [J]. 旅游论坛，2012，5（6）：62–66.

[13] 潘竟虎，张建辉. 中国国家湿地公园空间分布特征与可接近性 [J]. 生态学杂志，2014，33（5）：1359–1367.

[14]Moeur M. Characterizing spatial patterns of trees using stem-mapped data[J]. Forest Science, 1993, 39（4）: 756–775.

[15] 王法辉. 基于 GIS 的数量方法与应用 [M]. 姜世国, 滕骏华, 译. 北京: 商务印书社, 2011: 49–50.

[16] 朱鹤, 刘家明, 陶慧, 等. 北京城市休闲商务区的时空分布特征与成因 [J]. 地理学报, 2015, 70（8）: 1215–1228.

[17] 党国峰, 杨玉霞, 张晖. 基于 Voronoi 图的居民点空间分布特征研究——以甘肃省为例 [J]. 资源开发与市场, 2010, 26（4）: 302–305, 357.

[18] 靳诚, 范黎丽, 陆玉麒. 基于可达性技术的农业旅游布局研究——以江苏省为例 [J]. 自然资源学报, 2010, 25（9）: 1506–1518.

[19] 曹芳东, 黄震方, 吴江, 等. 国家级风景名胜区旅游效率测度与区位可达性分析 [J]. 地理学报, 2012, 67（12）: 1686–1697.

[20] 王美霞, 蒋才芳, 王永明, 等. 基于公路交通网的武陵山片区旅游景点可达性格局分析 [J]. 经济地理, 2014, 34（6）: 187–192.

[21] 钟业喜, 刘影, 赖格英. 江西省红色旅游景区可达性分析及空间结构优化研究 [J]. 江西师范大学学报（自然科学版）, 2011, 35（2）: 208–212. 2011, 35（2）: 208–212.

[22] 张红, 王新生, 余瑞林. 基于 Voronoi 图的测度点状目标空间分布特征的方法 [J]. 华中师范大学学报（自然科学版）, 2005, 39（3）: 422–426.

[23]OKABE A, BOOTS B, SUGIHARA K. Spatial tessellations: conceptsand applications of Voronoidiagrams[M]. New York: John Wiley &Sons, 1992: 1–410.

[24]DUYCKAERTS C, GODEFROY G. Voronoi tessellation to study the numerical density and the spatial distribution of neurones[J]. Journal of Chemical Neuroanatomy, 2000, 20（1）: 83–92.

[25]SADAHIRO Y. Perception of Spatial dispersion in point distributions[J]. Cartography and Geographic Information Science, 2000, 27（1）: 51–64.

长江经济带入境旅游经济的时空差异分析

程绍文[1,2]，张晓梅[1,2*]，李照红[1,2]

（1.华中师范大学 城市与环境科学学院，武汉 430079；2.中国旅游研究院
武汉分院，武汉 430079）

摘要：以2000-2014年的入境旅游收入为基础，运用标准差、变异系数、泰尔指数、位序规模理论对长江经济带11省市入境旅游经济的时空差异及其演变趋势进行分析。研究表明：长江经济带省际间入境旅游收入绝对差异呈上升趋势，相对差异呈缓慢缩小的趋势；东、中、西三大地带间差异明显大于地带内差异，是省际总差异的主要来源，而东部地带内差异是地带内差异的主要贡献者；长江经济带入境旅游符合位序规模分布，其中东部沪、苏、浙的入境旅游收入长期处于前三位，云南是西部四省市入境旅游的领头羊，具有绝对的竞争优势；长江经济带入境旅游经济时空差异是旅游资源禀赋、经济发展水平、基础设施条件、区域发展政策、特殊事件与环境等因素共同作用的结果。论文最后提出了协调长江经济带旅游健康发展的对策建议。

关键词：入境旅游收入；时空差异；长江经济

2014年9月，国务院发布《关于依托黄金水道推动长江经济带发展的指导意见》和《长江经济带综合立体交通走廊规划（2014-2020年）》，以期依托黄金水道推动长江经济带发展，打造中国经济新的支撑带。长江经济带由此成为中国新时期经济社会发展的重要发展级和国家发展战略的热点区。建设"长江国际黄金旅游带"也由此成为长江经济带旅游业发展的重要战略目标导向[1]。凭借长江经济带战略发展的契机，依托长江沿线各

地独特的历史文化、自然山水和民俗风情等旅游资源，发展"长江国际黄金旅游带"具有优良的旅游资源、市场基础和难得的战略机遇。但由于长江经济带横跨我国东中西三大区域，各地旅游资源禀赋、社会经济发展、交通可达性、区域发展政策等条件不同，旅游经济发展在时空上呈现出不平衡性和差异性。

区域旅游经济差异一直是学者研究的热点，目前的研究区域主要集中在全国 [2-5]、省域层面 [6-9]，从经济地理区域层面，尤其是有关长江经济带旅游经济发展时空差异及演变趋势研究尚未引起学术界的重视。基于此，本文以长江经济带11个省市为研究对象，采用标准差、变异系数、泰尔指数、位序规模理论分析入境旅游收入的时空差异特征及演变规律，以期客观认识长江经济带旅游经济发展的区域差距，加强区域旅游开发和合作，制定针对性的区域旅游调控政策，促进长江经济带旅游的协调健康发展。

一、数据来源与研究方法

（一）数据来源

长江经济带覆盖上海、江苏、浙江、安徽、江西、湖北、湖南、重庆、四川、云南、贵州11个省市。本文以长江经济带所覆盖的11个省市为研究样本，结合中国地理区划，将长江经济带划分为东部（上海、江苏、浙江）、中部（湖北、湖南、安徽、江西）和西部（云南、四川、重庆、贵州）三大区域，分析2000-2014年间长江经济带旅游经济的时空差异特征。由于我国对旅游外汇收入的统计数据相对完整、统计口径较为一致，同时旅游外汇收入一直是我国旅游收入的重要来源，而长江经济带旅游业发展也致力于打造"长江国际黄金旅游带"，因此本文选用入境旅游外汇收入作为研究数据，能够较好地反映各省市旅游发展的总体水平。数据来源于《中国统计年鉴》（2000-2014年）。

（二）研究方法

本文采用标准差、变异系数分别测度长江经济带入境旅游发展的绝对差异和相对差异，并通过对这些指标时间维度的变化分析长江经济带入境旅游经济差异发展的总体变化趋势；采用泰尔指数分析长江经济带入境旅游经济发展差异及其来源；运用位序规模理论分析长江经济带11个省市入境旅游经济差异变动的分布规律。

1.标准差（S_t）

标准差是反映组内个体间离散程度的重要指标，本文用标准差来衡量长江经济带各地区旅游外汇收入的绝对均衡情况或者离散程度。

$$S_t = \sqrt{\frac{\sum_{j-1}^{n}(X_i - \overline{X})^2}{n}}$$

式中 X_i，为 i 省份某一年度的入境旅游收入；$\overline{X}$ 为同一年度 n 个省市的入境旅游收入的均值。

2.变异系数（C_v）

也称离散系数，是标准差与平均数的比值，可以消除单位和平均数不同对两个或多个资料变异程度比较的影响，是衡量地区相对均衡程度的重要指标。

$$C_v = S_t / \overline{X}$$

式中，S_t 为各省市入境旅游收入的标准差；$\overline{X}$ 为同一年度 n 个省市的入境旅游收入的均值。

3.泰尔指数

泰尔指数可以把总体差异分解为组内差异和组间差异两部分[6]，是衡量区域差异的重要指标，泰尔指数越大，表示区域差异越大。运用泰尔指数将长江经济带入境旅游经济差异依次分解为：

（1）三大地带内省际间入境旅游经济差异程度泰尔指数

$$T_{pi} = \sum_j \frac{Y_{ij}}{Y_i} \ln \frac{Y_{ij}/Y_i}{N_{ij}/N_i}$$

（2）三大地带间入境旅游经济差异程度泰尔指数

$$T_{br} = \sum_i \frac{Y_i}{Y} \ln \frac{Y_i/Y}{N_i/N}$$

（3）以省为单元的入境旅游经济区域总差异程度泰尔指数

$$T_p = \sum_i \sum_j \frac{Y_{ij}}{Y} \ln \frac{Y_{ij}/Y}{N_{ij}/N}$$

式中，Y_{ij} 和 N_{ij} 分别为 i 区域 j 省入境旅游收入和人口数，Y_i 和 N_i 分别为 i 区域入境旅游收入和人口数，Y 和 N 分别为长江经济带入境旅游收入和人口数。入境旅游经济区域差异可分解为地带内（T_{wr}）和地带间差异（T_{br}）之和：

$$T_p = \sum_i \sum_j \frac{Y_{ij}}{Y} \ln \frac{Y_{ij}/Y}{N_{ij}/N} = \sum_i \frac{Y_i}{Y} T_{pi} + T_{br} = T_{wr} + T_{br}$$

4. 位序规模理论

位序规模理论的主要贡献者有奥尔巴克（F Auerbach）、罗特卡（A. J. Lotka）、辛格（H. W. Singer）和齐夫（G. K. Zipf）等。其主要思想是：区域内，一个城市的规模（人口、土地面积）乘以该城市在区域中的位序，其乘积为一个常数，它等于区域内最大城市的规模。位序规模理论早期主要用于研究城市体系的规模分布结构，从而为完善城市体系规划布局、提高区域整体经济社会效益提供科学依据。后来，许多学者将其应用于旅游研究中并验证了该理论在旅游领域的适用性，发现位序规模理论可以清楚地说明旅游经济或者旅游流的规模分布情况[10-12]，本文拟运用位序规模理论来分析长江经济带入境旅游规模分布的基本规律特征。

$$P = KR^{-q}$$

式中，P 为某省份入境旅游规模，R 为位序，K 为理想首位省份规模数，q 为集中指数常数。依据 q 值的大小，可将区域性旅游规模分布分为3类：分散均衡型（$q \leqslant 0.85$）、集中型（$0.85 < q < 1.2$），首位型（$q \geqslant 1.2$）。

二、长江经济带入境旅游收入的时空差异分析

（一）入境旅游收入差异的总体变化特征

计算结果表明，长江经济带入境旅游的省际绝对差异在2000—2014年间总体上呈上升趋势（如下图1）；但在2003年、2009年、2013年，入境旅游收入的标准差值出现一定幅度的下降，主要是因为特殊事件对入境旅游的影响，包括2003年的"非典"、2009年"甲流"及2013年前后全球经济的不景气、雾霾天气和恐怖事件等非常规因素的出现对入境游造成一定的影响[13]。从绝对差异的数值来看，2012年入境旅游收入排在第一的江苏

省（6300百万美元）比收入最低的贵州省（169百万美元）高出6131百万美元，而2000年入境旅游收入排在第一的上海市（1613百万美元）比收入最低的贵州省（61百万美元）仅高出1552百万美元，由此可看出长江经济带各省市入境旅游收入的绝对差异呈持续扩大趋势。

从相对差异的变化趋势分析发现，除个别年份有小幅度的波动外，2000—2014年相对差异总体上呈缓慢下降的趋势，变异系数从2000年的1.21缓慢下降到2014年的0.86。从相对差异的数值来看，2000年入境旅游收入排在前三位的上海、江苏、浙江三省（2851百万美元）是排在后三位的贵州、江西、安徽三省（209百万美元）的13.64倍；2014年入境旅游收入排在前三位的浙江、上海、江苏三省（14388百万美元）是排在后三位的贵州、江西、湖南（1546百万）的9.3倍。由此也可看出长江经济带各省市的入境旅游收入的相对差距有逐渐缩小的趋势。

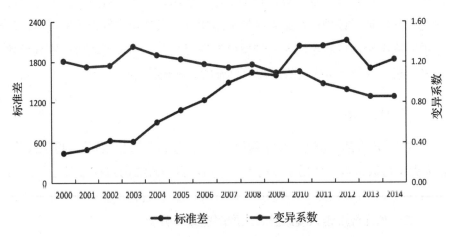

图1　长江经济带入境旅游收入总体差异变化趋势

（二）入境旅游收入差异的分解

泰尔指数具有可分解性，可以按地域结构进行多层次分解。本文将长江经济带入境旅游经济总差异分解为东中西三大地带之间和三大地带内部之间的区域差异，同时计算各自对总体差异的贡献率，如表1和图2所示。

表 1 长江经济带入境旅游收入泰尔指数分解结果（2000—2014 年）

年份	总差异	东部内差异	中部内差异	西部内差异	地带间差异	地带内差异	东部贡献（%）	中部贡献（%）	西部贡献（%）	地带间贡献（%）	地带内贡献（%）
2000	0.9403	0.5790	0.0660	0.2769	0.4765	0.4638	43.60	0.90	4.83	50.67	49.33
2001	0.8688	0.5199	0.0746	0.2218	0.4579	0.4110	42.01	1.17	4.12	52.70	47.30
2002	0.8765	0.4959	0.0950	0.2153	0.4770	0.3995	40.37	1.44	3.78	54.42	45.58
2003	1.0968	0.4252	0.1046	0.2929	0.7084	0.3885	31.45	0.59	3.37	64.58	35.42
2004	0.9510	0.3990	0.0600	0.1472	0.6154	0.3356	32.73	0.59	1.97	64.71	35.29
2005	0.8870	0.3446	0.0608	0.1652	0.5928	0.2943	30.17	0.68	2.32	66.83	33.17
2006	0.8111	0.2852	0.0614	0.1656	0.5644	0.2467	27.00	0.78	2.62	69.59	30.41
2007	0.7528	0.2554	0.0439	0.1734	0.5317	0.2211	25.69	0.65	3.03	70.63	29.37
2008	0.7887	0.2288	0.0155	0.4607	0.5584	0.2303	22.41	0.23	6.57	70.80	29.20
2009	0.6814	0.1888	0.0119	0.3845	0.4894	0.1920	20.57	0.22	7.39	71.82	28.18
2010	0.6879	0.2200	0.0183	0.3618	0.4773	0.2106	23.75	0.36	6.51	69.39	30.61
2011	0.5391	0.1371	0.0281	0.3137	0.3933	0.1457	17.78	0.81	8.44	72.97	27.03
2012	0.4660	0.0960	0.0518	0.2879	0.3462	0.1198	13.85	1.84	10.01	74.30	25.70
2013	0.4808	0.2812	0.0641	0.3333	0.2305	0.2504	34.77	2.57	14.73	47.93	52.07
2014	0.4755	0.2394	0.0778	0.3179	0.2504	0.2251	30.63	3.07	13.63	52.66	47.34

长江经济带入境旅游经济总差异除 2003、2004 年有较大幅度抬高外，总体上呈下降趋势，泰尔指数从 2000 年的 0.9403 降至 2014 年的 0.4755，这也表明长江经济带省际间入境旅游经济相对差异有缩小的趋势。2000—2014 年间，三大地带间的差异经历了"上升—下降"的过程，而地带内的差异则经历了"下降—上升—下降"波动变化的过程。东部区域省际入境旅游经济差异变动趋势同地带内差异变动趋势基本相同，2000—2012 年总体上表现为下降，2013 年有较大幅度的上升，2014 年开始又有所下降。中部地带省际入境经济差异在 2000—2014 年间变动最小，总体上表现为

2000—2008年下降，而2009—2014年呈上升趋势。西部地带省际入境经济差异在2000—2007年整体变动较小，而在2008年有较大幅度的上升，主要是因为2008年汶川地震对四川入境旅游产生重大影响，导致入境收入从2007年的512百万美元下降到2008年的154百万美元，对西部地带内差异变化产生重大影响。

从贡献率而言，东中西三大地带间差异是长江经济带入境旅游经济总差异的主要原因，地带间的贡献率在2003—2012年间均在60%以上，最高年份2012年的贡献率高达74.3%。地带间贡献率在2000—2012年总体上呈持续增长趋势，相应的地带内贡献率呈下降趋势。2013年比较特殊，地带间差异贡献率突降到47.93%，而地带内差异贡献率激增到52.07%，首次超过地带间。原因主要是2013年全球经济不景气导致海外游客、商务客人减少，加之东部受雾霾天气等环境质量问题影响 [11]，东部入境游罕见下降，尤其是受中日关系持续紧张的影响，江苏省入境旅游收入下降迅猛，减小了三大区域之间的差距。在三大区域内部，东部三省对长江经济带入境旅游收入总差异的贡献率最大，平均贡献率在29%以上，但除去2013年的"突变"，总体上东部贡献率在2000—2012年间呈逐步下降的趋势。中部区域差异贡献率一直最低，主要是四省市入境旅游发展较平均，但近年来呈现缓慢递增的趋势。西部地区差异贡献率呈较为明显的增长趋势，从2000年的4.83%上升至2014年的13.63%。

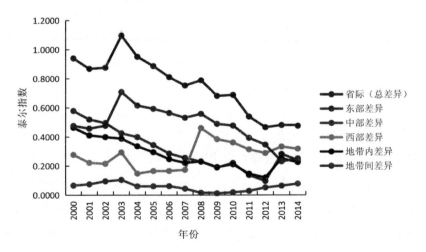

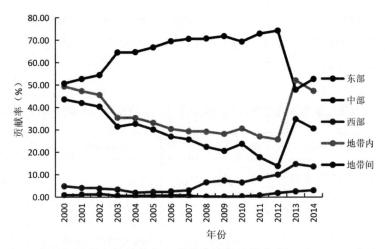

图2　长江经济带入境旅游收入差异分解及贡献率（2000—2014年）

（三）入境旅游收入的位序演变

为清楚地反映长江经济带入境旅游收入的时间变化，绘制2000—2014年入境旅游位序规模时间变化趋势图（图3）。图中横坐标代表规模位序，纵坐标代表各省市每年的入境旅游收入。2000—2014年间，长江经济带11省市入境旅游收入总体上呈不断增长趋势，具有较好的发展势头。

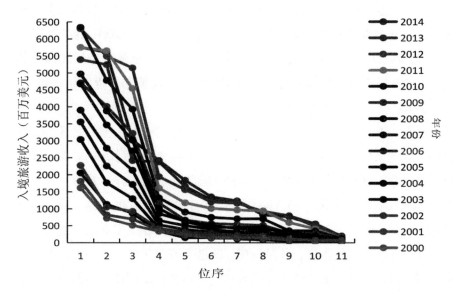

图3　11省市入境旅游位序—规模时间变化（2000—2014年）

为更好地反映长江经济带入境旅游规模分布规律，采用罗特卡一般模式，借助 SPSS 21 软件，对2000—2014年长江经济带11省市的入境旅游收入及其所对应的位序进行双对数回归分析，结果见表2。

表 2　长江经济带入境旅游位序规模分布回归分析结果（2000—2014 年）

年份	回归方程	R	R²	年份	回归方程	R	R²
2000	lnP=7.581–1.403lnR	0.990	0.981	2008	lnP=9.122–1.632lnR	0.956	0.914
2001	lnP=7.735–1.380lnR	0.983	0.966	2009	lnP=9.074–1.514lnR	0.942	0.888
2002	lnP=8.007–1.427lnR	0.975	0.951	2010	lnP=9.318–1.524lnR	0.942	0.888
2003	lnP=8.166–1.854lnR	0.974	0.948	2011	lnP=9.331–1.400lnR	0.907	0.822
2004	lnP=8.404–1.602lnR	0.977	0.954	2012	lnP=9.384–1.337lnR	0.906	0.822
2005	lnP=8.592–1.571lnR	0.971	0.943	2013	lnP=9.120–1.200lnR	0.915	0.837
2006	lnP=8.751–1.548lnR	0.968	0.938	2014	lnP=9.241–1.240lnR	0.909	0.827
2007	lnP=8.949–1.516lnR	0.962	0.926				

由表2可知，长江经济带2000-2014年入境旅游规模与位序的拟合度均在82%以上，历年相关系数在0.907以上，相关性较高。从回归结果中发现，集中指数 q 值 ≥ 1.2，说明长江经济带入境旅游符合位序规模分布规律，首位分布表现明显。具体分析发现，总体上 q 值在2000-2003年呈上升趋势，在2004-2014年呈波动中缓慢下降趋势，并最终下降到2014年的1.240，q 值趋小，说明长江经济带入境旅游位序规模垄断程度缓慢减小，趋向于由首位分布向集中分布模式转变。

为进一步反映长江经济带11省市入境旅游发展的位序关系，绘制2000—2014年长江经济带入境旅游收入的位序演变图（见图4）。图中横坐标代表年份，纵坐标代表各省市每年的入境旅游收入位序。东部三省市上海、江苏、浙江在2000—2011年位序排名比较稳定，在2012—2014年位序有所调换，但三省市的入境旅游外汇收入均保持在三甲，这也表现出东部区域省市由于区位条件、基础设施、旅游资源等优势，入境旅游发展一直比较发达。西部云南省的位序比较稳定，均排在第四位，在西部地区一直位居首位。中部的江西省、西部的贵州省除个别年份外，基本保持在最后两位，与其他省市的入境旅游经济差距一直比较大。其他省份入境旅游收入位序变动比较剧烈，湖南和四川的位序分别在2010和2008年后比以前有所下降，安徽省的排序在2007年后有显著的提升，目前比较稳定的排在第5位，湖北省和重庆市的排序基本在第6~8之间徘徊。通过位序变化图，我们不难发现中西部与东部在入境旅游经济发展方面仍然存在较大的差距，东部发达，中西部相对落后的空间分布格局仍然存在。

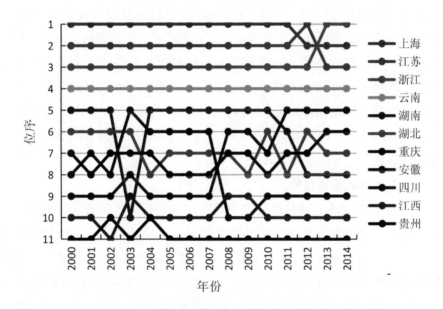

图4 11省市入境旅游规模位序演化（2000—2014年）

三、长江经济带入境旅游收入差异的影响因素分析

（一）旅游资源禀赋

旅游资源禀赋决定了特定地区发展旅游产业的潜力，高级别的旅游资源更是吸引国外游客、发展入境旅游的物质基础[14]。游客对最大信息收集量的追求使人们在选择旅游地时有以下倾向：选择最有名的旅游目的地旅游；选择自然环境和文化环境与居住地差异较大的旅游地旅游[15]。因此，对于国外游客而言，受时间、金钱及精力的限制，一般会选择知名度高和有代表性的旅游景点游览。长江经济带东部三省上海、江苏、浙江旅游资源品质高、地域组合好，是我国十分发达的国际旅游区域。通过对2014年

各省高级别旅游资源（4A 和5A 级旅游景区）分布密度与当地入境收入的相关性分析，发现长江经济带高级别旅游资源与本地的入境旅游收入有相关性，二者的相关系数为0.729，且在0.001水平上显著。

（二）经济发展水平

入境旅游收入与区域经济发展水平密切相关。一方面，入境旅游收入是各省市 GDP 的重要组成部分，其收入水平的高低直接影响到各省市 GDP 总量的高低[16]；另一方面，经济基础是入境旅游收入的基础，各省市经济发展水平的高低在一定程度上影响和制约着入境旅游的发展[17]。研究发现，长江经济带各省市入境旅游收入与本地的人均 GDP 存在显著的相关性，2014年，二者的相关系数为0.825。目前，与东部区域相比，中西部经济发展水平还相对落后。2014年，长江经济带东部三省市的平均人均 GDP 为84082元，约为西部四省市的2.5倍。经济发展水平的空间格局必然影响入境旅游经济的空间分布。

（三）基础设施条件

区域基础设施尤其是区域交通设施是衡量目的地可进入性的基本指标，也是一个地区旅游业得以生存和发展的先决条件[18]。对于国际游客而言，旅游交通显得更为重要，受时间、精力的限制，国际游客一般会选择可达性较好的旅游景点进行游览。考虑到高速公路和一级公路对旅游者的重要意义，本文以二者的密度作为衡量地区基础设施的指标。经计算发现，长江经济带11省市入境旅游收入与主要公路交通密度具有显著相关性，2014年二者的相关系数为0.761，而2012年二者的相关系数甚至高达0.884。东部沿海区域，区位条件优越，交通等基础设施发达，而西部区域省份深居内陆，受地形等因素的影响，交通发展相对落后，可进入性较差，严重影响入境旅游的发展。

（四）区域发展政策

旅游业的发展总是在一定的政策和区域发展战略支持的背景下进行的[19]。对于入境旅游发展而言，区域开发开放的发展优惠政策尤为重要。长期以来，东部沿海区域凭借优越的地理区位，雄厚的经济基础受到国家的发展重视，率先进行对外开放，加强了国际间的交流和合作，国际游客的数量也在不断上升，促进了入境旅游收入的快速增长，导致东部与中西部的入境旅游差距不断扩大。随后，国家实施西部大开发和促进中部崛起的战略决策，发挥沿边优势，实施内陆沿边开放和次区域经济合作的特殊开放决策等，均促进了中西部区域经济发展和对外开放，带动了地区入境旅游的发展。如国家提出将云南建设成为我国面向西南开放的"桥头堡"，加快了云南旅游国际化建设，使云南入境旅游收入一直稳居长江经济带区域西部四省市的首位。

（五）特殊事件及环境因素

旅游业具有脆弱性，对外界因素的影响比较敏感，且国际旅游业比国内旅游业表现的更加明显[20]。长江经济带11省市入境旅游经济差异变化的大幅度波动很大方面是受旅游危机事件的影响。如2003年的"非典"事件对整个地区的入境旅游业产生了重大影响，但受地区经济实力和入境游发展基础差距的影响，各地区入境游受到的影响程度存在差距，地带间差距有所增加，导致省际差异出现反弹。2008年的汶川大地震对长江经济带区域的西部省份，尤其是四川的入境旅游而言，是个"致命"的打击，这也直接导致至此四川入境旅游收入的规模优势消失，规模位序排列从先前的第六位左右直降到第九位。2013年前后受全球经济持续低迷、东部区域持续雾霾天气的影响，长江经济带东部省份的入境游发展受到挑战，加之中日关系的持续紧张，导致对江苏而言，客源最多的日本降幅最大，入境旅游收入大幅度降低，这也直接导致东部地带内差距扩大，三大地带间旅游收入差距缩小，地带间差异对省际总差异的贡献率大幅度降低。

四、结论与建议

本文采用标准差、变异系数、泰尔指数、位序规模理论，对2000—2014年长江经济带入境旅游经济的时空差异及演变趋势进行了统计分析，结果表明：（1）11个省级行政区入境旅游收入的绝对差异呈上升趋势，标准差从2000年的442.16上升到2014年的1838.71，而相对差异则呈缓慢下降的趋势，变异系数从2000年的1.21下降到2014年的0.86。（2）通过尺度差异分解，东、中、西三大地带间差异明显大于地带内差异，是省际总差异的主要来源，而在地带内，东部三省的差异贡献率最大，中部四省的差异贡献率最小，西部四省的差异贡献率上升最快。（3）长江经济带入境旅游符合位序规模分布规律，首位分布表现显著，东部三省的入境旅游收入长期处于前三位，远高于中西部省市。云南是西部四省市入境旅游的领头羊，具有绝对的竞争优势。中部的江西省和西部的贵州省入境旅游发展在11省市中排名靠后，与其他省市有较大的差距。（4）旅游资源禀赋、经济发展水平、基础设施条件、区域发展政策、特殊事件及环境等是影响长江经济带入境旅游收入时空差异的主要原因。

　　长江经济带入境旅游经济发展的省际差异及时空分布特征是客观存在的社会经济现象，应该正确看待，采取针对性的旅游发展调控政策，促进旅游的协调健康发展。结合国家关于长江经济带建设的发展策略和本文对入境旅游经济差异变化特征及影响因素的分析，提出以下建议：

　　（1）区域旅游发展政策、交通基础设施条件及环境因素等是影响长江经济带入境旅游空间分布规模和结构的重要影响因素。因此，长江经济带沿岸省市应抓住"长江经济带发展"的国家战略机遇，充分配合和利用国家"将长江经济带建设成为绿色生态廊道、现代产业走廊及综合立体交通走廊"的大战略，在旅游交通和区域旅游发展赖以存在的绿色生态廊道建设上互联互通，同时加强跨地带、跨区域的旅游开发、规划、管理和营销合作，共同培育长江游轮旅游、黄金水岸生态旅游大品牌，提高整个长江经济带在全国及至世界的旅游发展竞争力，共同培育长江国际黄金旅游带。

　　（2）鉴于目前长江经济带入境旅游首位分布表现显著、地带间差异较大的特点，结合国家长江经济带发展战略，充分发挥以上海为核心的长三角地区作为龙头在长江旅游经济带中的辐射和发散作用、以湖北武汉为核心在长江经济带中游城市群作为龙身的承接传递作用以及以重庆、成都为核心的成渝城市群作为龙尾的合力作用，合理进行旅游分工，优化旅游投资和建设项目的布局；同时使用市场和行政、微观和宏观两种手段，进一步推进长江经济带入境旅游发展的辐射效应和分散趋势，实现入境旅游在整个区域内部相对均衡的发展。因此，在稳定发展长三角城市群的同时，着力发展长江中游城市群、成渝城市群建设，使长江经济带真正成为一条多核并进的旅游发展主轴。

（3）鉴于长江经济带各地带、各省区内部入境旅游差异并不均衡的客观现实，中部应加强汉江旅游带、湘江旅游带、赣江旅游带等三大二级旅游发展轴建设；西部相关省区应着力发展滇中城市群及黔中城市群作为区域入境旅游发展核；同时通过点轴发展模式推动长江经济带特别是中西部地区的入境旅游发展。因此，中部地区要加快旅游产品完善与升级，提升观光型产品质量，发展度假型产品，丰富旅游产品类型和扩大旅游产业规模；西部省份要加大旅游资源开发力度，加快旅游交通为主的基础设施建设，提高旅游目的地的可进入性。

当然，不遗余力地推进区域经济社会协调发展，建立宏观突发事件的应急机制，提高旅游应对能力，统一对外营销，保证旅游市场稳定也应该是长江经济带入境旅游深入发展的重要方面。

参考文献

[1] 席建超，葛全胜.长江国际黄金旅游带对区域旅游创新发展的启示[J].地理科学进展，2015，34（11）：1449-1457.

[2] 陆林，余凤龙.中国旅游经济差异的空间特征分析[J].经济地理，2005，25（3）：406-410.

[3] 汪德根，陈田.中国旅游经济区域差异的空间分析[J].地理科学，2011，31（5）：528-536.

[4] WANG S X，HE Y Q, Wang X D, et al. Regional disparity and convergence of China's inbound tourism economy[J].Chinese Geographical Science，2011，21（6）：715-722.

[5] YANG X Z，WANG Q. Exploratory space-time analysis of inbound tourism flows to China cities[J].International Journal of Tourism Research，2014，16（3）：303-312.

[6] 方忠权，王章郡.广东省旅游收入时空差异变动分析[J].经济地理，2010，30（10）：1746-1751.

[7] 陈晓，王丹，张耀光，等.辽宁省旅游经济的时空差异演变分析[J].经济地理，2009，29（1）：147-152.

[8] 齐邦峰，江冲，刘兆德.山东省旅游经济差异及旅游空间结构构建[J].地理与地理信息科学，2010，26（5）：98-102.

[9] 吴冰，马耀峰，高楠.基于 Theil 指数的陕西入境旅游经济区域时空差异研究 [J].干旱区资源与环境，2013，27（7）：186-191.

[10] 朱竑，吴旗韬.中国省际及主要旅游城市旅游规模 [J].地理学报，2005，60（6）：919-927.

[11] 杨国良，张捷，李波，等.旅游流量位序—规模分布变化及其机理——以四川省为例 [J].地理学报，2007，26（4）：662-671.

[12] 赵磊，王永刚，张雷.江苏旅游规模差异及其位序规模体系研究 [J].经济地理，2011，31（9）：1566-1572.

[13] 国家旅游局旅游促进与国际合作司，中国旅游研究院.中国入境旅游发展年度报告 [M].北京：旅游教育出版社，2014：132-134.

[14] 李如友，黄常州.江苏省区域旅游经济差异的空间分析 [J].北京第二外国语学院学报，2014，（1）：24-33.

[15] 保继刚，楚义芳.旅游地理学 [M].北京：高等教育出版社，2011：32-43.

[16] 郭晓东，张启媛，逯晓芸，等.1991—2010年我国旅游外汇收入省际差异的演变分析 [J].地域研究与开发，2012，31（5）：67-72.

[17] 李红波，曾文，周叶青，等.中国沿海地区入境旅游经济的时空差异研究 [J].中国人口·资源与环境，2013，23（5）：150-153.

[18] 姜海宁，陆玉麒，吕国庆.江苏省入境旅游经济的区域差异研究 [J].旅游学刊，2009，24（1）：23-28.

[19] 向云波，彭秀芬，高元衡.中国大陆省级行政区国际旅游收入的时空差异分析 [J].旅游论坛，2009，2（1）：87-92.

[20] 邓晨晖.中国西部地区旅游经济差异分析 [J].旅游论坛,2011,4（2）：47-53.

长江中游城市群旅游空间相互作用研究

侯雪琦[1,2]，谢双玉[1,2]，张琪[1,2]，李慧芳[1,2]，姜莉莉[1,2]

（1.华中师范大学地理过程分析与模拟湖北省重点实验室，湖北　武汉　430079；2.中国旅游研究院武汉分院，湖北　武汉　430079）

摘要：为了给长江中游城市群区域旅游空间一体化发展的决策提供参考依据，以空间相互作用原理为指导，综合运用定性、定量研究方法，系统分析长江中游城市群旅游空间的相互作用，包括相互作用的基本条件（即城市旅游要素的可转移性、城市旅游资源的互补性及区域旅游发展的介入机会）和作用强度。研究结果表明：（1）长江中游城市群拥有横跨湘鄂赣皖的"环形"快速通道，可转移性强；旅游资源既具有同源性又各具特色，互补优势很突出；介入机会众多，需科学把握、错位发展；（2）城市圈内部旅游经济联系强度大于城市圈之间；城市群内城市间的旅游经济联系度存在明显的区域差异；城市群城市间的旅游经济联系度成放射状；（3）城市群区域旅游呈现多核心发展格局；城市群内四大城市圈的旅游空间相互作用格局具有差异；长江沿岸城市形成一个空间相互作用高贡献带。

关键词：长江中游城市群；旅游；空间相互作用

一、引言

空间相互作用是指区域之间所发生的商品、人口与劳动力、资金、技术、信息等的相互传输过程[1]。旅游空间相互作用是空间相互作用的重要表现形式，深刻地影响着旅游者行为和旅游业进步[2]。Ulman[3]提出了空间相互作用发生的三个条件，即互补性、介入机会和可运输性。我国对空间相互作用的研究相对较晚[4]，主要集中在对空间相互作用模型的改进，如对模型中的城市质量和空间距离进行探索 [5-11]；也有学者将空间相互作用模型改进应用到旅游发展研究中，如卞显红 [12]、肖光明 [13] 等对城市群旅游空间相互作用进行了探究。

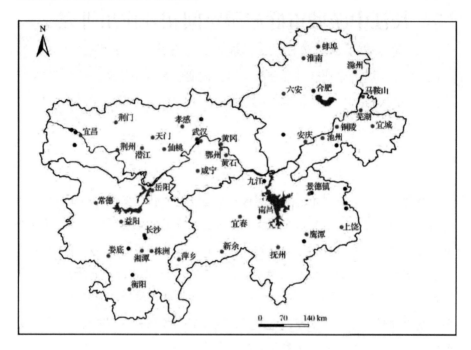

图 1　长江中游城市群区位及范围

长江中游城市群是以武汉为中心城市，以长沙、南昌、合肥为副中心城市，包括武汉城市圈（武汉、黄石、黄冈、鄂州、孝感、咸宁、仙桃、天门、潜江）及荆荆宜城市群（荆门、荆州、宜昌）、长株潭城市群（长沙、株洲、湘潭、岳阳、常德、益阳、衡阳、娄底）、环鄱阳湖城市群（南昌、九江、景德镇、鹰潭、上饶、抚州）、江淮城市群（合肥、芜湖、马鞍山、铜陵、安庆、池州、滁州、宣城、六安、淮南、蚌埠）以及新余、宜春、萍乡（图1），是我国区位条件优越、交通发达、科技教育资源丰富的城市群之一，向东、向南分别呼应长三角城市群和珠三角城市群，致力于打造国家重点地区和中国经济增长的"第四极"。2013年，长江中游城市群旅游总收入10656.94亿元，接待旅游者达138750.93万人次，拥有国家5A级旅游景区19处，五星级饭店69家，分别占全国总数的10.67%和7.4%。自

2013年成立长江中游城市群旅游合作组织以来，四省会城市构建了合作平台，通过了《长江中游城市群四省会城市旅游发展合作实施纲要（2013-2018）》，推出旅游优惠联票等一系列措施打造无障碍旅游区。但是，长江中游城市群旅游空间一体化发展是相关领导的"一厢情愿"呢？还是的确存在旅游空间一体化发展的基本条件？旅游空间一体化发展存在哪些主要障碍？该如何克服这些障碍？区域旅游空间一体化发展的决策都有赖于对这些问题的科学回答。

目前，对长江中游城市群旅游发展的研究较多停留在理论构建方面，缺乏定量研究。因此，本文将以旅游空间相互作用理论为指导，结合运用定性、定量研究方法，系统分析长江中游城市群旅游空间的相互作用，包括相互作用的基本条件和作用强度，希望能从为上述问题提供地理学视角的回答，从而为区域旅游空间一体化发展决策提供参考依据。

二、研究方法和数据来源

（一）研究方法

1. 旅游空间相互作用基本条件的研究方法

Ulman[3] 系统阐述了决定空间相互作用的可转移性、互补性和介入机会。此后，学者都视其为区域空间相互作用的三个基本条件。

可转移性即区域之间进行商品、资金、人口、技术、信息等传输的可能性；本文主要从分析长江中游城市群的交通条件（包括航空、铁路、高速公路、水路）来探究长江中游城市群的旅游空间是否具备可转移性。

互补性是指旅游空间在旅游资源上的互补性；本文主要通过比较分析长江中游城市群各城市圈旅游资源的特色来判断其旅游空间是否具备互补性。

介入机会是区域之间发生相互作用的可能性受到了来自其他区域的干扰，因为区域之间的互补性是多向的，究竟与哪个区域实现这种互补性，取决于它们之间互补性的强度，强度越大则发生相互作用的可能性及程度也就越大 [1]。即使两个区域之间存在着互补性，但由于干扰机会的影响，它们之间也不一定就会发生相互作用。本文通过分析长江中游城市群主要城市间的空间距离、可转移性及其主要景区间的互补强度，来判断各个城市旅游空间的相互作用是否存在其他介入机会。

2. 旅游空间相互作用强度的研究方法

本文运用理论模型法定量计算长江中游城市群旅游空间相互作用的强度，即通过计算旅游空间相互作用的强度模型，来反映区域总体联系的方向和强度差异。

经济引力理论认为，万有引力原理也适用于经济联系，其间也存在着相互吸引的规律性 [14]。地理学家塔费认为，区域间经济联系强度与其人口乘积成正比，与其间的距离成反比 [15]。本文借鉴这种思想，运用城市旅游经济联系度模型来反映城市旅游空间相互作用的大小，从而反映长江中游城市群旅游一体化发展的现状。该模型为

$$R_{ij} = \frac{\sqrt{p_j v_i} \cdot \sqrt{p_j v_i}}{D_{ij}^2} \tag{1}$$

其中：R_{ij} 为城市 i 与 j 的旅游经济联系度，R_{ij} 越大，说明城市之间的旅游经济联系强度越大，反之，R_{ij} 越小，说明城市之间的旅游经济联系强度越小；P_i、P_j 分别为 i、j 城市的国内旅游总人次，v_i、v_j 分别为 i、j 城市的国内旅游总收入，D_{ij} 为 i、j 城市的最短交通距离。

在式（1）基础上，计算每个城市与其他所有城市的旅游经济联系量之和，得到各个城市的旅游经济联系总量，而后，用各个城市的旅游经济联系总量去除区域所有城市的旅游经济联系总量之和，得到各个城市的旅游经济联系隶属度，其表示为

$$F_i = R_i / \sum_{i=1}^{n} R_i \tag{2}$$

式中，F_i 为城市 i 的旅游经济隶属度，R_i 为城市 i 的旅游经济联系总量。F_i 越大，说明 i 城市与其他城市旅游空间相互作用越强，在城际旅游一体化发展中的贡献度就越大；这样，可以找出区域旅游经济一体化发展的关键节点。

可见，旅游经济隶属度表示的是各个城市旅游经济联系总量占整个城市群的旅游经济联系总量的比重 [16]，可以反映城市群旅游一体化发展的方向。

（二）数据来源

长江中游城市群各城市国内旅游总人次、国内旅游总收入数据来源于2013年各城市统计公报；最短交通距离数据通过收集2015百度地图最短驾车路程数据获得。

三、研究结果

（一）旅游空间相互作用的基本条件

长江中游城市群旅游空间相互作用的基本条件包括以下几个方面：

（1）拥有"网状"快速通道，可转移性强。目前，长江中游城市群已形成以浙赣线、长江中下游交通走廊为主轴，铁路、高速、民航、水路等各种交通方式组成覆盖区域主要城市的交通网络，尤其是高速铁路、高速公路构成的"网状"快速通道，增强了长江中游城市群旅游空间相互作用的可转移性。

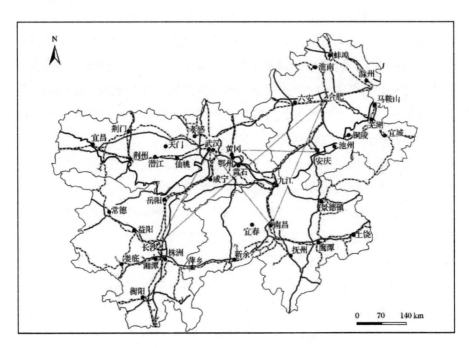

图 2　长江中游城市群交通示意图

由图2可以看出，铁路方面，南北向的铁路有焦柳—石长—洛湛线、石武高铁—京广线—武广高铁、合蚌客运专线—合九线—京九线—昌九城际高铁、津浦—宁芜—皖赣—鹰潭线，东西向的有宜万铁路—汉宜高速铁路—横麻线—宁蓉线合武段—合宁线、湘黔—浙赣—横南线，形成四纵两横网络状铁路网；武汉—九江高铁、合肥—安庆—九江城际铁路规划落实建成后，四个省会城市便真正形成了互通互联的景象。同时在武汉、长沙、合肥、南昌四个省会城市建设大型铁路互乘站，构建旅客两小时运输圈，形成环状快速铁路网。高铁的开通使得四省间旅游者的时空距离缩短，让旅游者在周末闲暇到邻近城市开展短途旅游得以实现，短途旅游市场将被打开[17]。

高速公路方面，南北走向的主要有京港澳、大广、福银、济广、合安高速公路，东西走向的主要有沪渝、沪蓉、沪陕、杭瑞、沪昆、泉南高速公路，网络状的高速公路网覆盖到长江中游城市群所有地级市、副地级市，增强了长江中游城市群旅游空间相互作用的可转移性。特别是部分国家法定节假日期间，高速公路免费，刺激自驾游升温。

航空方面，武汉天河国际机场开通了至南昌、安庆的航班，湖南黄花国际机场开通了至合肥、武汉的航班，合肥新桥国际机场开通了至长沙、南昌的航班，使得这些城市旅游空间相互作用的可转移性进一步增强。但是总体来看，长江中游城市群内的航空覆盖城市较少、航班班次较少，可进一步挖掘航空交通的旅游职能。

水运方面，长江中游港口众多，干流河道水深面宽，具有水路客运得天独厚的自然条件，水路客运较国内其它地区发达。

（2）旅游资源既具同源性也具互补性。长江中游城市群旅游资源独特而丰富，四省山水相连、文脉相通。截至2014年年底，长江中游城市群共有5A级景区19家、4A级景区200多家，景区类型多样，自然风景与文化景观交相辉映，拥有韶山、大别山等红色旅游名山，衡山、武当山、三清山三座宗教旅游名山，孕育了南昌起义、黄麻起义、湘南起义等六大起义，留下了一大批红色人文景观，因此可共同整合线路、开拓市场。

同时，各城市群旅游资源特色各异，具有一定的互补性。武汉城市圈旅游资源主要集中在都市风情、湖泊水域、温泉资源方面，文化沉淀丰富，楚文化、宗教文化、赤壁三国文化、近代革命文化等，留下了众多文物古迹；长株潭城市群旅游资源集中在历史文化、山水风光和民俗风情方面，具有独具特色的休闲旅游文化，如影视文化、歌厅文化、酒吧文化、湘菜文化等全国驰名；环鄱阳湖城市群旅游资源主要是山地自然风光、湖泊景观和红色旅游资源，"红色摇篮"，是江西省独具特色的旅游品牌；皖江经济带旅游资源主要是名山大川、徽派建筑，徽派建筑是安徽旅游的一大亮点。但是，从长江中游城市群旅游资源开发的现状来看，还是存在旅游形象和产品类型趋同化倾向，需要积极协商，采取差异化发展战略。

（3）介入机会可能影响省会城市间的旅游空间相互作用。相互作用介入机会如图3所示。由图3可以看出，武汉与长沙之间交通便捷、旅游资源互补，空间距离上，但是，咸宁、岳阳位于两者之间，与二者之间不仅都有同样便捷的交通连接，而且距离更短，因此，可转移性更强，同时，咸宁温泉资源丰富独特，岳阳楼历史底蕴深厚，与两者也都存在较强的互补性，因此，咸宁、岳阳可能成为武汉与长沙之间的介入机会；武汉与合肥交通便捷，旅游资源存在一定互补性，但同样地，六安位于两者之间，而且六安的天堂寨山岳风光秀丽，旅游资源吸引力大，与两者互补性强，因此，两者旅游空间相互作用可能受到六安的介入影响很大，六安可吸引武汉及合肥的部分客源，降低两者空间相互作用的强度；同理，九江、鹰潭、上饶都具备山岳型旅游资源，但九江凭借空间距离较近、交通便捷、旅游资源丰富等优势可能成为武汉与上饶、鹰潭之间的介入机会；衡阳和湘潭都具有知名度高的山岳资源及到城市圈内其他城市的便捷交通，但湘潭凭借空间距离近的优势可能成为衡阳到娄底、株洲、长沙、益阳、常德、岳阳的介入机会；合肥、芜湖都具有大型主题公园，但芜湖方特主题公园知名度更大，而且距离马鞍山、铜陵、宣城等城市更近，因此芜湖成为合肥与马鞍山、铜陵、宣城的介入机会。

可见，长江中游城市群跨省主要城市旅游空间的相互作用存在大量的介入机会，可能降低跨省主要城市之间的旅游空间相互作用，而使旅游经济合作局限于各城市圈内部。因此，如何科学利用这些介入机会，既扩大主要城市的辐射带动作用，又增强主要城市间的合作，是长江中游城市群区域旅游合作需要解决的问题。

（二）旅游空间相互作用的联系强度

（1）城市旅游经济联系度。根据式（1）计算得到研究区各城市之间的旅游经济联系度，见图4。

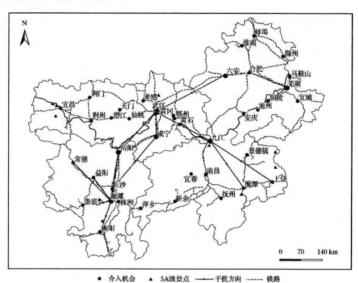

图3　长江中游城市群旅游空间相互作用介入机会

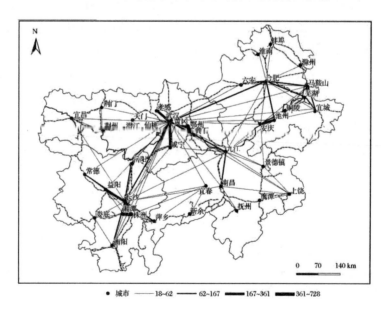

图4　长江中游城市群城市间的旅游经济联系度

由图4可以看出，武汉与武汉城市圈内的咸宁、黄冈、孝感、黄石、鄂州的旅游经济联系度都较高，分别为361.78、321.16、312.35、119.72、115.33，同时，与九江、长沙的联系度也较高，分别为152.93、134.01，而与合肥、南昌的联系度不高，分别只有68.50、39.58；长沙与株洲的旅游经济联系度最高，高达575.9，与益阳、武汉的联系度较高，分别为272.69、134.01，而与其他城市的联系度都较低，如与南昌、合肥的联系度仅为24.22、10.68；南昌与所有城市的旅游经济联系度都不高，其中，与九江的联系度最高，也只有83.09，其次与武汉、长沙的联系度较高，也分别只有39.58、24.22，而与合肥的联系度仅为9.03；合肥与六安、马鞍山旅游经济联系度较高，分别为167.73、134.36，而与城市群内其他核心城市的联系度都较低，其中武汉为68.50，长沙、南昌分别为10.68、9.03。

长江中游城市群共有40个城市，在799对城市间的旅游经济联系度中，最高值为728.7，最低值为0.1，平均值为19.50；其中，40.3%对城市间的联系度小于1，47.8%对城市间的联系度在1~18之间，联系度大于18的仅占11.9%。可见，长江中游城市群城际旅游经济联系度总体偏低、差异较大。

长江中游城市群城市间的旅游经济联系度具有如下特征：①各城市圈内部城市间的旅游经济联系度大于城市圈之间，城市圈内部联系度大于18的占40.91%，这表明长江中游城市群旅游一体化发展仍以各城市圈内部合作为主，城市圈之间的合作还有待加强；②城市群内城市间的旅游经济联系度存在明显的区域差异，武汉城市圈、皖江城市带、长株潭城市圈内城市间的旅游经济联系度较高，平均值分别达到49.42、44.92、78.24，而环鄱阳湖城市圈内城市间的旅游经济联系度较低，平均值仅为15.71，与其他几个城市圈相差两倍多（见图5）；③城市群城市间的旅游经济联系度成放射状，首先，以武汉为中心，联系度呈放射状辐射整个区域，武汉与城市群内所有城市间的旅游经济联系度的平均值为57.14，而长沙、合肥和南昌的这一值分别只有40.93、8.79、21.31；因此，长沙、合肥的作用主要是呈放射状辐射其城市圈内部（见图4）。

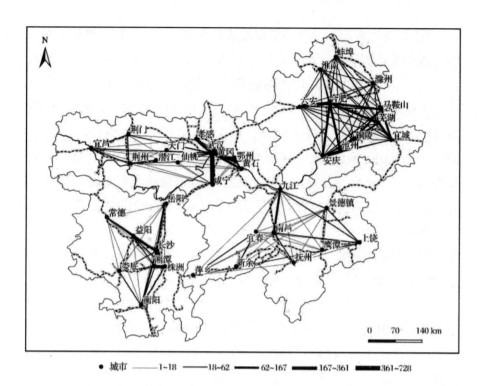

图5　长江中游城市群城市圈内部城市间的旅游经济联系度

（2）城市旅游经济隶属度。根据公式（2）计算得到长江中游城市群各个城市的旅游联系隶属度（表1及图6）。

从表1及图6可以看出：①城市群区域旅游呈现多核心发展格局，武汉、长沙、株洲、马鞍山、芜湖的旅游经济隶属度都超过5%，是区域旅游发展的关键节点，尤其是武汉市，其旅游经济隶属度达到12.09%，最高，表明其带动作用强。②城市群内四大城市圈的旅游空间相互作用格局具有差异，武汉城市圈呈现典型的单核发展格局，首位度高，武汉市"一枝独秀"，而其他城市的旅游经济隶属度都很小，其和也只有14.99%；长株潭城市群呈现多核发展特征，以长沙、株洲为核心、湘潭为次级核心；环鄱阳湖城市圈具有单核发展特征，核心城市为九江，其隶属度为3.43%，在此城市圈内最高，但远低于武汉、长沙；皖江城市带呈现多核发展格局，以马鞍山、芜湖为核心、合肥为次级核心，城市圈整体隶属度差异不大。③长江沿岸城市形成一个空间相互作用高贡献带，长江沿岸的马鞍山、芜湖、池州、安庆、九江、武汉交通便利，旅游经济隶属度都较高，在区域旅游经济一体化发展中具有重要地位。

表1 长江中游城市群城市旅游经济隶属度

城市	隶属度 F_i/%	城市	隶属度 F_i/%	城市	隶属度 F_i/%	城市	隶属度 F_i/%	城市	隶属度 F_i/%
武汉	12.09	仙桃	0.18	常德	1.26	上饶	1.63	马鞍山	6.78
宜昌	1.10	天门	0.04	益阳	2.49	新余	0.64	安庆	3.23
荆州	1.02	潜江	0.03	衡阳	1.45	抚州	0.58	池州	3.81
黄石	1.37	荆门	0.79	娄底	0.93	萍乡	1.44	滁州	0.89
黄冈	3.45	长沙	8.67	南昌	1.86	宜春	1.50	宣城	1.37
鄂州	2.02	株洲	7.96	景德镇	1.16	合肥	4.51	六安	1.73
孝感	2.07	湘潭	4.97	鹰潭	0.77	芜湖	5.67	淮南	0.78
咸宁	2.92	岳阳	1.52	九江	3.43	铜陵	1.07	蚌埠	0.82

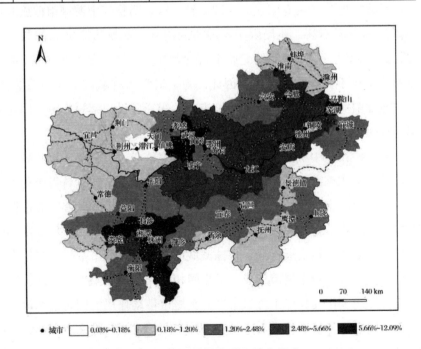

图6 长江中游城市群旅游经济隶属度

四、结论及建议

利用空间相互作用原理，分析长江中游城市群旅游空间相互作用的条件及强度发现：

第一，长江中游城市群已经拥有由铁路、高速公路、民航、水路等交通方式组成的"网状"快速通道，可转移性强；旅游资源既具有同源性也具有互补性；省会城市之间存在较多的介入机会，可能会干扰省会城市之间的合作。这表明长江中游城市群区域旅游合作具有较好的基本条件，但还需要加强南昌与合肥间的综合交通网尤其是快速交通线的建设，各个区域需要在全面分析整个城市群旅游产品的基础上进行差异化发展。另外，跨省域城市间的合作可能会受到介入机会的影响而减弱，因此，需要考虑如何将介入机会转变为连接通道，形成一个合作的网络体系。

第二，长江中游城市群城际旅游经济联系度总体偏低、差异较大；由于受空间距离、交通因素、行政划分等因素的影响，各城市圈内部城市间的旅游经济联系度大于城市圈之间；同时，城市群内城市间的旅游经济联系度呈现放射状且具有明显的区域差异。这表明长江中游城市群旅游空间一体化水平还不高，还局限于各城市圈内部，而城市圈之间的联系还较弱，这一方面与城市圈间的交通距离较大有关，另一方面也与城市圈旅游发展水平还不高有很大关系。因此，为了增强跨省域城市间的旅游合作，一方面如前所述需要加强跨省域城市间的交通建设，缩短旅游空间相互作用的时间距离，另一方面，各地需要加强旅游的发展。

第二，长江中游城市群区域旅游呈现多核心发展格局，核心城市（尤其是武汉）在旅游空间相互作用格局中起主导作用，通过自身极化—扩散效应对周边城市产生辐射，推动各种旅游要素的流动及转移；城市群内四大城市圈的旅游空间相互作用格局具有差异，武汉城市圈、环鄱阳湖城市群呈现典型的单核发展格局，长株潭城市群、皖江城市带呈现多核发展特征；同时，长江沿岸城市形成一个空间相互作用高贡献带。因此，应在进一步发挥武汉作为长江中游城市群龙头城市带动作用的同时，积极促进其他省会城市率先发展，进而带动各个城市圈的发展，最终实现建设区域无障碍旅游区的目标。

参考文献:

[1] 李小建.经济地理学 [M].北京：高等教育出版社，2006.240.

[2] 李山，王铮，钟章奇.旅游空间相互作用的引力模型及其应用 [J].地理学报.2012，67（04）：526-544..

[3] Ulman EL. American commodity flow[M].Seattle：university of Washington Press.1997，51-67.

[4] 何胜，唐承丽，周国华.长江中游城市群空间相互作用研究 [J].经济地理，2014，34（4）：46-53.

[5] 董春，张玉，刘纪平，叶剑，许萍.基于交通系统可达性的城市空间相互作用模型重构方法研究 [J].世界地理研究.2013（02）：110-116.

[6] 程红霞，李永树，林粤江.一种新的邻近点间相互作用大小的可视化方法 [J].地理与地理信息科学，2009，25（1）：68-70.

[7] 王明平，杨仕勇，王成新，刘瑞超.高速公路对城市群空间相互作用的影响研究——以山东半岛城市群为例 [J].华南师范大学学报（自然科学版），2010，11（4）：117-121.

[8] 万庆，曾菊新.基于空间相互作用视角的城市群产业结构优化——以武汉城市群为例 [J].经济地理，2013，33（7）：102-108.

[9] 薛领，杨开忠.基于空间相互作用模型的商业布局——以北京市海淀区为例 [J].地理研究，2005，24（2）：265-273.

[10] 戴学珍.论京津空间相互作用 [J].地理科学，2002，22（3）：257-263.

[11] 梅志雄，徐颂军，欧阳军，史策.近20年珠三角城市群城市空间相互作用时空演变 [J].地理科学，2012，32（6）：694-701.

[12] 卞显红，沙润.长江三角洲城市旅游空间相互作用研究 [J].地域研究与开发，2007，26（4）：62-67.

[13] 肖光明.珠江三角洲九城市旅游空间相互作用分析 [J].地理与地理信息学，2008，24（5）：108-112.

[14] 曾菊新.空间经济：系统与结构 [M].武汉：武汉出版社，1996.37-44.

[15] 陆玉麒. 区域发展中的空间结构研究 [M]. 南京：南京师范大学出版社，1998.198-199.

[16] 陈永林，钟业喜，周炳喜. 基于交通通达性的江西省设区市经济联系分析 [J]. 热带地理，2012，32（2）：121-127.

[17] 中国旅游研究院. 中国区域旅游发展年度报告2012-2013[M]. 北京：旅游教育出版社，2013.131-136.

第四篇　以旅游为引擎，推动长江经济带绿色发展的思考与建议

打造长江经济带的六大建议

蒋大国，郑文升

（湖北经济与社会发展研究院，湖北武汉430079；华中师范大学城市与环境
学院，湖北武汉430079）

打造长江经济带，是党的十八届三中全会后，党中央、国务院应对国际及国内经济调整发展趋势，促进"东中西"区域经济协调发展、培植经济增长极的重要举措；也是扩大内需、优化产业结构、促进就业和经济稳定增长的有效途径；更是深化改革开放、创新体制机制和发展模式，促进新型城镇化建设与区域经济、社会、文化、生态相协调并实现可持续发展的必然选择，是继"西部大开发""中部崛起""京津冀"协同发展均衡战略又一横跨东西、关系到千秋大业的重大决策和系统工程，对于深化我国改革开放、扩大内需、调整优化经济结构，促进经济稳定增长及社会、文化、生态协调发展，实现中国梦具有重大意义。

一是应对金融危机、扩大内需、促进经济稳定增长、增强我国综合实力和竞争力的必然选择。随着世界金融危机爆发以来影响，西方主要发达国家逐步从金融危机的爆发原因中获得警示，不断减"经济泡沫"，强化实体经济，抑制过度超前消费，推行"再制造化"战略，吸引本国制造企业资本和产业回流，试图改变"产业空洞化"现状；鼓励出口，减少进口，在新一轮产业革命和技术突破中抢占至高点，重塑全球经济格局。这一系列的战略调整对以出口为导向和吸引外商投资为主要驱动力的中国经济可持续发展带来了严峻挑战，尤其是对占据中国制造业半壁江山的长江

流域省份影响更为深刻，加之随着我国"人口红利"的逐渐丧失、城乡用地矛盾的日趋紧张和资源环境压力的不断增大，仅仅通过依托发展要素的低成本优势开发与发达国家市场来带动经济增长的出口导向型发展模式已面临着越来越大的挑战，必须尽快转变经济增长方式，优化产业结构，提高自主创新能力和技术层次，从需求和供给两方面挖掘内在潜力，探寻替代发展的动力。既应通过调整分配结构、生产结构、消费结构和健全社会保障，挖掘利用改革开放以来积累的消费潜力，开发国内需求市场尤其是消费水平偏低、消费潜力巨大的中西部市场；也应科学有效地开发欠发达中西部地区的人口、土地、能源、矿产资源及生态环境资源、科技教育资源，始终保持我国在低成本生产领域的竞争优势，不断提高我国在绿色环保和高附加值高科技领域的竞争能力。

长江经济带涉及我国9省2市，人口众多，经济规模庞大，消费潜力巨大，2013年常住人口为5.81亿人，GDP为25.95万亿元，分别占全国的42.7%和45.6%，人均GDP为44643.7元，比全国高出6.8个百分点，而GDP中的第二产业比重为47.7%，高出全国3.8个百分点，第三产业比重为42.3%，低于全国3.8个百分点。从此不难看出，长江经济带无论是经济结构、发展水平，还是人均GDP，都表明其综合生产能力和竞争力较强，但消费水平还相对较低，拥有巨大市场和消费的开发潜力，在全国经济社会发展中具有举足轻重的地位。

长江经济带腹地广阔，资源富集，劳动力充足，创新能力突出，拥有占全国21.4%的国土面积、43.8%的农村人口、42%的高等院校；发展层次多级，经济结构类型多样，综合实力不断提升，既有已具备参与国际竞争基础的先进产业和发达地区，拥有丰富的自然资源和人才储备；也有不少正处于快速工业化、城镇化阶段、以资源劳动密集型产业为主导的欠发达地区，拥有充分的产业转移和产业升级的空间；还有一个具有紧密社会经济联系和重要生态功能的大流域，是我国既能参与各个经济层次的国际竞争，又能开发内需和发展潜力、稳定国内经济增长的重要支撑。进一步开发长江经济带，必将成为扩大内需，发展水运物流、金融商贸、三产服务业的密集区，成为加快推进我国经济转型升级、提升经济质量和水平、应对金融危机及经济区域化与发达国家再制造化战略的必然选择。

二是推进经济转型、促进东中西区域经济协调科学发展的战略举措。流域经济发展战略，是世界区域经济发展的一条基本规律。因为同一水系，水质相同，土质相似、资源环境相近，容易连片、连带开发。其成功开发不仅可以缩小地区差距，实现区域经济均衡协调发展，还可以成为区域经济发展的重要引擎。世界早期工业化基本路径就是沿海港口地区率先发展，依托于农耕社会奠定的流域人口与生产分布基础，通过内河运输逐渐开发内陆资源与市场腹地，推动铁路、公路的兴起，进一步促进和深化流域梯度开发。如：阿巴拉契亚地区综合开发、巴西亚马逊地区综合开发、日本北海道综合开发都是从沿海地区起步，溯内河向纵深腹地梯度发展，尤其是美国的田纳西流域，曾经被称为"贫困和土地被修剪侵蚀，人们被隔离的地区"，在1933年开发前，人均收入只有168美元，不到当时美国人均收入的45%。由于流域内区域发展差异较大，经济与社会发展的不协调问题日渐突出：严重的环境污染，直接损害了经济与社会发展和居民的健康；社会福利与就业严重不足，居民生活无保障等。美国政府针对此情况，成立了跨区域性管理机构，即"田纳西流域管理局"，坚持以流域内防洪入手，通过对水资源和土地资源的综合治理及开发，并选择适合流域内发展的产业及布局，经过30年发展，此流域不仅仅水土环境得到有效治理，城市建设、经济发展和居民生活质量等都取得了突飞猛进的进步，特别是大量中产阶级的涌现，对美国当时的经济社会稳定起到至关重要的作用。德国的莱茵河也是充分利用流域的纵横交错、量大价廉的航道网，大力发展物流经济，以流域为轴，以沿河城市为节点，采取"由点到轴到面"沿流域开发模式，合理布局相关产业，最终形成了本国最大、最密集的城市带，不仅促进了全流域的经济和社会的持久繁荣，还哺育了鲁尔、洛林、沙城、鹿特丹等世界著名工商业区，成为世界上最重要的经济发达地带之一。就连我国改革开放以后也是通过沿海地区率先开发、实施非均衡发展战略，才成功实现了经济持续高速发展，沿海地区不仅成为全国区域发展的"第一梯度"，还成长为众多参与国际竞争、引领全国经济发展的"增长极"。当前，我国随着东部沿海地区经济持续快速发展，增长空间越来越小，一方面，其产业层次提升、资源环境开发改善、土地利用空间等越来越成为制约经济发展的"瓶颈"，影响和制约了其国际竞争能力、支撑带动能力和可持续发展能力的提高；另一方面，沿海与内陆的经济差距越来越大，长江经济带下游的沪、苏、浙三省市人均GDP已达到74644元，是中游皖、赣、湘、鄂四省平均水平的2.1倍，是上游云、贵、川、渝四省市平均水平的2.4倍，下游三省市平均城镇化水平则分别比中游四省和上游四省市高出15个百分点和20个百分点，而"先发展起来的下游沿海地区幅射带动后发展的中、上游地区"的"梯度转移"又缺乏协同合作机制和有效的途径，更缺乏支撑发展传导的区域载体，其幅射带动作用没有充分发挥。打造长江经济带，既尊重了流域经济发展规律，为促进上、中、下游的分工协作、要素互动、优势互补提供了支撑，增强了动力；也打破了一贯"块装"经济发展模式，更能充分发挥下游东部沿海地区幅射带动作用，减少其区域中心城市的过度发展负载，为其区域中心城市经济产业调整升级发展置换空间、提供资源和开发市场，推动其经济转型升级；还能通过下游为中上游实行产业转移、产业带动和产业联动，提供资金、技术、信息、人才、产品、产业、项目等，打造区域新的增长极，培育开发轴线，培植新型产业，壮大龙头企业规模，推进城镇化建设，加速中西部地区广阔腹地的开发、开放，从而促进东、中、西区域要素互动、市场统一、产业有序转移衔接、优化升级和新型城镇集聚协调发展，进一步释放沿江经济活力，成为具有世界竞争力的产业集聚区新的尝试和新一轮中国经济发展的强大新动力。

　　三是实施新型城镇化建设战略、扩大就业的有效途径。新型城镇化，是以人为本、四化同步、优化布局、生态文明、文化传承的中国特色新型城镇化。是我国当前经济社会发展和全面深化改革的重大战略选择，推进新型城镇化建设，关键是要实现产业就业与基本公共服务支撑下的城乡人口有序转移、科学合理的城镇结构体系，与信息化、工业化、农业现代化协调发展和资源环境保护协同推进，建设智慧、信息、人文、创新、绿色等新型城镇化模式，发挥信息化建设的载体作用，因为随着信息化时代的到来，信息、知识和创新成为推动经济发展的关键要素，为内陆地区中的智力资源密集、网络基础设施先进、信息产业发展迅速的地区创造了跨越式发展的可能。特别是随着陆路交通运输技术的进步、世界高速铁路网络的发展及内陆地区航空网的建设，将使陆路国际、洲际运输相对于远洋运输的竞争力大大增强，现代陆路交通枢纽地区有可能成为世界生产布局的优势区位。新型城镇化建设，还需要优化城镇结构、增强集聚效应，提升质量和水平，增强产业升级与发展对城镇的支撑作用；需要通过减少农村剩余人口，增强城镇非农产业和消费市场对现代农业的支持；需要通过促进跨地区的城镇之间、城乡之间的交流，加强地区间的产业、人口、资源、市场联系与互动及城镇规模、布局、建设模式的调控，节约利用资源，促进生态环境保护。

长江经济带9省2市2013年常住人口城镇化率为52.59%，低于全国53.73%的平均水平，其中贵州、云南、四川分别只有37.83%、39.31%和44.9%，更低于全国平均水平；而长江经济带拥有2.76亿农村人口，占全国的43.77%，加速长江经济带农村人口转移和城镇化建设，将有效提高全国的人口城镇化率。长江经济带还集中了《全国主体功能区规划》确定的1/3个特大城市群（长三角），1/8个大城市群和区域性城市群（江淮、长江中游、成渝），是"两横三纵"城镇化战略格局形成的重要支撑，拥有丰富的科教资源、密集的电子信息产业和较强的创新能力。充分发挥特大城市龙头带动辐射和信息技术创新的作用，将有效加快我国工业化、现代化进程，促进农村剩余劳动力就近转移，挖掘城乡人口转移潜力，充实提升城镇工商劳动力资源，从而推动上、中、下游区域之间各要素互融互动，尤其就业岗位拓展、水平的提升和产业互补、经济社会协调发展。长江流域更是我国重要的优质农产品主产区，也是人均耕地资源较少、传统农业生产经营方式为主的地区，推进新型城镇化建设，将有效减少农村土地人口负载、促进土地集中经营和经营模式的创新及先进技术的推广，加快长江经济带农业现代化进程，提高规模、集约经营水平，保障国家粮棉油及其他农产品供应。作为我国最大的流域生态系统长江经济带生产要素互融、产业优化、人口集聚与建设模式创新，既能促进国内新型城镇化建设、产业提升，也直接关系到我国的战略生态安全和可持续发展。

四是促进"五位一体"总布局落实及低碳、绿色、循环发展和人与自然和谐发展的迫切需要。加强生态文明建设，是新时期"五位一体"总布局的重要组成部分，也是发展理念和发展模式的重大创新，更是提高经济效益和质量、有效节约和充分利用资源，促进人与自然和谐、全面发展的必然选择，还是世界各国面临的共同挑战。生态文明是一种超越工业文明的社会形态，"文明－进步－发展"具有内在的逻辑关联，文明意味着进步，进步依赖于发展，追求发展是不同社会文明形态的永恒主题，如何发展则是不同社会文明形态的本质差别。生态环境就是生产力，改善生态环境就是发展生产力，以绿色、低碳、循环为特征的生态发展就是生态文明发展。建设生态文明，关键在于保护生态资源与修复恢复生态系统、建立资源节约与环境友好的增长模式、严格控污减排的标准与要求、构建有利于生态环境保护的体制机制等，促进绿色、低碳、循环、集约、可持续发展。

长江经济带9省2市集中了我国45.94%的淡水资源、36.6%的森林资源和35.07%的耕地资源，包括了全国重要的水源涵养区、土壤保持区、生物多样性保护区、洪水调蓄区和农林产品提供等多种生态功能区，既涵盖了众多的禁止开发区、保障重点生态功能和农产品提供的限制开发区，也包括了全国重要的优化开发区和重点开发区。可见，长江经济带既是绿色发展和生态文明建设的先行区，也应成为循环发展、绿色发展、集约发展、生态文明的示范区。但据2012年有关调查统计，长江经济带废水排放、二氧化碳排放、氮氧化物排放、烟（粉）尘排放量、电力消费量占全国的相当比例，是全国主要的环境负载与资源消耗区域之一，担负着转变增长模式、发展循环经济、减少全国资源能源消费和控污减排的重任。加强长江经济带的生态建设、环境保护和绿色发展，既是我国顺应世界潮流的历史选择，又是我国探索区别于发边国家文明发展之路，贡献人类文明新型发展模式的重要机遇，更应该成为全国和全世界的流域生态文明建设的先行者、示范区。

推进长江经济带建设与发展，应坚持以生态保护优先、绿色发展为引领，以长江经济带绿色、协调、高质量发展为目标，以生态系统整体性与长江流域系统性为着眼点，以上海浦东开发开放为龙头，以行政区域与流域区域体制机制创新与合作联动机制健全为动力，以长三角、长江中游、成渝东中西三大经济区域和三大城市群为依托，以上海、南京、武汉、重庆四大城市为节点，以现代新型战略产业体系、"多位一体"的综合交通运输服务体系、科技医药卫生创新体系、生态绿色环保旅游发展体系、城乡居民基本社会保障公共服务体系等五大体系为支撑，统筹山水村田湖草等生产要素，大力实施生态修复和环境保护工程，促进长江经济带东、中、西区域经济及大、中、小城市、城镇协调科学发展，努力把长江经济带建设成为带动我国腹地乃至全国绿色高质量发展的黄金经济带和重大牵引力，重点要做好六方面工作：

一、坚持用科学高端规划引领，优化发展空间与布局

打造长江经济带，规划应先行，科学论证，统筹制定长江流域全域经济社会发展规划，主要包括产业分工布局和优化升级发展规划；长三角龙头开发、开放发展规划；上海至成都、上海至昆明"两横轴"发展规划；"东中西"三大经济区域和"上中下"三大城市群协调发展规划；上海、南京、武汉、成都四大城市发展规划；现代新型战略产业体系和"水陆空铁公管"多位一体综合交通运输服务体系，科技医药卫生创新体系，生态旅游、绿色环保、低碳循环经济发展体系，城乡居民基本社会保障公共服务体系等建设规划。力争做到各项规划相互补充衔接、完善配套，最终形成区域统筹、产业互补、资源互动、信息互通。

建议国家及有关省市建立一支高水平的专家咨询团队和智力信息服务中心。主要由对长江经济带有深入研究和高见的经济、政治、社会、文化、生态、科技、教育等领域的优秀专家、学者和行政管理人员等组成，专门负责对长江经济带建设统筹规划，环境与项目论证等评估、验收，工程质量监测考评，政策法规研究建议、信息技术咨询服务，科技创新攻关，技术人才培训等，努力为长江经济带绿色发展提供智力支撑和综合系列服务。

二、坚持以新型战略、科技服务、生态环保产业为支撑，增强发展的核心竞争力

产业是经济发展的动力与源泉。应立足长江经济带优势与发展基础和

潜力，发挥各区域产业特色，整合优化长江流域产业体系，促进长江经济带各区域产业分工互补、差异发展。要在省市之间形成合理分工，衔接配套、功能健全的产业布局和层次有序的产业链条，联手推进生产要素、合理流动、优化组合，形成布局科学、结构优化、产业衔接的现代新型的产业体系。

沪、苏、浙下游地区应以发展高科技产业、先进制造业、国际竞争型战略产业及现代金融、国际贸易、综合运输、文化创意等科技、新型服务业为主，积极推进产业优化提升，不断提高国际核心竞争力和综合实力；湘、鄂、赣、皖中游地区应以发展装备制造、交通运输、冶金机械、电子信息和文化旅游、金融物流、生态环保、高新科技等产业为主，依托皖江城市带、湘南、荆州三个国际级承接产业转移示范区和各地产业园承接下游产业转移与延伸及项目合作，不断提高其综合实力和竞争力；云、贵、川、渝上游应发展医药化工、纺织机械、产品加工、绿色循环等劳动密集型与特色产业为主，依托"三线"基础的装备制造和生态文化旅游业及重庆沿江国家级承接产业转移示范区，积极承接中下游产业转移与项目合作。

全流域应大力推动跨行业、跨区域、跨省市的电子信息、汽车制造、冶金电力、新型材料、物流运输、金融贸易、旅游文化、科技信息等产业和企业间的强强联合，组建战略联盟或跨省跨国公司，壮大产业规模，提高长江经济带国内外的综合实力和核心竞争力。

三、坚持以健全配套互通的基础设施为前提，形成加快发展的良好环境

打造长江经济带，基础设施建设是前提。应坚持以长江水运为切入点，以水运陆运为龙头，以长江经济带为枢纽，以"西横轴"（上海—成都、上海—昆明两条通道）、"三区域"（长三角、长江中游、成渝）、"四节点"（上海、南京、武汉、重庆四大城市）、"五纵轴"（南京至杭州、合肥至南昌、武汉至长沙、重庆至贵阳、成都至昆明）为依托，构建"水、铁、公、空、管""五位一体"的现代化立体交通运输网络。

要以大城市为核心，以内接外连放射状的周边中心城市、城市群和区域经济中心的通道布局为依托，以区域交接处或断头路建设为突破口，以推进产业空间集聚、跨区域交流协作为目的，打造高效、畅通、便捷的"3小时高铁城市群交通圈""2小时城市群内城际交通圈"和"1小时都市区交通圈"，为长江经济带开发开放提供"快进快出、大进大出"的运输安全网。

以上海、武汉、重庆三大城市群为依托，加强三大航运中心合作联运长江黄金水运通道、河海港口联运通道和港口建设及省会城市间、省级与国际间航空航线和港群建设，努力打造以长江航运为主轴，以汉江、湘江、赣江、嘉陵江、岷江、乌江、汉江运河与洞庭湖水系、鄱阳湖水系等为补充的长江干支流内河航道体系，实现长江水运港口集群化和集约化；建设长江经济带三大城市群国际航空枢纽及国际物流中心，形成面向全球、辐射内陆、衔接公铁的轴幅式航空网络。

建议尽快组建长江经济带"水、陆、空、铁、公、管"多位一体的交通运营集团公司，负责长江经济带的运输物流及港口、码头、机场、路站的建设和营运管理，促进长江经济带基础设施一体化建设与可持续发展。

基础设施建设，资金是保障，管理是关键。要围绕基础设施互联互通、统一标准、共享共建的目标，坚持政府主导、市场导向、公司运作、民间参与；积极创新融资渠道，完善提升 BOT、BT、PPP 等投融资模式，强化投融资质量和全程监管，预防投融资风险，通过发放政府、公司、企业债券，采取资产抵押、贴息、担保、联保贷款等多种形式，构筑多元一体投融资平台，力争实现投融资机制科学化、渠道多元化、平台一体化，解决基础设施建设资金的严重不足。

四、坚持以体制机制改革创新为动力，挖掘发展的内在活力

打造长江经济带，体制机制创新是活力之源。要彻底打破长期以来行政区划禁锢、行业垄断、地方保护及城乡二元结构影响制约形成的体制机制障碍，树立长江流域"同带同享、统一公平"的理念和原则，坚持以省、市中心城市大市场为龙头，以市、县（区）、乡镇专业市场为支撑，以省、市、县、乡（镇）边界区域为突破口，加强电子商务和信息网络建设，完善服务功能，构建竞争有序、高效便捷的生产要素、人力资源、资本营运、金融物流、科技信息等市场服务体系和交易平台，确保生产要素及时供应。

上中下游及城市群应坚持市场主导、政府引导，建立以区域协调、监管、治理、预警、预测等为重点的多层次区域联动合作机制与区域一体化综合治理交易平台，力争在省市、区域之间建立定期联系制度与联手联动机制，健全票、证、卡等互认制度，消除长期形成的行政区域造成的无形的空间、心理距离和模式；在城市群之间及其内部建立合资合作机制，组建城市、行业、企业、项目联盟；在中心城市与其周边地区城镇之间构建大都市区及联防联控、综合治理机制，实行联合或综合执法；在区域行业之间建立合资联营机制，实行强强联合，组建跨省跨国公司与企业集团，促进区域、省市及城市群之间基础设施、市场体系、政策法规、行政审批、税收价格、年检执法、信息服务等统一联动、互通共享，合作共赢、协同发展。

建议全国建立一个高规格的领导机构和科学的管理机制，由国家领导挂帅，有关部办委和省市负责人及重点科研、大专院校、大型企事业单位负责人参加的高规格的领导管理机构和科学管理机制。明确各自责任分工，健全目标任务，加强综合协调、指导监管、重大问题及政策法规研究，提供政策法规支持和资金保障；强化进度考评、质量监督、经营监管、责任追究，形成推进长江经济带建设与发展的合力及保障。

五、坚持以新型城镇化建设为依托，增强发展的支撑与动力

新型城镇化建设，是推动长江经济带区域发展的有力支撑。推进新型城镇化建设，应遵循城镇发展规律，根据其资源环境承载能力，以交通网络布局为基础，构建以长三角为龙头，以长三角特大城市上海至重庆、上海至昆明沿江"两条通道"为横轴、以"上中下"三大城市群为支撑、以"四大城市"为节点，以"五轴"为依托及其他城镇化地区为重要组成部分的城镇化格局。

应科学界定大、中、小城市及城镇规模与功能，彰显各类城镇区位、产业、文化、建筑等特色，形成各类城镇产业分工配套、基础设施互通完善、管理统一互动、科学协调发展的新模式。应充分发挥"四大城市"的辐射带动作用，推动其向国际化、信息化、高端化、集约化的大都市迈进，成为全球城市体系的战略节点；强化中小城镇产业功能、服务功能、人口集聚功能、宜居功能作用，促进中心城市服务业、制造业、新型产业发展和都市区建设，发挥人口集聚效应，支持县域中心城镇产业发展与公共服务，拓展接纳农村人口就近转移的承载空间，推进农村人口有序转移、扩大就业再就业和基本公共服务全覆盖。

着力推进下游长三角上海、南京、杭州、宁波、苏州、无锡一体化发展、协同治理，建设都市连绵带，优化壮大下游城市群；加强中游的武汉、长沙、合肥、南昌分工协作、产业衔接配套与优化升级、产业链的延伸与拓展，培植壮大新型战略产业，提升壮大中游城市群；注重上游重庆、成都特色、绿色、低碳发展和一体化建设，大力发展现代加工及服务业，培育提升上游城市群，促进东、中、西三大经济区域及上、中、下三大城市群协调科学发展，努力成为我国经济社会发展的重要增长极。

推进新型城镇化建设，以人为本是核心，促进农业转移人口有序实现市民化、享受同城同待遇是关键。既不能盲目追求"户口城镇化"，更不能依靠"土地城镇化"，只有积极稳妥推进农业转移人口市民化、实现同城同待遇，才能有序集聚人力资源、发掘其积极性、创造性及城镇活力与动力。

应坚持以实现基本公共服务均等化为目标，以城镇统一户口登记居住证制度和综合人口信息库为基础，以健全基本社会保障制度为核心，以因地制宜、区别对待，权利义务对等、收支平衡等为原则，逐步建立健全与当地生产发展水平、财政支撑能力和城镇综合承受能力相适应的农民市民化的基本公共服务政策，分类分层分步、梯度实现教育、就业、医疗、养老、救助、住房保障等基本公共服务全覆盖、均等化。

按照全面放开建制镇和小城市落户限制及有序放开中等城市落户限制政策，根据中小城市及城镇综合承受能力，可实行分类分层逐步享受基本公共服务政策。其一，可享受就业岗推荐、培训、市民医疗保险及其子女接受义务教育等政策，家庭困难、符合条件的可享受低保、社会救助政策；其二，根据本人自愿，在企业的参加职工养老、医疗、工伤、生育、失业等社会基本保险，灵活就业的可以参加灵活人员基本社会保险或市民养老、医疗保险；其三，鼓励有条件的购买或租赁住房，没有能力购买或租赁的，可以通过政府代建经济适用、保障住房或发放住房补贴金等办法，分期分批解决农业转移特困人员住房等困难。

按照有序放开大城市落户限制与合理确定特大城市落户条件的政策，可建立统一积分落户制度及梯度享受基本公共服务政策，即：根据其到大或特大城市就业年限、居住时间、职业资格、技术能力、学历层次、岗位贡献、参加社会保险等内容，设置积分指标体系与标准和奖惩办法，并根据其积分指标提供梯度基本公共服务，以引导农业转移人员合理有序流动集聚，分期分批到大、特大城市落户，逐步实现市民化、享受同城同待遇等基本公共服务。

应深化农村土地制度和集体经济组织产权制度改革，依法开展农村产权确认，办理权属登记证，逐步建立健全"归属清晰、权责明确、保护严格、流转顺畅"的农村产权制度和公开公平、规范自愿流转机制及村、乡（镇）、县（市）三级产权交易平台与土地资源流转服务中心，加强土地、资产等价格论证评估、合同签订、法规咨询、信息沟通、纠纷调处等综合服务和交易全程监督及规范，积极探索集体经济组织成员资格认定办法及集体经济有效实现形式，引导农民依法、自愿、有偿、公开、有序流转土地经营权和进行财产交易，依法保护有序转移农业人口土地承包经营权、宅基地使用权、集体经济财产收益分配权，以解决其在城市就业、参加社会保险、购买住房资金严重不足等困难及其所在城市的承受压力，充分调动有序转移农民的积极性、创造性，增强城镇建设与发展的动力及活力。

六、坚持生态文明建设先行，增强发展的可持续能力

生态文明建设是对发展的优化与升级，是经济社会发展到现代化阶段的必然选择和重要标志，是减少发展对环境承受能力的当务之急。

因此，生态文明和可持续发展的理念应贯穿于长江经济带建设与发展的始终。要坚持以生态优化、绿色发展为引领，以节约资源、保护生态、改善生存、生产、生活环境质量为目的，以优化提升传统产业，发展绿色环保、生态循环、文化旅游、新型战略产业，培植高新科技、金融信息、物流服务产业为重点，以各省、市、县生态功能区为依托，以创新生态可持续发展模式和运行机制为动力，健全完善生态保护区、改善优化生活宜居区、发展提升产业集聚区，全力打造生态文明、美丽和谐的长江经济带。

依托长江流域优越富集的江、湖、山、田、景、文等生态资源优势，以长江干流为轴带，以洞庭湖、鄱阳湖、太湖、巢湖、洪湖等为绿心，以横断山脉、岷山、秦岭、大别山、幕阜山、武陵山等为屏障，以人文景观、山水生态、名胜古迹、民风村貌、建设成就的旅游为引领，以长江上中下游广阔的平原农田为依托，大力发展提升生态绿色、循环低碳、金融服务、电子信息、高新战略等产业，尤其是旅游文化业。

旅游文化产业是新型的"朝阳产业"，成本低、见效快，而长江经济带旅游资源富集、文化灿烂、人文景观众多。应整合全流域旅游资源及优势，坚持以人为本，以文化传承与弘扬为引领，以沿江人文生态、名胜古迹、建设成就、民风民俗、乡村风貌旅游为重点，以精品线路、景区、景点为依托，以省市区间旅游合作联动开发为突破口，全面推进旅游规划、景观、线路、景区、产品、市场、标准、标识、信息、平台、服务一体化建设，着力推进旅游与文化的融合，彰显本区域旅游文化特色。

下游应重点打造海派文化和吴越文化旅游品牌，中游应重点打造荆楚文化、三国文化和徽派文化旅游品牌，上游应重点打造巴蜀文化和云贵川民族风情文化旅游品牌，整体应突出其中华文明重要发源地和发展繁荣区域的新形象，全力打造以中心城市综合旅游为核心的高铁旅游圈，以山水生态、民风民俗、乡村风貌为重点的乡村旅游精品线路，以人文景观、名胜古迹、现代成就旅游为主的长江旅游经济带，构建生态安全、绿色循环文明和谐、可持续发展体系，以增强长江经济带发展的动力与活力。

应进一步健全完善节能、降耗、减排考核评估调控指标体系，把资源消耗、环境损害、生态效益等纳入指标体系之列，逐步建立健全生态文明建设评估指标体系，强化目标责任和各项指标落实、监控、考评及责任追究，严格规划、项目、效益、战略一体化的环评，实行分行业、分类别、分区域，上下联动、区域联手，由点到线到面，全面进行监控与综合治理。

应率先建立健全"统一公平、科学有效、严格规范"的生态保护、资源有偿使用和消耗补偿及环境污染、资源破坏赔偿等制度、政策与法规，创新完善"统一规范、公平公正、科学高效"的生态文明保护、评估、补偿机制，资源环境产权交易机制、区域环境联防联控、源头综合治理和责任追究体制机制，形成节约资源、生态文明、可持续发展的空间格局、产业结构、生产生活方式和治理模式；统筹各类生态保护、资源修复、土地整治、文明建设等专项资金，加大财政投入，建立专项生态文明建设资金，加大生态文明建设和环评力度，建立与生态文明建设项目、生态环境保护、绿色循环低碳发展成效挂钩的奖励与约束机制，强化目标考核和责任追究，凡目标不落实、责任不明确、措施不到位的，应严格追究其责任，实行一票否决，依法依纪严肃查处；探索减排、降耗、节能与资源环境产权交易制度、机制及平台建设，以推动长江经济带绿色生态、循环低碳、可持续发展。

建议国家及有关省、市调整财政支出结构，加大投入和扶持力度，可按照长江经济带每年财政总收入的10%–15%比例建立长江经济带开发与生态保护、补偿专项资金，并逐年有所增加，主要用于规划论证指导、政策法规研究，生态环境评估、补偿，高新技术扶持，绿色、低碳、循环等重大项目评估及开发贴息，质量评审把关、绩效考评监督等，引导和支持省市、区域、城市群之间大力发展生态环保、低碳循环、文化旅游、高新技术、现代服务、战略性新兴产业，推进长江经济带东、中、西区域经济之间与上、中、下城市群及城市之间横向生态保护与补偿和长江经济带可持续发展。

参考文献

[1] 蒋大国. 打造长江经济带的六大建议 [N]. 中国经济时报，2014-09-04（004）.

旅游 IP 视角下全域旅游发展思考

尹航

（华中师范大学城市与环境科学学院 武汉 430079）

摘要：从2008年浙江绍兴市首次提出"全域旅游"开始，到2016年2月国家旅游局公布了首批262个"国家全域旅游示范区"创建单位名单，"全域旅游"得到了社会各界的关注和认可。而在2016年除了全域旅游，又有一个概念开始进入旅游业，那就是旅游IP。驴妈妈创始人、景域集团董事长兼总裁洪清华甚至断言："2016年将是旅游IP元年，得IP者得天下"，阿里旅行也开始打造"万游引力"度假IP战略，究竟旅游IP存在着什么独特又巨大的价值，让各大旅游企业如此重视？对此，笔者将对什么是旅游IP，其价值是什么，以及它与当前主流的全域旅游思想有何关联进行分析与思考。

关键词：IP；旅游IP；全域旅游；"全域旅游＋旅游IP"。

一、旅游 IP 的概念界定

（一）什么是 IP

从一般意义上讲，IP 即 Intellectual Property 的缩写，意为知识产权，也称其为"知识所属权"，指"权利人对其所创作的智力劳动成果所享有的财产权利"，各种智力创造比如发明、文学和艺术作品，以及在商业中使用的标志、名称、图像以及外观设计，都可被认为是某一个人或组织所拥有的知识产权 [1]。在进入旅游业之前，IP 一词在影视、文学（尤其是网络文学）、游戏、动漫等行业里已被广泛应用，IP 被当做一种资源激烈争夺并开发，以至于一度出现了优质 IP 数量不足、劣质 IP 被大量开发、囤积 IP 等不利于行业发展的现象。

（二）什么是旅游 IP

在其他行业，比如动漫，IP 可以是一部动漫、一个故事或者一个角色，由此又可以产生很多 IP 的衍生品，迪士尼乐园便是一个典型的例子。

根据于 IP 的一般特性，旅游 IP 应当是一种使一个旅游目的地独特性的完整的、形象的体现的标志，它代表着个性和稀缺性，它可以是景点、民宿、酒店、餐饮、购物甚至是一个故事。同时 IP 也具有可创造性，体现着创新性，比如阿里旅行已推出的北极光旅行专线以及将推出的东非大迁移、埃及金字塔等项目。如此多而杂的事物或现象都可以是旅游 IP，就产生了旅游 IP 的一个分类的问题，笔者将旅游 IP 分为两大类，即优质 IP 与劣质 IP，优质 IP 是指那些符合当前市场需求，符合一个国家或地区文化准则的，能够与旅游很好融合的 IP，可进一步分为现成 IP 和潜在 IP；劣质 IP 则是指那些低俗的、对游客和行业有较大负面影响的、很难与旅游融合的 IP。讨论到此处，我们会发现 IP 这一概念在旅游中被泛化了，除了现实的旅游资源外，旅游 IP 更像是一个点子或者想法。所以对待旅游 IP，不仅仅要把它当成一种资源，同时也要当成一种发展旅游的思维，就如同大数据不仅仅是一种被誉为"未来的新石油"的资源，还是一种颠覆因果关系的新思维。

二、全域旅游与旅游 IP 的关系

（一）全域旅游概念

全域旅游是指在一定区域内，以旅游业为优势产业，通过对区域内经济社会资源尤其是旅游资源、相关产业、生态环境、公共服务、体制机制、政策法规、文明素质等进行全方位、系统化的优化提升，实现区域资源有机整合、产业融合发展、社会共建共享，以旅游业带动和促进经济社会协调发展的一种新的区域协调发展理念和模式[2]。概念一提出，便引起学界的关注，并对全域旅游关键在于"全"还是"域"引发了一场争论，根据旅游学刊2016年第9版中一些学者们的文章，更多是倾向"域"，认为"全"是不科学且很难完成的[3-4]。从全域旅游的概念来看，实现区域资源有机整合、产业融合发展是其目的之一，而"全"恰是阻碍其整合、融合的，所以发展全域旅游要从"域"的角度思考，将一个个"域"内的旅游资源进行整合，最终达到全域的资源整合。

（二）旅游IP如何与全域旅游联系起来

2016年9月10日，第二届全国全域旅游推进会在宁夏中卫市举行。国家旅游局局长李金早出席会议并讲话。讲话中李金早提出了全域旅游需要瞄准九大目标、实现十大突破、防止八个误区[5]。这些无疑对"域"提出了更高的要求，既要对旅游资源进行整合，还要提升旅游质量，加强监管力度等等，可谓全方面的提升。从旅游资源整合的角度来看，一个"域"内的文化背景一般情况下是相似的，这就给资源整合奠定了基础，而旅游IP就是对"域"的文化的一种形象性的体现甚至升华，它在内容上代表着文化的精华，在表现形式上又可以多样化，以满足各种各样游客的需求。从提升旅游质量的角度来看，随着我国旅游业的不断发展，走马观花式的观光旅游早已不是主流，人们渴望着更多样化、更深入目的地文化、环境等的旅游方式，全域旅游中必须要防止粗制滥造、盲目复制、没有创意等现象，创新是一个行业发展的动力，旅游IP便是一种创新的象征，比如除了世界著名的迪士尼乐园，日本熊本县熊本熊的诞生都是旅游IP发展很典型的例子。此外，随着大数据的不断发展，各行业乃至国家都很注重对大数据的开发和使用，对于旅游业这样一个综合产业，其数据量的巨大和复杂性也注定了大数据对于它的重要性。虽然旅游IP提出仅一年时间，国内已经有一些旅游大数据企业开始运用大数据来进行旅游IP定位、营销、孵化、监测等。

综上所述，全域旅游与旅游IP在发展思维上不仅有一致性，而且还有一定的互补性，一致性体现在都需要创新、需要文化内涵赋予其独特价值、需要大数据来支撑其未来发展等方面；互补性体现在全域旅游要进行以当地文化为基础的旅游资源整合，而旅游IP恰恰可以以不同的表现形式来体现当地的文化。

三、"全域旅游＋旅游IP"发展模式思考

在全域旅游与旅游IP存在一致性和互补性的前提下，笔者从"旅游＋"的角度思考，来探讨"全域旅游＋旅游IP"这种发展模式。

（一）全域旅游主题特色化

正如前文所说的，IP的第一特征就是独特，有着其他任何事物都无法

取代的独特价值，IP 这一特征在全域旅游的发展中至关重要。旅游 IP 不仅包括内容的创新，也包括表现形式的创新，比如迪士尼乐园将各个经典动漫故事或者动漫人物在主题乐园内以多种多样的形式表现出来，并随着时代的发展来不断更新，所以半个世纪以来，迪士尼乐园一直是全世界很多游客向往的地方；日本熊本县在设计熊本熊形象的时候，为了突出本县特色，熊本熊在身体上使用了熊本城的主色调黑色，并在两颊使用了萌系形象经常采用的腮红，而红色也蕴含了熊本县"火之国"的称号，它不仅代表了熊本县的火山地理，更代表了众多美味的红色食物，熊本熊除了吉祥物的身份，为熊本县带来的观光以及其他附加收入，并在 2011 年被授予熊本县营业部长兼幸福部长，成为日本第一位吉祥物公务员 [6]，加上之后的一系列独特的营销活动，使其不仅在日本，而且在全世界都拥有极高人气的吉祥物，甚至还产生了熊本熊列车、电车、广场等衍生物。可见，旅游 IP 这种独特性可以建立在已有资源基础之上，也可以发挥人们的创造力，创造出一种集某一种文化于一身的旅游 IP，并将其通过营销手段宣传出去，使人们一想到这一旅游 IP，就可以联想到关于旅游目的地的文化、历史、具体形象等等。

（二）全域旅游符号化

符号化是指运用语言媒介的艺术造型，以造型表现情感．媒介物本身并不能表现情感，只有造型才能表现情感．造型也称之为构型，构型就是艺术符号形式，"它表现的是语言无法表达的东西"[7]。举一些很典型的例子，比如企业的标志，尤其是汽车公司的标志，大众、奥迪、奔驰、宝马、捷豹、保时捷、兰博基尼等，这些标志已经不仅仅只是用于识别汽车品牌，它们更代表着一个企业的文化和发展史。而目前我国各个旅游目的地并没有这样一种象征其特色的符号形象，或者是有但鲜为人知，营销做得不到位。在这方面，熊本熊可以说是一个行业典范。在今后旅游业和旅游 IP 的发展中，符号化可能会成为一个趋势，当然这也很考验设计人员的能力和创造力，甚至将来出现旅游符号的设计大赛也不是不可能。但是，并不是所有目的地都能达到符号化的程度，只有那些有明显特色、独树一帜的文化才有可能成功符号化。

（三）全域旅游故事化

全域旅游的故事化，换言之就是赋予旅游目的地文化内涵，在没有独特自然旅游资源的地方显得更为重要。在一个地区从古至今的漫长历史中，必定会有一些带有传奇色彩、浪漫色彩或者其他内涵的故事甚至是神话，有的可能随着一代代人的更替而消失了。比如赋予西游记文化的花果山、赋予武侠典故"华山论剑"的华山等等，除了这些家喻户晓的典故和故事外，还有很多好的故事有待发掘，其中的某个或某一些很可能就早成了新一个或者新一批旅游胜地。根据长尾理论，在未来旅游业和旅游 IP 的发展中，利用大数据将这些潜在资源进行旅游 IP 的定位和营销，这些潜在的资源可能就会慢慢使目前旅游经济中的长尾部分具有与主流市场相匹敌的力量。

四、结论与期望

旅游 IP 概念的提出，可能会引起现在很多以旅游业为优势产业的地区发展理念的转变，甚至会如同 IP 在影视、游戏行业一样，在旅游中也引起"IP 热"现象。政府提出的"全域旅游"与行业人士提出的"旅游 IP"虽有很多契合之处，但在将来的发展中，难免要慢慢磨合。创新无疑成为了21 世纪人类社会发展的主旋律之一，在笔者看来，一直以来都比较缺乏创新色彩的旅游行业在这样的时代背景下迟早也要进入全面创新的新局面。旅游 IP 概念的提出，可以说是进入这一新局面的一个口号、一种标志。相信在近几年以及更远的未来，旅游 IP 会得到更多人的关注，旅游 IP 给旅游业带来的改变很值得期待。

参考文献

[1] 百度百科—知识产权 [EB/OL].http：//baike.baidu.com/subview/18255/ 11191707. htm?fromtitle=IP&fromid=15874877&type=syn#viewPageContent，2016-10-26.

[2] 李金早，全域旅游大有可为 [EB/OL].http：//www.cnta.gov.cn/zdgz/qyly/201602 /t20160207_760080.shtml，2016-02-07.

[3] 张辉．全域旅游的理性思考 [J]. 旅游学刊，2016，9（31）：16-17.

[4] 马波，旅游场域的扩张：边界与政策含义 [J]. 旅游学刊，2016,9(31)：

17-20.

[5] 李金早在第二届全国全域旅游推进会上的讲话 [EB/OL].http：//info.hebei.gov.cn/eportal/ui?pageId=2006420&articleKey=6666775&columnId=330514，2016-09-28.

[6] 百度百科—熊本熊 [EB/OL].http：//baike.baidu.com/link?url=YaBl0cL-ekUgCaq6bek-A5i_IyvrkdCc0yhyppPeMD8b0616IlIAa6NO4PbErdqjK87yxmeC7UU7mg4U8jMImLTOHGX01N3LdN3Lq5uGD65Sn8lo5SupYy1OOHjUC1VH，2016-10-29.

[7] 百度百科—符号化 [EB/OL].http：//baike.baidu.com/link?url=-xpZU4KzMXXh_Vjo3P9c3iMacH7LoHr-grEj6Mn6GSTKShKo9Qn8WLPIDa4YytOaJ8uZKvLYcPBN7KdgZFE5kJhH-_-iZbJXoWlMwmk3SdffVB8PlWrpxzdcY1qbYSt5，2016-10-29.

"以旅游为引擎"，推动长江经济带绿色发展的对策建议

——推动长江经济带绿色发展论坛综述

2016年11月12日，湖北经济与社会发展研究院、中国旅游研究院武汉分院联合举办了"以旅游为引擎、推动长江经济带绿色发展论坛"，坚持以"长江经济带绿色发展"为主题，重点围绕旅游发展在长江经济带绿色发展中的地位和作用，长江经济带旅游发展与新型城镇化建设统筹、与生态文明建设协调、与区域发展协同、与美丽乡村建设互促等热点议题，进行了全面而广泛的研讨。来自中国科学院、武汉大学、南京大学、中国地质大学、华中师范大学、中南财经政法大学、安徽师范大学、湖北大学的专家学者，以及湖北省旅游发展委员会、武汉市旅游局、湖北省社会科学院和北京大地风景咨询集团、同程湖北产品公司、鄂旅投聚游网等重点院校、部门及旅游企业的代表，从不同角度提出了许多有价值、有见识的重要观点与建议，共同强调要全力把绿色发展的理念深刻融入和全面贯穿到长江经济带经济社会发展的各方面及全过程，走绿色转型和包容性增长之路，并立足世界发展潮流与我国发展实际，形成了"以旅游为引擎，推动长江经济带绿色发展"的重要共识。

一、旅游发展在长江经济带绿色发展中的地位和作用

推动长江经济带发展，是党中央、国务院作出的一项重大战略决策，也是落实"新发展理念"的重要举措。论坛会上，专家学者们经过深入交流探讨，一致强调应把绿色发展的理念深刻融入和全面贯穿到长江经济带

建设全过程，走"生态优先，绿色发展"之路，使绿水青山变成金山银山，产生巨大生态效益、经济效益和社会效益，让母亲河永葆生机活力。一致认为习总书记提出的"要把修复长江生态环境摆在压倒性位置，共抓大保护，不搞大开发"的重要指示要求，既为旅游业推动长江经济带发展指明了方向、创造了重大机遇，也为旅游业发展寄予着厚望，赋予了重大责任。发展旅游业是长江经济带协调发展的最大共识，是加强长江经济带生态保护的最佳选择，深入贯彻落实习总书记关于长江经济带生态优先、绿色发展的理念，就是要让旅游业逐渐成为长江经济带绿色发展的重要支柱产业、新型的战略产业、最富有潜力的现代服务业和扩大对外开放合作的持续产业、永恒的产业，充分发挥其具有的强大的带动力、吸引力、融合力与活力。

旅游业成为推动长江经济带绿色发展的重要"引擎"，是由旅游业的基本属性、自然禀赋和所具有的优势所决定的。其一，旅游业是世界公认的消耗低、污染少、可循环产业，是以满足人民精神和物质需求为核心的最有代表性的绿色产业。大力发展旅游业，可以引导人们坚持绿色价值取向，构建绿色思维，倡导绿色发展；自觉地保护生态环境，注重可持续发展，大力倡导绿色低碳、文明健康的生活方式，走循环、绿色、环保、生态发展之路，让天更蓝、水更清、山更绿、生态环境更优美。其二，旅游业具有融合性广、效益性高、带动性大、惠民性多、持续性强等优势，既能成为长江经济带经济发展的"加速器"、社会和谐的"润滑油"，也能成为生态文明建设的"催化剂"、对外交流合作的"高架桥"，具有极大的潜力、动力与活力。因此，坚持"生态优先、绿色发展"理念和"生态优先、流域互动、集约发展"的思路，合力推进长江经济带旅游业与经济社会全面、科学、协调、绿色发展，是培植新的增长极的最佳选择，也是惠及于当前、着眼于长远的战略举措。其三，旅游是我国六大消费领域之一，促进旅游业全面发展壮大，能带动一、二、三产业融合发展、产生巨大效益，成为推动长江经济带发展的活力；抓住长江经济带旅游"大发展"的黄金机遇，树立旅游"大战略"的思路，探索旅游"大产业"的发展路径，追求旅游"大民生"的发展目的，践行旅游"大生态"的发展要求，就能加快旅游业突破性的发展，成为推动长江经济带发展的强大动力。据统计，2015年，长江经济带旅游总收入占全国旅游总收入的49.02%，长江经济带地区生产总值占全国GDP的45.12%，长江经济带地区生产总值、旅游收入占全国的近"半壁江山"；若把旅游业作为推动长江经济带绿色发展的重要支柱产业来培育，把旅游产品开发作为推动供给侧结构性改革的重要抓手来抓，就能使旅游业成为促进长江经济转型升级、提质增效、增加人民群众收入的重要支撑。

综上所述可以看出，旅游业完全可以成为推动长江经济带绿色、持续发展的引擎，成为调整优化产业结构、建设"两型"社会的先导产业，成为保护生态、集聚优势、打造特色、绿色发展、舞活长江经济带的新增长点，以"绿水青山"换来"真金白银"、带动长江经济与社会协同发展及"绿色指数"与"幸福指数"双提升。

二、当前长江经济带旅游发展面临的挑战与困境

长期以来，长江旅游发展存在不平衡的问题，基本以各地为主体，各自为战，造成区域之间同质竞争、互设壁垒、争夺客源等一系列问题，制约了区域旅游发展与竞争力的提升。虽然经过省市之间多次协调和有关部办委支持，但区域间旅游合作及协调发展一直进展缓慢，主要是长三角、中部、成渝等发展较为成熟的城市群之间的部分初级合作，系统、深入的合作机制与体系并未完全建立起来。促进长江经济带旅游合作，是推动区域旅游发展与提升其竞争力的必然要求和有效途径；只有通过消除旅游障碍、加强区域合作、健全合作机制，才能避免重复建设、拓展发展空间、打造区域品牌，从而提升整体竞争力与发展潜力，迎来新的增长期。

（一）合作偏重于务虚，各自为政的局面尚未根本扭转

目前，长江经济带沿江市、区大都提出了加强区域旅游合作，打造"无障碍旅游区"的意愿与构想，但合作仍是重形式、重研讨、重宣言、重宣传，尽管采取一系列行动，但合作机制并未真正建立，难以持久。例如湖北、河南、安徽三省先后签署了《大别山区域六市政府红色旅游合作协议》《鄂豫皖三省六市36县大别山红色旅游区域联合宣言》，虽然对大别山旅游合作起到一定的积极影响，但大都停留在书面上或区域旅游行政管理层面上，缺乏科学、具体、可操作的政策、措施和手段，更没有专门的组织或机构去落实，实质性的合作还没有得到落实。

（二）合作偏重于政府，旅游企业的积极性和主动性尚未发挥

旅游发展，企业是主体，主管行政部门是指导管理部门，只有政府的积极性而没有企业的积极性，合作与发展是难以深入持久的。目前长江经济带的旅游合作大都是政府跳独脚舞，企业定位不清晰、角色边缘化。通过调查统计，近10年来长江经济带各省市的区域旅游合作项目，其倡议者或主持者90%以上为各地政府或旅游局，许多旅游企业处于观望、等待的态度。其主要原因是各地对外来旅游企业有一定的准入限制，资格、证书同城不同待遇，未得到互认，从而制约了企业的积极性与创造性。

（三）合作受制于现行体制与地方保护，领域及空间急待拓展

"行政区划"的制约与地方保护主义的存在，既分割了统一的市场，也限制阻碍了区域旅游竞争与合作，造成了资源、要素不能合理流动、优化配置、形成特色与合力，反而导致成低水平、粗放型、结构性、功能性的重复建设。如：大别山天堂寨景区，位于湖北罗田县和安徽金寨县交界处，两地都对自己属地内的旅游进行了部分开发、经营、管理，由于区划限制等问题，至今仍是一块牌子两个景区，资源要素分至而治，难以整合、优化、提升。

（四）合作缺乏有效的推进机制，利益关系尚待理顺

长江经济带沿江省市旅游资源禀赋大致相似、区位相近、产业相同等，分别属于东中西三大区域，经济社会发展参差不齐，旅游收益错综复杂，同样的收益分配也不一致，政策法规价格也不统一。如果没有建立各地认同行之有效的合作机制，理顺各方利益关系，很难合力推进，还容易导致消极应付、地方保护、重复建设，甚至恶性竞争。

三、推动长江经济带旅游合作的对策建议

（一）建立"政府主导、企业主体、各方参与、多元一体"的旅游合作管理机制

长江经济带旅游合作，实质是应建构一种多元参与、合作共治的架构，政府、企业及其联盟、非政府组织都置于旅游合作共治架构之中，以

共同利益和价值追求、合作共赢为目标,以相互依赖、优势互补、资源集聚、合作共治、联手推进为主要模式,逐步建立健全政府主导、企业主体、部门联手、各方参与、多元一体的合作管理机制。参与合作的地方政府是合作区域旅游公共服务的供给者,主要在规划统筹引领、项目布局指导、建设发展调控监管、合作协调规范、政策健全落实等方面为长江经济带旅游合作提供优质供给,营造公平、快捷、诚信的良好市场秩序和发展环境;政府有关部门是推动长江经济带旅游合作的支持指导、监督管理者,应加强组织协调、督导检查评估、政策项目支持保障,成为推动旅游经济发展动力与合力;企业是推动长江经济旅游发展的合作主体,应通过资金、技术、信息、人才、产品等资源要素合理流动、优化组合集聚及科学化管理,实现旅游经济利益的最大化;非政府组织应充分发挥自身优势与特殊作用,运用合作共赢、购买服务等方式,及时了解、反映、沟通政府与企业发展的利益诉求,为其合作发展提供决策建议和科学方案,以不断推进旅游合作发展的理论集成和实践模式创新,形成推动合作发展的合力。合作机制,可采取定期或不定期的主题会议模式,即主题联席、协调、研讨、评价等会议,经过充分听取各方意见与诉求,广泛深入研究探讨,全面展示各方优势、特色与形象、能力,形成各方共识,以纪要、宣言、决定等形式记载,以督促合作方共同遵守、执行或以国务院分管领导为组长,各有关部门与合作省市领导及有关重要企业联盟和专家代表为成员,组成领导小组,定期或不定期召开会议进行部署实施,组织督导检查评估,推动长江经济旅游带合作持续发展。

（二）建立健全统筹规划、优化布局、彰显特色的规划引领机制

发展旅游业,统一规划应先行。坚持新发展理念,统筹高端设计。应立足长江经济带发展实际及旅游资源、区位、生态优势,牢固树立"生态优先、绿色发展"理念和"全域旅游"观念,坚持优势互补、资源整合;区域互促、要素互动,交通互通、市场一体;信息共享、政策统一,价格统筹、票证互认,互融共治、合作共赢等原则,按照需求多样化、选址科学化、建设节约化、经营集约化、产业绿色化、产品品牌化、景观特色化、服务智能化、环境生态化的总体要求,依据长江经济带总体发展规划和地方城乡建设全域规划，从"五位一体"全面协调科学发展总布局的高度，新型城镇化"四化同步"发展的前瞻角度，一、二、三产业融合配套、"三生"（生活、生产、生态）和谐优化、东中西全面协调科学发展力度与深度，精心构思，高端设计，科学论证，深入评估，统筹规划，并与总体规划、地域规划统筹衔接。二是立足发展需求，合理科学布局。应按照长江经济带"一轴"（沿江绿色发展轴）、"两翼"（南翼以沪瑞运输为依托，北翼以沪运输为依托）、"三极"（长江三角洲城市群、长江中游城市群、成渝城市群为主体）、"多点"（与三大城市群联系互动、带动地区经济发展的其它地级城市）的总体布局，适应绿色发展和旅游需求、需要，科学分工，合理布局，准确划分界定各功能区，如：自然生态保护修复区、湿地保护区、旅游度假区、森林公园、水利风景区、居民宜居区、生产建设区等，严格规范区域规划制定与实施，注重生态保护修复，完善提升各区域基础设施与功能，优化旅游资源和服务质量，营造良好社会环境。三是传承弘扬文化，打造鲜明特色。应尊重历史，留下记忆，培植彰显文化特色，构建长江经济带综合立架交通走廊，彰显沿江绿色发展轴"多点"的自然风光、人文景观、历史文化、民族风情、山水生态、产业优势、景区景点特色及城镇、乡村、房屋新颖建筑工艺和独特民族风格，特别是"三极"城市群旅游集聚区、目的地的文化生态特色，如：东部城市群以国际大都会、大港口景观、海派吴越文化、林园、古镇、名苑为特色；中部城市群以荆楚文化、三国文化、宗教文化、名山名楼、名人名景、人文景观、秀丽风光为特色；西部以古蜀文化、民族风情、青山秀水、名山小镇为特色，形成东、中、西，上、中、下，遥相辉映、科学布局、设施健全、功能完善、服务优质、特色鲜明、环境精美、风光独特的旅游景区、景点和目的地，以充分发挥旅游业在推动长江经济带建设发展的巨大牵引力与带动力。

（三）建立健全平等协商、合作共赢、联手推动机制

合作共赢、联手推动，是整合资源、集聚优势的有效途径。应坚持平等互信、分工协作，互融互动、互联互通，联手开发、联动共治，合作共享、协同共赢等原则，建立健全以水运、陆运为龙头，以长江经济带为枢纽，以"三极"城市群为中心，以"两翼""多点"为依托，构建"水、铁、公、空、管五位一体"的布局合理、互联互通、边境联通、水陆畅通、运输发达、航空直达世界的立体化、广覆盖、放射状的交通运输网络体系及其内部"1小时都市区通勤交通圈""2小时城市群内城际交通圈"和"3小时高铁城市群圈"等交通网络；建立健全以"三极城市群"为依托，加强"三大航运中心"合作联运长江黄金水运通道、河海港口联运通道和港口建设及"多点"城市间与国际间航空航线与港口集群建设，力争打造以长江航运为主轴，以汉江、湘江、赣江、嘉陵江、岷江、乌江运河与洞庭湖水系、鄱阳湖水系等为补充的长江干支流内河航运体系，实现水运港口集群化、经营股份化、管理集约化、运量最大化、营运专业化，促进长江国际化特色旅游经济带全面协调可持续发展；建立健全以长江干流为轴带，以东部上海为龙头，以"三极"城市群为核心，以"两翼""多点"为依托，以湖泊为绿心，以横断山脉为屏障，以文化传承弘扬为引领，着力打造旅游文化、生态环保、绿色低碳、科技信息、智能服务及度假休闲、体验养心、保健养生、探险健身、习艺竞技、自驾旅游等新型产业体系；以"三极"城市群为核心的高铁旅游圈、以沿江人文生态、名胜古迹、民风民俗、建设成就、乡村风貌旅游为特色的长江国际旅游经济带与精品线路，构建生态安全、文明和谐、绿色可持续发展体系，以增强长江旅游经济带发展的动力与活力。

（四）建立健全统一开放、公平守信、高效便捷的市场一体化协作机制

坚持"生态优先、绿色发展"，"同带同享、统一公平"的理念，以"三极城市群"为龙头，以"两翼""多点"省、市、县、乡镇专业市场为支撑，以各地边界区域为突破口，加强一体化电子商务、信息网络建设，构建统一开放、公开公正、竞争有序、诚诺守信、高效便捷、服务优质商品市场和要素市场体系；通过建立健全统一法规政策、价格税收、行政规章、收费评估标准和公、检、司法、工商、税务、质检、检疫、海关等司法、行政机关科学管理、统一执法、联手联动、年检共治、综合评估、多元监督等制度，实行票、证、卡、监测、评估互认、执法互动，形成权责一致、运转高效的区域综合市场监管、执法体系，推动长江旅游经济带生产要素、资源有序流动、高效集聚、互融互动，信息执法系统互联互通，营造统一开放、高效便捷、公平公正、诚诺守信、奖惩分明的市场体系，为长江国际化特色旅游经济带绿色发展营造良好环境；利用新闻媒体、网络、微信、报刊及举办博览会、展示会、交流会、招商会等多种途径，每年有组织有计划地加大对内对外长江国际黄金旅游带自然风光、生态环境、精品线路、综合目的地、示范区、文化精髓、精品佳作、名人名企、特色品牌、民风民俗、新业态、新成就、新经验、新景新貌等系列宣传推介，扩大长江旅游经济带对内对外知名度和影响力；并通过每年举办1至2次高端论坛，对旅游发展战略、发展态势、发展潜力与举措及其面临的热点、难点进行深入研究，集体探讨，群策群力，共献良策建议，为长江国际黄金旅游带发展提供理论、政策、信息等智力支持；抢抓国家"三大战略"实施的契机，依托于长江黄金水道，大力推进湖北武汉东湖、湖南衡阳等综合保税区与上海自贸区全面对接，统一加强与世界自贸区联系交流，并通过加强武汉与上海、重庆航运中心的合作，组建长江黄金水运合作联盟，努力实现水运港口集群化、经营股份化、管理集约化、营运专业化、效益高效化，积极推进长江内河航运与远洋航运的衔接，加快长江航道工程建设，把海上丝绸之路延伸到武汉，并利用"一带一路"契机，积极推进沿江口岸建设与合作，促进沿江口岸功能延伸与优势互补，带动长江旅游经济带旅游加工、出口与物流、运输快速发展。同时，充分发挥武汉长江航运的地位作用与航运集团人才集聚、经营管理经验丰富、合作渠道模式多元等优势，推进长江与密西西比河、莱茵河、伏尔加河等流域合作交流，以带动长江旅游经济带全面走向国际市场，开展广泛交流合作，不断提升对内对外交流合作水平与影响。

（五）建立健全政府支撑、企业投资、各方参与的多位一体的基金会筹措机制

长江经济带旅游业发展，资金是保证。可以采用基金会模式，将合作成员单位的相关权益转化为基金会的份额，按照份额分摊年度基金认缴额度，将合作伙伴的相关权益基金集聚，构建成"长江经济带旅游合作发展基金"，以资助推动旅游合作区域认知共同体的协调、可持续发展。旅游合作发展基金会工作的主要任务是面向旅游合作区域认知共同体各合作成员，包括政府、企业、社会团体和个人募集资金，并积极争取金融对旅游业发展的信贷及社会、民营、个体对长江经济带旅游业发展投资，加强旅游合作发展基金监督管理、使用效益评估，确保投资者的受益；大力推进旅游合作项目实施与进展；强化旅游合作发展的理论、实践研究与交流及资助，为长江经济带旅游合作发展提供资金保障。

论坛三：长江经济带绿色发展中
旅游企业的责任与使命

主讲：龚箭 中国旅游研究院武汉分院副院长 副教授
嘉宾：杜亭 郭邦俊 李斌 曹颖 何昌福

　　龚箭：我个人感受是今天的讨论有几个关键词，第一个是湖北作为旅游产业的金腰带，第二个是全域旅游，第三个是时空的耦合。那么整个关键词的整合在旅游业里发生了重大的变化，就像前面专家说的从时空上来讲，十年前旅游主要是以景区为主导，那现在的主体是城市，刚才会上已经达成了共识，城市特别是长江经济带，武汉的1+8城市群应有历史担当。第二个关键词是全域旅游，传统的旅游业是个小产业，但是现在发现旅游产业的融合更多是在景区外，是一种异态的相当于不同产业的"旅游+"或者"+旅游"。特别是旅游业与娱乐业、文化业相互融合。第三个是在整个旅游发展要素发生了很大的变化，传统的旅游发展要素，就是占土地、占资源、占空间，但是现在在全域旅游的基础上发现最大的变化是旅游资源的最大要素是信息。所以，怎样通过不同的产业和企业的信息收集、整理、运用、开发，形成核心竞争力，这是迫切需要我们考虑的问题。另外，就是旅游企业的发展，它需要企业为主体。第二，旅游企业发展的一个重要问题是融资。首先请李斌博士来分享旅游中小企业融资的一些好建议。

　　李斌：我是这样理解的，长江经济带绿色发展应跟国家现在推行的其他战略放在同一角度来看的，国家在目前经济新常态下发展战略是由这样几个方面构成的：第一个就是一带一路战略，这主要是对外的，把我们的国能、产能输出。第二个是经济一体化，包括把首都天津河北打造华北地区的经济带。第三个是中国制造2025，实现产业优化升级。长江经济带是这四大战略中最晚一个提出来的，我们要从国家层面、全局角度来考虑区域性发展，湖北省怎样在长江经济带发展中经营优化推动旅游行业的发展，这是我的第一个基本思路。第二个是要站在市场的角度来看产业，一个产业很难说是独立运行的，不与其他的产业挂钩。应从全市场、全国的角度来分析，可以清楚地看到为什么旅游产业或者旅游企业融资难？可从两个重要的宏观指标来看，第一是金融资产在全国市场的分布；第二是负债。全国的金融资产在全国分布是一个怎样的态势，金融交易就谈存款。全国的存款目前有133万亿人民币，中国十三亿人口平均每人十万人民币，这些存款在全国的分布按城市的节点来说，第一是北京，居民和企业存款总量大概为13万亿人民币，占全国总量的十分之一，排名第二的是上海，10万亿人民币，第三是深圳6万亿，第四是广州4万亿，再往下是南京重庆各2.77万亿（2015年数据）。全国存款金融资产高度集中在少数几个核心城市，就是我们说的北、上、广，如果我们把这个面积放大一点，全国三百三十七个城市中如果只看前三十五个大城市，在全国133万亿人民币存款中占有百分之六十九点几，接近百分之七十，剩下的城市占比不到百分之四十。所以中国金融市场分布不均衡，意味着除了核心城市北、上、广或者说三十五个城市之外的城市聚集金融资源是很困难的。国家区域发展不平衡，这也是为什么国家大力发展长江经济带打通东西发展不平衡的问题。第二个是看资产，资产代表它的融资能力，也要看债务。全国债务规模200万亿人民币，其中政府30万亿，这么多债务一般是由三大类主体承担的：第一是地产企业，地产融资能力很强，因为投资回报很高。第二是政府金融，地方政府融资能力强。第三是上市公司，全国上市公司的总市值占全国GDP百分之五十左右，这还不算高，在发达国家一般占百分之一百到一百二十之间。换句话说，这三大类产业把这个市场的大多数实际融资都吸走了。鉴于以上两个方面情况，我认为：发展中国的旅游城市，无论是大武汉这样的中心城市，还是国家提倡发展的一千多个特色城镇中小城镇旅游城镇，都要立足于旅游行业甚至应跳出旅游行业，与市场上最强、最具有融资能力的三大产业中至少一大类挂上钩。例如浙江横店，横店之所以很好的发展成为中国的一个特色旅游城市，是因为它与影视业结合起来。当横店宣布它不需要收取门票时，还能够正常运转，这就说明这个特色小镇成熟了。中国的哪一个地方特色景点如果不需要收门票还发展的很好，那么它就发展成功了。总之，怎样让旅游行业的企业、产业能够吸引资金、增强融资能力，就是要与当今市场最具有筹资能力的强势产业和企业挂上钩，而不是单凭自身吸引社会上的资金。

龚箭：在湖北产业交易这块旅游企业的融资有没有相关的政策。

何昌福：作为旅游企业来说它首先是以经济为主体的。任何一个经济主体都有它的经济责任和社会责任，在经济学里企业生产经营中必然会产生对其他经营主体的影响，从外部性来讲，有一些是正的外部性，一些是负的外部性。而旅游企业的正的外部性可能更多一些。作为一个企业，更需要市场对其无论是旅游企业还是非旅游企业进行补充，这就是正的外部性的作用，而负的外部性是要付出成本的。市场交易主体之间正的外部性和负的外部性，通过市场给它们提供一个交易场所。更多的企业发挥它的正的外部性吸引收益。2007年8月31号发布的构建绿色金融体系，就是中国第一次把绿色金融体系纳入一个政治经济体制的深层文件。这个文件除了传统的绿色债券以及绿色保险、绿色基金，其中特别强调大力发展环境权益交易市场。这个市场通常来谈有四个方面：碳排放权、排污权、用人权、水权。这些与旅游企业绝大部分是相关的。所以我想通过这样的一个市场，即：碳排放交易市场、环境权益交易市场等市场发展促进绿色发展，是符合绿色金融体系规律的，包括我们旅游产业，除了用好传统的正规金融体系，环境权益却是我们旅游企业很重要的一个资产。

龚箭：旅游产业现在很大一部分属于轻资产。那么必须要与现在的三大产业相结合。三大产业中的一个重要产业就是娱乐业。2016年6月16日上海迪士尼开业，短短不到半年的时间传出一个爆炸性新闻，上海的迪士尼买断了皮尔斯玩具总动员的旅游IP。那么我们的旅游业和娱乐业怎么一起去玩？我们请曹总谈一下动漫文化和旅游的思考。

曹颖：这个题目很大，我说一下我们现在做的一些小事儿。我们公司最近跟华侨城签了个合同，华侨城作为一个乐园不能每一个都是刺激性产品，所以我们建议华侨城应该是一个欢乐IP聚集地。我们自己的一个产品饼干警长在2008年六一武汉欢乐谷开园。这其实是从武汉长出来自己的产品，讲一个甜品王国的故事，这是给小朋友的。因为华侨城核心受众是青少年，所以我们下一步引进集体乐园甚至包括盗墓笔记的鬼屋之类，因为客观讲一个乐园不能光靠刺激性的产品，现在华侨城能让15-25岁的人一年去一次已经很了不起。但是真正的所有迪士尼和梦工厂它们在家庭人群消费可能达到百分之四十到五十，而且重复消费和二次消费是他们的习好。所以我们跟他们合作就是希望能够带动IP的同时把他们延伸产品的消费提升，每年起码10%的增长，其实这个值比较好完成。我来之前看了城市旅游的发展调查报告，武汉游客去的最多的第一是黄鹤楼，第二是东湖，然后还有什么户部巷等，但是我觉得文化是一种向往，一种对虚拟世界的向往。而旅游是每一个年轻人或者家庭带着向往到实地的一种体验。所以我们公司做的蛮多东西，就是在这个过程中体会到其实一种向往和体验最好地融合在一起，效益就来了。其实武汉的长江真的很美、很值得点赞，包括长江大桥各个部位，是世界上很著名的一座桥，它的桥墩灯是60年前的灯，这些你们拍照去发微博所有人都会点赞。但是问题在于这些事情没有真正的深入挖掘过；我们东湖水质比西湖好，但是因为西湖有白娘子，我们东湖没有真正地把故事营造出来。还有两江四岸，包括龟山成为城市阳台，穿过长江大桥就来到黄鹤楼，围绕着一圈开始跑马拉松，再把东湖围绕起来，怎样吸引外省的客人和国际游客？外国人来中国一般都是去上海、北京、天津、广州、杭州，他们只记得这些地方，但是我们有很多东西可以重新挖掘吸引他们。美国的电影早为我们做了一个宣传，你问美国十岁左右的孩子知不知道一个中国女孩，他们绝对说花木兰，所以我说花木兰是可以好好挖掘的。让他们知道黄陂就是木兰的故乡。回过头来，其实荆州有两个点，一个是三国，再一个是楚，但有好多地方都打着三国的牌子，所以我建议什么时候把三国问题好好研究一下，我们的三国和荆州与其他地方的三国有什么不一样，把三国这个牌子留在湖北。第三个就是从博物馆开始把几千年的神话色彩辉煌的东西做好。我觉得文化旅游最大的带动就是能把客人往这边吸引。作为武汉人我觉得我们武汉太大了，宣传上不好聚焦。武汉讲好水就够了，不管是东湖、长江还是三峡都是有水的地名，把水作为武汉的核心资源去宣传，重点宣传它和全国其它地方的不同。

龚箭：全域旅游最核心的东西就是数据。请杜博士分享一些数据运用成功的案例。

杜亭：根据前一个人的发言我首先谈点个人体会，我是山东人，当初之所以选择武汉城市定居，就是因为一来就看到东湖、长江，因为北方水资源匮乏，过去，在山东、山西基本一个月洗一次澡，这对于南方人来说不可理喻。一个城市必须要有它的一个特色、一个烙印，像在美国有个盐湖城，通过它的名字就知道在那个地方肯定有个很大的盐湖，但实际上在世界上来说不是最大的。所以说武汉这个城市的楚文化的影响比起山东齐鲁文化、秦朝文化稍有点弱势。我比较赞同前面的以"水"做文章，如果每一个人都知道武汉是千湖之城，湖北是万湖之省的话，相信这对全世界的旅游者来说都是一个非常有吸引力的。讲起旅游与大数据，我们是第一家把旅游和大数据结合起来的，那么旅游大数据概念这两年炒的比较火，实际上用的时候包括经管部门、社区企业都会发现旅游大数据这个概念很美，但是距离落地差很远，不接地气。所以从旅游来讲不要讲大数据，我们就讲数据。就旅游目的地来讲，大数据的几个特征，它是构造大数据，而我们现在来讲是小数据，也就是精确化数据。这里分享一个例子，不讲任何大数据，单独讲数据运营。最近我们跟杭州市的旅游委做一个事情，我们提出了一个ODA的概念。杭州每年花费的大量营销经费在整个杭州旅游宣传上面，但是这个宣传究竟能不能为杭州带来游客的增量和人气实际上是不确定的。我们建立了一个ODA的系统，把杭州的所有旅游产品，包括携程全部的渠道销售上的，全部放在一个平台上，通过价格比对和基于消费者的定位，让游客来到杭州后扫描任何杭州旅游委的一个二维码，无论是景区门口、高铁站还是其他机场站的场合，都可以直接获得它附近的、跟所有杭州旅游相关的比较精细化的内容，借此杭州旅游委也达到了一个目的，就是他想做一个大数据，但是在旅游行业比较尴尬的是数据都掌握在一些OTA和景区里。我们行业监管部门只有一些宏观数据。借助

OTA 这个入口就掌握了大量的、已经来到杭州的游客的行为数据并进一步的分析，对于旅游委来讲这个效果比较好。未来数据时代，数据就像黄金、石油，当你手里没有数据的时候只有花大价钱购买数据，当你手里有数据的时候，就可以跟对方交换数据，这就是数据的价值。